Mehr als das Herz gebrochen

Constance Ohms (Hg.)
Mehr als das Herz gebrochen
Gewalt in lesbischen Beziehungen

Orlanda Frauenverlag

Die Deutsche Bibliothek – CIP-Einheitsaufnahme
Mehr als das Herz gebrochen : Gewalt in lesbischen Beziehungen /
Constance Ohms (Hg.). – Berlin : Orlanda-Frauenverlag, 1993
ISBN 3-922166-95-4
NE: Ohms, Constance [Hrsg.]

1. Auflage 1993

Für die deutschsprachige Ausgabe
© 1993 Orlanda Frauenverlag GmbH
Großgörschenstraße 40, 1000 Berlin 62
Alle Rechte vorbehalten.

Lektorat: Andrea Krug
Umschlagillustration und -gestaltung: Monika Volke
Datenkonvertierung: Comptext Fotosatz, Berlin
Druck: Fuldaer Verlagsanstalt

Danksagung	7
Einleitung **Gewalt in lesbischen Beziehungen**	9
Constance Ohms **Gewalt – Eine Begriffsabgrenzung**	23
Constance Ohms **Interviews mit mißhandelten Lesben**	42
Barbara Hart **Mißhandlung unter Lesben – Eine Untersuchung**	65
Bev Jo, Linda Strega und Ruston **S/M = Sadismus & Masochismus = Heterosexismus**	83
Terrie A. Couch **Alkohol und Gewalt in lesbischen Gemeinschaften**	105
Constance Ohms **Sexueller Mißbrauch und Reviktimisierung**	131
Constance Ohms **Befreiung aus Gewaltbeziehungen**	137
Vera Schwenk **Psychosoziale Beratung von Lesben in gewalttätigen Beziehungen**	160
Constance Ohms **Recht lesbisch**	173
Sunny Graff **Selbstverteidigung für mißhandelte Lesben**	181
Weiterführende Literatur	193
Die Autorinnen	197

Danksagung

Es ist Zeit, sich zu bedanken. Vor allem bei Susanne Eckhardt, die mir aus den Vereinigten Staaten sehr viel Material mitbrachte; bei Kristin Braun, die mit mir nicht nur alle Höhen und Tiefen bei der Erstellung dieses Buches durchlebte, sondern auch meine Texte las, sie kritisierte, diskutierte und deren kluge Gedanken in dieses Buch eingegangen sind; bei Mechthild Bartel, deren Freundschaft mir sehr viel bedeutet; bei Heinz-Bernd Kaiser, einem mir ebenso wichtigen Freund, der mich vor allem bei juristischen Themen beriet, und bei Andrea Krug für ihr ausgezeichnetes Lektorat. Dann sind noch Sunny Graff und Maren Schwital zu nennen und nicht zuletzt Ika Hügel, die das Vertrauen in mich setzte, dieses Buch zu schreiben.
Natürlich gibt es noch viel mehr Menschen in meinem Leben, ohne die das Entstehen dieses Buches nicht möglich gewesen wäre. Ich habe von ihnen gelernt, ich habe mit ihnen gestritten und mit ihnen gelebt. Mein Leben hat sich durch den Selbstverteidigungs- und Taekwon Do-Verein »Frauen in Bewegung« sehr verändert, er ist nunmehr schon seit acht Jahren mein zweites Zuhause. Schließlich ist noch meine Familie zu nennen, die im Laufe ihres Lebens viele traditionelle Grenzen überschreiten und Wertvorstellungen revidieren mußte. Allen gemein ist ihre Unterstützung und ihre Teilnahme an meinem Leben. Vielen Dank.
Ebenso sollen Bev Jo, Linda Strega, Ruston, Terrie A. Couch, Barbara Hart und Vera Schwenk nicht ungenannt bleiben, denn ohne ihr Mitwirken an diesem Buch wäre es nicht das, was es ist. Zum Schluß möchte ich mich noch einmal bei B., C., S. und Z. für ihre Offenheit, ihren Mut und ihre Bereitschaft, ihre Geschichten zu erzählen, bedanken. Keiner fiel es leicht, über ihre Gewalterfahrungen zu berichten, es gab Tränen und vor allem viel Wut. Aber Wut kann sehr kreativ sein, denn mit ihrer Hilfe haben wir die Möglichkeit, in unser Schicksal einzugreifen und unsere Selbst-Bestimmung zurückzuerobern.

Frankfurt/Main
im Januar 1993
Constance Ohms

Einleitung
Gewalt in lesbischen Beziehungen

Lesbisch zu leben bedeutet, sich als Frau zu lieben, der Geliebten, Freundin, Partnerin und allen anderen Lesben die Achtung, die Aufmerksamkeit und den Respekt zu zollen, die ihnen in der Welt der Männer versagt bleiben. Die Chance, ein Selbstbild von Frauen als mutig, kämpferisch, stolz, aufrecht und liebenswürdig, das heißt liebens-wert zu schaffen, bedeutet für die Welt der Männer eine große Gefahr, denn dieses Selbstbild löst und entfernt Frauen von Männern: Frauen lernen, sich über sich selbst zu definieren und nicht länger durch den Blick des Mannes, den männlichen Spiegel. Frauen-Liebe sprengt die Ketten des Patriarchats.
Das Patriarchat ist wie eine jener Schmarotzerpflanzen, die sich an Bäume setzen, ihnen Lebenssaft und Energie entziehen, bis sie zerstört sind. Die meisten Männer leben von Frauen, ihrer Energie, Fürsorge, Produktivkraft, Reproduktionsfähigkeit und Liebe. Das Verhältnis zwischen Frau und Mann kann als moderne Form von Sklaverei bezeichnet werden, die keine Ketten aus Eisen mehr braucht, um Frauen zu unterjochen und zu fesseln. Heutzutage genügt ein fein strukturiertes System von moralischen und ethischen Werten sowie die ökonomische und soziale Benachteiligung, um der Frau das Leben an der Seite eines Mannes »schmackhaft« zu machen. Wesentlicher Bestandteil der moralischen und ethischen Werte ist die Erhebung der Heterosexualität zur Norm, zur einzig gesellschaftlich anerkannten Lebensform. Abweichungen von dieser Norm können sanktioniert werden, um eine Anpassung zu erzwingen. Zugleich wird eine Atmosphäre der Angst und des Terrors geschaffen: Frauen und Mädchen werden vergewaltigt, sexuell mißbraucht, mißhandelt und verstümmelt. Der Mann kann je nach Belieben sowohl die Rolle des Jägers als auch die des Beschützers einnehmen.
Dem patriarchalen Dickicht zum Trotz gedeiht seit Jahrhunderten eine zarte Pflanze namens Sapphistrie: Frauen lieben Frauen. Es gab Zeiten, in denen offen und mit aller Gewalt versucht wurde, diese zu vernichten; heute geschieht dies vorwiegend durch Ignorieren und Unsichtbarmachen: Indem ich eine Lebensform unsichtbar

mache, wird sie für andere nicht-existent. Indem ich keine Geschichte zulasse, kein Gestern, Heute und Morgen, beraube ich Lesben ihrer Existenz und Identität. Jede Generation muß mühevoll ihre Geschichte neu entdecken und kann nicht auf alte Werte, Traditionen und Erzählungen zurückgreifen. Es gibt keine Oma, die ihre Enkelin auf dem Schoß sitzen hat und ihr Geschichten über die lesbische Liebe erzählt. Das Unsichtbarmachen ist eines der wirkungsvollsten Mittel, die das Patriarchat gegen andere Lebensformen einsetzen kann. Zusammen mit der Doktrin, daß »Mann und Frau füreinander geschaffen seien« und der gleichzeitigen Unterordnung der Frau unter den Mann, wird so ein perfektes System geschaffen, Männern den Zugang zu Frauen – und ihre eigene Herrschaft – zu sichern.

Frauenbewegte Frauen haben es sich zur Aufgabe gemacht, die Ketten des Patriarchats zu sprengen, ihre Unterordnung nicht länger zu akzeptieren. Angeprangert wurden und werden zum Beispiel ungleicher Lohn für gleiche Arbeit, die schlechte Bezahlung »typischer« Frauenberufe, die geringe, angepaßte und kaum vernehmbare Teilnahme von Frauen im öffentlichen Leben, der massive Eingriff in das Recht auf ein selbstbestimmtes Leben durch den § 218, sexuelle Belästigung am Arbeitsplatz, Vergewaltigung, Pornographie, Kinder-Prostitution, sexueller Mißbrauch von Kindern, und, und, und. Die Liste der Anklagen ist unendlich lang. Es wird versucht, diese Mißstände mit dem Wort Sexismus zu beschreiben, denn Sexismus bedeutet die Diskriminierung von Frauen aufgrund ihres Geschlechts; wobei der Begriff »Diskriminierung« einen Euphemismus darstellt, der die Brutalität des Sexismus eher verschleiert als korrekt beschreibt.

Der zweite Stützpfeiler des Patriarchats, der gesellschaftliche Zwang zur Heterosexualität, wird im Gegensatz zum Sexismus kaum diskutiert. Beide zusammen jedoch bilden die mächtigsten Waffen des Patriarchats, um durch das Ausgrenzen anderer Lebensformen die eigene Herrschaft und Macht zu sichern. Ich spreche von »Heterosexismus«[1].

Der Begriff »Heterosexismus« setzt sich aus den zwei Komponenten Heterozentrismus und Sexismus zusammen. Heterozentrismus ist im Patriarchat ebenso institutionalisiert wie Sexismus und Rassismus und bedeutet, Frauen die Chance zu verwehren, ihr Leben anders als an der Seite eines Mannes zu gestalten. Frauen wird nur *ein* mögliches Bezugssystem offeriert: der Mann. Dieses Bezugssystem betrifft nicht nur ihre direkten Lebensbereiche, sondern es ist ein soziokulturelles Gefüge, das sich in der Kunst, im Sport, in der Werbung, in der Literatur, in Filmen und vielem mehr ausdrückt. Frauen werden nur im Zusammenhang mit Männern gesehen, definiert und bewertet.

Heterosexismus ist eine gesellschaftliche Struktur, in der zum einen die Heterosexualität als die einzig mögliche Lebensweise dargestellt und über andere alternative Lebensentwürfe erhoben wird. Zum anderen zeichnet sich die gesellschaftliche Struktur durch die Macht des Mannes über die Frau »per natuum« aus und durch die systematische Unterdrückung von Frauen durch Stereotypisierung von Weiblichkeit, Beleidigungen, Diätzwang, Pornographie, Vergewaltigung, Massenverstümmelungen (Klitorisbeschneidung, unnötige Hysterektomie oder Brustamputationen), Folter, Massenmord sowie alle weiteren physischen und psychischen Einschränkungen der Selbstbestimmung von Lesben und anderen Frauen.

Der Zwang zur Heterosexualität wurde von Adrienne Rich schon 1980 thematisiert, aber von der Frauenbewegung sehr schnell wieder unter den Teppich gekehrt. Lesbische Feministinnen mußten erleben, daß sie in der Frauenbewegung genauso unsichtbar gemacht wurden wie in der übrigen Welt, daß dort kein Raum für sie und ihre Erfahrungen war und ist – als Lesben sind sie nicht willkommen. So hat sich in den Vereinigten Staaten recht lautstark, hier in Deutschland eher leise und schleichend, eine Separation vollzogen. Lesben versuchen unabhängig von der heterosexuellen Frauenbewegung eigene Werte, Ideen, Vorstellungen, Träume und Kritiken zu entwickeln, die ihrem lesbischen Blick angemessener Rechnung tragen: Sie schufen Disziplinen wie beispielsweise lesbische Geschichte, lesbische Philosophie, lesbische Ökonomie, lesbischen Sport, lesbische Medizin und lesbische Soziologie. Die meiste lesbische Kritik ist bis jetzt jedoch nur auf externe Bedingungen und Verhältnisse gerichtet, die das lesbische Leben beeinflussen, so vor allem den gesellschaftlichen Heterosexismus in all seinen Ausprägungen. Beispielsweise berichten in einer Studie von Drs. Diana van Oort (Universität Utrecht) 78,8 Prozent der befragten Lesben und bisexuellen Frauen, daß sie auf der Straße oder im Freizeitbereich Gewalterfahrungen gemacht haben.[2] 58,3 Prozent von ihnen führen dies ganz konkret auf ihre »sexuelle Orientierung« zurück. 34,7 Prozent der befragten lesbischen und bisexuellen Frauen haben ebenso Erfahrung mit sexueller Belästigung am Arbeitsplatz, wobei ein Drittel von ihnen dies auf ihre sexuelle Orientierung zurückführt. Von den 34,5 Prozent der Lesben, deren Lebensentwurf im Wohnumfeld bekannt ist, erlebten über 50 Prozent Formen von Gewalt, die eindeutig auf ihr Lesbischsein bezogen sind.

Lesben werden bei der Wohnungssuche benachteiligt, im Erbrecht, bei der Versorgung im Krankheitsfall – der partnerinnenschaftliche Charakter ihrer Beziehung wird nicht anerkannt. Lesben werden auf ihre Sexualität reduziert, die wiederum nur der männlichen Lust zu dienen hat, und wenn sie das nicht tut, ist fast jeder Mann bereit, sie mittels eines guten »Ficks« auf den »Pfad der Tugend« zurückzuführen.

Die schmerzlichste Erfahrung, die wir Lesben machen können, ist jedoch, unserem eigenen Heterosexismus zu begegnen: Inwieweit tragen wir Heterosexismus in unsere Beziehungen? Inwiefern ist unser lesbisches Leben von Vorstellungen über Beziehungen, Gewalt, Macht, Familie, Kinder, Ehe usw. geprägt, die auf heterosexistischen Werten beruhen? Inwieweit haben wir schon eigene moralische und ethische Werte und Vorstellungen entwickelt, die wir weitergeben und leben können? Sind diese frei von Heterosexismus? Auch wir sind Kinder dieser Gesellschaft, und Heterosexismus nistet in unseren Köpfen, Herzen und Seelen. Es stellt sich die Frage, wie weit wir uns von unserem eigenen Heterosexismus befreit haben, »nur« weil wir anders leben. Leben wir denn tatsächlich so »anders«?

Lesbische Realität ist, daß in 30 bis 40 Prozent der lesbischen Beziehungen Gewalt vorherrscht; diese Zahl wurde erstmals von dem »Lesbian Battering Intervention Project«, Minnesota, USA, veröffentlicht.[3] Dieser Prozentsatz entspricht ungefähr dem der häuslichen Gewalt in heterosexuellen Beziehungen.[4] Die bedeutendste Gemeinsamkeit zwischen heterosexueller und lesbischer häuslicher Gewalt besteht in dem Faktum, daß keine Frau es verdient, mißhandelt zu werden. Es gibt jedoch grundlegende Unterschiede, die im wesentlichen auf der gesellschaftlichen Situation von Lesben und den damit einhergehenden gesellschaftlichen Vorurteilen und Mythen über lesbische Lebensweisen beruhen. Auch

sind die Folgen für die Opfer andere, denn Lesben finden kaum Hilfe oder Unterstützung oder Rückhalt in der Öffentlichkeit. Gewalt in lesbischen Beziehungen ist daher auf keinen Fall mit Gewalt in heterosexuellen Beziehungen gleichzusetzen.
Gewalt in lesbischen Beziehungen dient der Mißhandlerin dazu, Macht und Kontrolle zu erlangen oder zu festigen. Macht ist auf den ersten Blick ein recht abstrakter Begriff, der durch das Patriarchat deformiert und für seine Zwecke verwendet wird: Der ursprüngliche und eigentliche Sinn von Macht bedeutet, die *eigene* Handlungsfähigkeit und Integrität zu wahren, das heißt die Fähigkeit, über das eigene Leben und Schicksal zu entscheiden. Männer benutzen Macht, um sich die Herrschaft *über jemand anderen* zu sichern – ein grundlegender Unterschied! Macht im patriarchalen Sinne bedeutet, das Leben von anderen zu beeinflussen und zu lenken, das heißt zu kontrollieren. Kontrolle ist eine zielgerichtete Lenkung, deren Absicht darin besteht, sich eigene Vorteile, das heißt einen gewissen Nutzen, zu sichern und zu bewahren. Dieses System funktioniert mittels Differenzierung, das heißt, es wird versucht, eine absolute Unterscheidung zu finden, die auch dann noch ihre Gültigkeit besitzt, wenn Männer in allen anderen Bereichen versagen sollten. Gegenüber Frauen ist diese absolute Unterscheidung das Geschlecht, denn mögen Männer auch noch so inkompetent sein, sie sind der Frau aufgrund deren Zugehörigkeit zum »unterlegenen« Geschlecht auf jeden Fall übergeordnet. Symbol der männlichen Geschlechtszugehörigkeit ist der Penis, der den Machtanspruch demonstriert. Der Penis ist somit Ausdruck seiner Übergeordnetheit, seiner Kraft – Virilität –, seiner Macht. Der Frau beweist der Mann durch sogenannte sexuelle Handlungen, die gegen ihren Willen an ihr verübt werden, seine Herrschaft über sie. Ihr Wille zählt nichts, seiner alles. Die Gewalt der Männer, mit der Frauen am häufigsten konfrontiert werden, ist daher die sexualisierte Form der Gewalt: Vergewaltigung, sexueller Mißbrauch, Pornographie, Sadismus/Masochismus, die all-tägliche Objektivierung der Frau zur Befriedigung männlicher »Lüste«. Letztendlich jedoch dient die sexualisierte Form der Gewalt nur dazu, Macht und Kontrolle über Frauen zu erhalten; sie ist ein Teil des patriarchalen Gewalt-Geflechts.
Üben Lesben in ihren Beziehungen Gewalt aus, versuchen sie ebenfalls auf Kosten der anderen einen eigenen Nutzen, das heißt

Vorteil zu erlangen. Sie übernehmen die patriarchale Definition von Macht im Sinne von Herrschaft und Kontrolle und tragen sie in ihre Beziehungen.

Einer der interessantesten Mythen über Gewalt in lesbischen Beziehungen ist, daß sie wechselseitig stattfinde. Das heißt, es wird von einer ursprünglich gleichen Situation ausgegangen, in der die Mißhandlerin auch Opfer sein und das Opfer auch Mißhandlerin sein kann, denn eine Hierarchisierung durch das »Geschlechterverhältnis«, in dem die »Rollen« eindeutig verteilt sind, fällt auf den ersten Blick weg. Dennoch ist es sehr wohl möglich, in lesbischen Beziehungen ein Machtgefälle zu schaffen, in dem eine eindeutige Zuordnung der Rolle als Mißhandlerin bzw. Opfer stattfinden kann. Nur weil eine Beziehung auf den ersten Blick als eine unter Gleichen erscheint, muß sie es noch lange nicht sein. Ein Blick hinter die Fassade zeigt, daß Ungleichheit in jeder Form von Beziehung hergestellt werden kann – Ungleichheit und ein damit verbundenes Machtgefälle bilden eines der Grundprinzipien dieser Gesellschaft. Auch wenn lesbische Beziehungen durch die Gleichheit des Geschlechts eher die Möglichkeit bieten, sich auf gleicher Ebene zu begegnen, so garantiert dies doch letztendlich nicht, daß der Automatismus des Geschlechterverhältnisses hier unwirksam wird.

Ein weiteres Grundprinzip unserer Gesellschaft ist Rassismus: Ungleichheit aufgrund unterschiedlicher kultureller und ethnischer Herkunft. Am Beispiel Rassismus erkennen wir am deutlichsten, daß gesellschaftliche Wertvorstellungen auch vor uns westeuropäischen, weißen Lesben nicht halt machen. Lesbischsein bedeutet noch lange nicht, nicht rassistisch zu sein. In unserer Gesellschaft ist es von Nachteil, eine Frau zu sein; noch schlimmer ist es, eine Frau und lesbisch zu sein; aber ganz unten stehen diejenigen, die Frau, lesbisch, von »anderer« ethnischer und kultureller Herkunft oder nicht christlich säkularisiert sind. Den Vorwurf, rassistisch zu sein, muß sich die heterosexuelle, christlich säkularisierte, weiße Frauenbewegung seit längerem schon gefallen lassen: Im allgemeinen überträgt sie ihre Erkenntnisse, Theorien und Forderungen unzulässigerweise auf alle Frauen, ohne Rücksicht auf deren unterschiedliche soziale, ethnische oder kulturelle Herkunft. Die Tatsache, daß Lesben ebenso rassistisch sind, zeigt sich daran, daß nur sehr wenige Schwarze[5] Lesben die etablierten Lesbenlokale

besuchen oder kaum bei öffentlichen lesbischen Veranstaltungen angetroffen werden. Für sie ist kein Raum. Auf der individuellen Ebene finden wir westeuropäischen, weißen, christlich säkularisierten Lesben unseren persönlichen Rassismus wieder, wir teilen gesellschaftliche Vorurteile von der Promiskuität Schwarzer Frauen, denken, daß sie langsamer arbeiten als weiße Frauen oder sind einfach von ihrer »Exotik« angezogen. Diese Vorurteile erheben uns als weiße Lesben über Schwarze Lesben und weisen diesen einen untergeordneten Status zu. Rassismus als Grundprinzip dieser Gesellschaft hat unsere Gedanken, unsere Herzen und Seelen vergiftet. Wir können jedoch nicht so tun, als ob dies alles ausschließlich gesellschaftlich bedingt sei und uns auf diesem Wege der eigenen Verantwortung entziehen. Wir alle sind für unser Handeln oder Nicht-Handeln verantwortlich. So ist die Mißhandlerin, die ihre Partnerin schlägt, für ihre Handlungen verantwortlich und auch verantwortlich zu machen. Es gibt keinen Rückzug in »äußere« Bedingungen. In einem der Interviews sagt die Mißhandlerin, daß sie bei Ausbruch der Gewalt »immer neben sich stehen« würde, es eigentlich nicht sie wäre, die gewalttätig würde, »sie sei dann nicht bei sich« – ein klassisches Argument, um sich der Verantwortung zu entziehen: Es bin nicht ich, die schlägt und terrorisiert, sondern mein Über-, Unter- oder Neben-Ich. Mißhandlerinnen müssen begreifen, daß sie für ihre Handlungen verantwortlich sind, unabhängig davon, ob sie betrunken sind, »neben sich stehen« oder eine »schlechte Kindheit« hatten. Es gibt keine Rechtfertigung für ein derartiges Verhalten.
Mit dem Begriff der »Mißhandlerin« bleibe ich im Rahmen der in der Gewaltdiskussion üblichen Begriffsabgrenzung. Der Begriff der »Täterin« ist stark durch unser Rechtssystem besetzt und beruht auf einem engen, juristisch definierten Rahmen von Mißhandlungen. Durch den restriktiven Charakter des Begriffs der »Täterin« scheidet dieser meines Erachtens als Bezeichnung einer gewaltausübenden Person aus.
Auf der Seite der mißhandelten Personen haben sich zwei Bezeichnungen herauskristallisiert, die der »Überlebenden« und die des »Opfers«. Der Begriff der »Überlebenden« wurde vor allem von Kathleen Barry in ihrem Buch *Sexuelle Versklavung von Frauen* geprägt und sollte dem Meinungsstreit um die Begrifflichkeit des Opfers ein Ende setzen. Sie bezeichnet die Überlebende »als eine,

die tätig und initiativ, mehr oder weniger erfindungsreich oder erfolglos ständig Momententscheidungen für ihr Leben trifft«.[6] Christina Thürmer-Rohr weist uns jedoch auch auf den ursprünglichen Inhalt des Begriffs des »Opfers« hin: »Ein Opfer ist nicht Opfer, weil es *passiv* ist, hilflos fremden Gewalten ausgeliefert oder determiniert durch widrige äußere Umstände, sondern weil es dargeboten wird, *um* mit seiner Gabe, dem eigenen *Leben*, für etwas einzustehen, für etwas zu zahlen und mit dieser Gabe nicht mehr sich selbst, sondern den anderen zu nutzen«.[7] Halten wir uns an diese Definition von »Opfer« und lassen eine Verwässerung/ Deformierung als passives, still erduldendes Wesen nicht länger zu, ist damit die Situation mißhandelter Frauen und Lesben besser beschrieben. Der Begriff der »Überlebenden« bezieht alle jene Frauen und Lesben nicht ein, die ihr Leben lassen mußten, weil sie getötet wurden oder sich später in Folge von Mißhandlung oder Vergewaltigung das Leben nahmen. Sie dürfen jedoch in der Gewaltdiskussion nicht unberücksichtigt bleiben.

Der Weg hört nicht bei der bloßen Beschreibung lesbischer Gewaltverhältnisse auf, sondern er geht weiter, denn es gibt einen Weg hinaus. Dieser Weg ist sehr mühevoll, denn weder feministische noch lesbisch-feministische Kreise bieten den Opfern Hilfe und Rückhalt. Die Frauenhäuser werden zwar zu einem Großteil von Lesben betrieben, jedoch wird keine Öffentlichkeitsarbeit geleistet, die auch mißhandelten Lesben die Möglichkeit eröffnet, dort Schutz zu finden. Hier muß noch viel getan werden. Durch den Mangel an Hilfe und Rückhalt werden viele mißhandelte Opfer in die Isolation getrieben und verbleiben länger in der Gewaltbeziehung, als sie es mit Unterstützung von außen vielleicht tun würden, oder können ihre Erlebnisse kaum verarbeiten.

Eine Möglichkeit der Verarbeitung von Gewalterfahrungen bietet die Psychotherapie. Jedoch geht die Hauptströmung auch heute noch von dem traditionellen, von Freud geprägten Bild der Homosexualität als Krankheit aus. Es ist sehr schwer, eine Therapeutin zu finden, die die lesbische Lebensweise als gleichberechtigte Lebensform anerkennt – und es ist noch schwieriger, eine lesbische Therapeutin zu finden. Fast ganz unmöglich ist es, eine lesbische Therapeutin zu finden, die sich mit dem Thema Gewalt unter Lesben befaßt hat und zudem auch noch von der Krankenkasse anerkannt wird. Dies bedeutet, daß mißhandelte Lesben ihren Heilungsprozeß,

sollten sie dafür die Hilfe einer lesbisch-feministischen Therapeutin heranziehen, teuer bezahlen müssen – sofern sie sich diesen Schritt überhaupt leisten können.
Es ist unumgänglich, in der Gewaltdiskussion das Thema »Sadismus und Masochismus« als gesellschaftliches Phänomen anzusprechen. Eine Kritik auf der individuellen Ebene gerät zum einen sehr leicht in die Gefahr, als »Moralpredigt« abgeurteilt zu werden. Zum anderen geht es nicht darum, die meist auf der individuellen Ebene erfolgende Pro-Argumentation – so zum Beispiel den Verweis auf die beidseitige Einwilligung in die Handlungen – unbedingt zu widerlegen. Das ist kaum möglich. Die Diskussion um »S&M« kann nur auf der gesellschaftlichen Ebene erfolgen, denn allein diese ermöglicht einen Blick hinter die (gesellschaftlichen) Kulissen. Die gegenwärtige Diskussion über S&M ist mit der Pornographie-Debatte Ende der achtziger Jahre vergleichbar: Pornographie als eine Form von Gewalt gegen Frauen versus Pornographie als sexueller Lustgewinn bei freiwilliger Teilnahme der Akteurinnen; sogenannte Prüderie versus sogenannte sexuelle Freiheit, und so weiter.
S&M steht für Sadismus/Masochismus und bedeutet auf den ersten Blick einen sexuellen Lustgewinn durch die Erfahrung von Schmerz. Auf der physischen Ebene wird die Steigerung von Schmerz meist mit Hilfe von Utensilien wie Peitschen, Klammern, Nadeln und dergleichen erreicht. Wesentlicher Bestandteil von S&M-Praktiken ist die Schaffung von ungleichen Machtverhältnissen, also von Dominanz und Unterordnung. Auf diese Art und Weise kann auch durch verbale Attacken (Beschimpfung und Beleidigung der Partnerin) ein Lustgewinn erzielt werden. Ebenso ist der Gebrauch eines Dildos, also eines künstlichen Penis', eine übliche Praktik in (lesbischen) S&M-Szenarien. Das Spektrum von S&M ist sehr weit gefächert, es beinhaltet sowohl »sanften« S&M als auch Hardcore-Praktiken, die schon Todesopfer gefordert haben.
Im Kontext der Schaffung ungleicher Machtverhältnisse ist der Gebrauch des Dildos interessant: Er ist hier nicht mehr nur sexuelles Spielzeug, sondern Inbegriff männlicher Macht, die die Benutzerin für einen kurzen Moment innezuhaben glaubt – eine Illusion. In einer patriarchalen Gesellschaft, in der Frauen eine untergeordnete Rolle einnehmen, können sie niemals die Macht erlangen, die

Männern vorbehalten bleibt: Penetration, Vergewaltigung und Herrschaft. Die meisten S&M-Lesben sind Masochistinnen, das heißt, sie nehmen die untergeordnete Rolle ein. Ein interessantes Phänomen, das mit der gesellschaftlichen Unterordnung der Frau kongruiert. Vater des Masochismus ist Sacher-Masoch, der jedoch als Mann im Gegensatz zu Frauen jederzeit die Möglichkeit hatte, sich der untergeordneten Rolle zu entziehen, sie aufzulösen.[8]
Sadismus/Masochismus ist auf den zweiten Blick eine sexualisierte Form von Gewalt, ebenso wie Pornographie. In S&M-Szenen werden Gewaltverhältnisse inszeniert und reproduziert – und tragen somit letztendlich zu deren Fortbestand bei. Bestehende Gewaltverhältnisse werden nicht in Frage gestellt, sondern gestärkt.
Frauen und Mädchen erfahren von Kindheit an eine enge Verquickung von Liebe und Gewalt, Lust und Schmerz: Eltern, die ihre Kinder mißhandeln oder mißbrauchen und ihnen gleichzeitig sagen, daß sie sie lieben; die angebliche »Lust« des sexuell Ausbeutenden und den Schmerz des Opfers. Als Erwachsene tragen wir diese Verstrickungen in unsere Beziehungen und sind unter Umständen nicht mehr fähig zu lieben, ohne uns gleichzeitig für unsere Lust durch Schmerz zu bestrafen. Sadistische/masochistische Inszenierungen reproduzieren extrem frauenhassende Gewaltverhältnisse und streuen Salz in offene Wunden.
Die Popularität von S&M-Praktiken unter Lesben verläuft synchron mit der steigenden Popularität von S&M in heterosexuellen und schwulen Zusammenhängen; in Medien und besonders in der Werbung sind immer mehr Anspielungen auf oder Abbildungen von S&M-Szenarien zu finden. Durch diese Rückendeckung fällt eine kritische Diskussion sehr schwer, Kritikerinnen werden oft in die Ecke der »prüden« Unterdrückerin gedrängt, und jede weitere Diskussion wird abgewürgt. Diese Erfahrung mußten Bev Jo, Linda Strega und Ruston machen, deren Beitrag in diesem Band veröffentlicht ist. Gerade in der S&M-Diskussion wird deutlich, daß der Brownmillersche Ansatz, Gewalt sei dann vorhanden, wenn eine Handlung gegen den Willen der betroffenen Person durchgeführt wird, weiter gefaßt werden muß: Gewalt definiert sich auch dadurch, inwiefern sie gesellschaftliche Gewaltverhältnisse reproduziert und zementiert. Daher ist es für die Lesben- und Frauenbewegung an der Zeit, zu S&M ebenso eindeutig Stellung zu beziehen wie in der Pornographie-Debatte.

Im Zusammenhang mit Selbstverteidigung und körperlichen Techniken taucht oft die Frage auf, ob dies denn nicht auch Gewalt sei. Diese Frage muß mit einem klaren Nein beantwortet werden. Die Angreiferin übt Gewalt aus, um ihre Herrschaft über eine andere zu sichern, sie will das Opfer und deren Leben kontrollieren. Das heißt, ihre Gewalt ist gegen eine andere Person gerichtet, während Selbstverteidigung bedeutet, *sich selbst* zu verteidigen, um aus der bedrohlichen Situation herauszukommen. Läßt sich die Angreiferin weder mit Worten noch anderen Befriedungsversuchen von ihrem Angriff abhalten, muß die sich verteidigende Lesbe körperliche Techniken einsetzen, um ihr Recht auf Integrität, Selbstbestimmung und Unversehrtheit von Leib und Leben zu wahren.

Jede betroffene Lesbe sollte für sich die Möglichkeit in Betracht ziehen, sich wehren zu müssen. Feministische Selbstverteidigung für mißhandelte Lesben (siehe Sunny Graffs Beitrag in diesem Buch) beinhaltet die Komponenten »Information«, »Konfrontationstraining«, »körperliche Techniken« und »geistige Übungen«. Zum einen geht es darum, sich in einer akuten Angriffssituation effektiv zu wehren, zum anderen geht es aber auch darum, den Respekt einzufordern, der uns gebührt, und für die eigenen Rechte einzustehen. Diese Selbstverteidigungskurse vermitteln ein Bild von Frauen und Lesben als stark, selbstbewußt, mutig und sich selbst verteidigend. Dies bedeutet zum einen, mit dem gesellschaftlichen Bild der Frau und Lesbe zu brechen, aber andererseits auch, die eigene Ohnmacht zu beseitigen. Indem wir die eigene Handlungsfähigkeit bewahren oder wiedererlangen, werden wir zu »schlechten« (passiven) Opfern. Es ist nicht nur so, daß die Geduld der Frauen die Macht der Männer ist, sondern die Geduld des Opfers ist die Macht einer jeden Mißhandlerin. MißhandlerInnen wollen keine Opfer, die sich wehren, und ihre Rechte einfordern; sie möchten Opfer mit viel Geduld.

Natürlich ist das Geschehen nicht allein von der Geduld oder Ungeduld des Opfers abhängig. Gewaltmechanismen sind sehr komplex, schleichen sich allmählich ein und spinnen feine Fäden um Geist und Seele des Opfers. Fast unmerklich wird sie eingesponnen und weiß sich schließlich nicht mehr zu befreien. Ein in den Vereinigten Staaten gerichtlich anerkannter Nachweis für gewalttätige Beziehungen ist das »Battered Women's Syndrome« (BWS), das aus bestimmten Vorstellungen, Überzeugungen und

Verhaltensweisen beim Opfer besteht und durch die Mißhandlungsbeziehung erzeugt wird. Viele Opfer weisen ein geringes Selbstwertgefühl auf, sie machen sich selbst für die Gewalt verantwortlich, fühlen sich isoliert und ängstlich.[9] Anhand des »Battered Women's Syndrome« zeigt sich, daß mit der Ausübung von Gewalt oft eine Verminderung des Selbstwertgefühls einhergeht, die es dann auch fast unmöglich macht, sich aus dieser gewalttätigen Beziehung zu befreien.

Die rechtliche Definition von »Gewalt« ist gegenüber der lesbischfeministischen Begriffsbestimmung sehr eingeschränkt und auf bloße Körperlichkeit reduziert. Dennoch sollten mißhandelte Lesben rechtliche Möglichkeiten in Anspruch nehmen, um ihr Leben zukünftig zu schützen und die Mißhandlerin zur Verantwortung zu ziehen. Sowohl das Strafrecht als auch das Zivilrecht bieten zwar nur eine begrenzte Zahl von Möglichkeiten, sich zur Wehr zu setzen, die aber auf jeden Fall von der mißhandelten Lesbe in Anspruch genommen werden sollten. Dazu ist jedoch notwendig, daß sie eine (lesbische) Rechtsanwältin findet, die die Ernsthaftigkeit und das Ausmaß von Gewalt in lesbischen Beziehungen begreift und die Interessen der mißhandelten Lesbe angemessen vertreten kann. Letztendlich ist für einen derartigen Schritt auch ein lesbisches soziales Netz notwendig, das betroffenen Frauen Rat und Unterstützung bieten kann. Für heterosexuelle Frauen gibt es schon lange Hilfe und Unterstützung – wenn auch längst nicht in hinreichendem Umfang –, während Gewalt in lesbischen Beziehungen immer noch tabuisiert und ignoriert wird.

Eine Heilung von den Folgen der Mißhandlungen muß nicht nur bei der einzelnen stattfinden, sondern die lesbische Gemeinschaft muß sich ebenso einem »Heilungsprozeß« unterziehen: Wir dürfen Gewalt in unseren Reihen nicht länger akzeptieren und müssen mit alten Wertvorstellungen aufräumen. Eine Lesbe, die eine andere Lesbe mißhandelt, ist nicht »stark«, »selbstbewußt« und »überlegen«. Dieser Schein trügt und dient nur dazu, sich die Macht über eine andere Person zu sichern: Die eigene Aufwertung erfolgt durch die gleichzeitige Abwertung der Partnerin. Dies ist eine deutlich heterosexistisch und rassistisch geprägte Denk- und Verhaltensweise. Wir müssen uns endlich von unserem eigenen Heterosexismus und Rassismus befreien und eigene Werte entwickeln. Je länger wir zu der Gewalt in unseren eigenen Reihen schweigen, desto mehr Raum lassen wir den Mißhandlerinnen und desto unglaubwürdiger werden unsere Träume, Hoffnungen, Ideen und unsere Liebe. Es gilt, das Schweigen zu brechen.

Noch ein letztes Wort zur Sprache: Sprache reflektiert, übermittelt und trägt zum Fortbestand bestimmter gesellschaftlicher Verhältnisse bei. Durch Worte werden Mythen, Vorurteile, Sexismus und andere »-ismen« in unsere Gedanken und Gefühle getragen. So machtvoll die Benennung von etwas ist, so machtvoll ist auch die Auslassung, denn Unbenanntes findet keinen Weg in unsere Gedanken und Gefühle. Das Wort »Frau« ist nur für einen bestimmten Teil von Frauen gedacht, die Auslassung spricht Bände. So sind Mädchen und Frauen, die einen anderen Lebensentwurf als den der Heterosexualität gewählt haben, eindeutig *nicht* gemeint. Diese Auslassung kann als soziale Konnotation bezeichnet werden, die wir auch bei dem Begriff »Mensch« finden: »Wer ja sagt zu seiner Familie, muß auch ja sagen zu seiner Frau«.[10] Der Mensch – ein Mann. Der eigentliche Sinn des Wortes, das Denotat, wird verfälscht und erhält eine gesellschaftliche Prägung, eine soziale Konnotation, die Hierarchie, Unterordnung und Mißachtung von Frauen widerspiegelt. Diese Divergenz von Konnotat und Denotat kann, um Luise Puschs Beispiel von Südfrüchten und Apfelsinen zu zitieren, dazu führen, daß zwar »Frauen« ein Oberbegriff für Lesben ist, aber diese aufgrund des sozialen Konnotates eindeutig nicht als Frauen gemeint sind. Aus diesem Grund bezeichne ich Lesben als »Lesben« und nicht als »Frauen«. Sollten beide gemeint sein, spreche ich von »Lesben/Frauen« oder »Lesben und anderen Frauen«. Diese von mir gewählte Begrifflichkeit trägt der gesellschaftlichen Prägung des Inhaltes des Wortes »Frau« besser Rechnung als die bloße Subsumierung von Lesben unter dem Begriff »Frau« und verhindert ein erneutes Unsichtbarmachen lesbischer Existenz. Zudem leugnet eine sprachliche Verschmelzung beider Begriffe die Tatsache, daß es eine lesbische Sicht der Dinge gibt. So können beispielsweise heterosexuelle Frauen unter »Frauenfreundschaft« etwas anderes verstehen als Lesben.

Manchmal ist es notwendig, sich abzugrenzen, um endlich wahrgenommen zu werden, um ein Bewußtsein für die Komplexität lesbischen Lebens zu erlangen – bei sich und bei anderen.

Anmerkungen

1 Der Begriff »Heterosexismus« bzw. »Heterosexualismus« wird unter anderem von Sarah Lucia Hoagland diskutiert, die darunter »einen ganzen Lebensstil, der durch jede formelle und informelle Institution der patriarchalen Gesellschaft, von der Religion bis zur Pornographie, zur unbezahlten Hausarbeit, zur Medizin, gefördert und verstärkt wird« versteht. Heterosexualismus sei »eine Lebensweise, welche die Herrschaft einer Person und die Unterordnung einer anderen zur Normalität erhebt«. Siehe Sarah Lucia Hoagland: *Die Revolution der Moral, Neue lesbisch-feministische Perspektiven*, Berlin 1991, S.20.
2 Diana van Oort: »(Sexuelle) Gewalt gegen Lesben und bisexuelle Frauen aller Altersgruppen«, in: Senatsverwaltung für Jugend und Familie (Hg.), *Gewalt gegen Schwule – Gewalt gegen Lesben. Ursachenforschung und Handlungsperspektiven im internationalen Vergleich*, Berlin 1992, S.31-51.
3 Informationsbroschüre des LBIP (ohne Titel): Pam Elliot, Lesbian Battering Intervention Project Coordinator, Minnesota Coalition for Battered Women, St. Paul, MN, 1989.
4 Siehe hierzu vor allem Claire M. Renzetti: *Violent Betrayal. Partner Abuse in Lesbian Relationships*, Newbury Park, CA, 1992, S.18.
5 Ich übernehme die von Schwarzen Menschen häufig verwendete Schreibweise – Schwarz als Adjektiv mit großem Anfangsbuchstaben –, die darauf hinweist, daß Schwarze sich politisch u.a. über ihre Hautfarbe definieren.
6 Christina Thürmer-Rohr: »Frauen in Gewaltverhältnissen. Zur Generalisierung des Opferbegriffs«, in: Studienschwerpunkt »Frauenforschung« am Institut für Sozialpädagogik der TU Berlin (Hg.): *Mittäterschaft und Entdeckungslust*, Berlin 1990, S.28.
7 Ebd., S.25.
8 Siehe zum Beispiel Leopold von Sacher-Masoch: *Venus im Pelz*, Frankfurt 1980 (1869).
9 Siehe hierzu den Artikel »'Battered Women's Syndrome' successfully used in lesbian case«, in: *Gay Communitiy News 23*, Vol.18, 1990, S.2.
10 Luise F. Pusch: *Das Deutsche als Männersprache*, Frankfurt 1984, S.15.

Constance Ohms
Gewalt – eine Begriffsabgrenzung

Eine Handlung bestimmt sich nicht durch den Grad der sichtbaren Verletzungen als gewalttätig. Gewalttätigkeit wird durch das Vorhandensein eines bestimmten Verhaltens und die daraus resultierende Atmosphäre beschrieben: Dieses Verhalten dient dem Zweck, eine Person zu verletzen und sowohl Macht als auch Kontrolle über sie zu erlangen und beizubehalten. Damit wird dieser Person gleichzeitig das Recht auf einen eigenen Willen und auf Selbstverantwortung entzogen. Gewalt beinhaltet sowohl physische, psychische, emotionale und sexuelle Mißhandlungen als auch ein sexuell ausbeutendes und bedrohendes Verhalten, das dazu dient, die Macht und Energie einer Person einzuschränken und eine Atmosphäre von Angst und Schrecken zu schaffen. Gewalt wird sowohl gegen den Willen der Betroffenen als auch mit deren Einverständnis ausgeübt. Die Reproduktion und Manifestation gesellschaftlicher Gewaltverhältnisse in Beziehungen durch ein bestimmtes Rollenverhalten oder bestimmte Sexualpraktiken stellt ebenso eine Form von Gewalt dar. Grundlegende Stützpfeiler bilden Sexismus, Heterozentrismus und Rassismus.

Formen von Gewalt

Physische Gewalt

Unter physischer Gewalt wird jedes körperlich aggressive Verhalten verstanden, so zum Beispiel die Partnerin mit der Faust schlagen, ihr einen Stoß versetzen, sie ohrfeigen, schlagen, würgen, stoßen, packen, schubsen, schütteln, mit Gegenständen nach ihr werfen, sie an den Haaren ziehen, sie treten, quetschen, kitzeln, verbrennen, leichtsinnig mit ihr Auto fahren, sie entführen, als Geisel halten oder gar töten. Claire M. Renzetti (1992) befragte in ihrer Studie einhundert von ihren Partnerinnen mißhandelte Lesben unter anderem nach der Art und Häufigkeit von Gewalttätigkeiten und stellte dabei fest, daß Schubsen und Stoßen mit 75 Prozent die am häufigsten ausgeübten körperlichen Techniken sind, gefolgt von Schlägen mit der Faust oder der flachen Hand (65 Prozent) und Kratzen oder Schlagen des Gesichtes, der Brüste oder des Unterleibs (48 Prozent).[1] In diese Kategorie gehört ebenso das Vorenthalten von physischen Notwendigkeiten, wie Schlaf oder Essen, das Einbehalten von Geld, das Verweigern von Hilfe oder Transport, wenn die Partnerin verletzt oder krank ist, das Aussperren aus der Wohnung, das Verweigern oder Rationieren von notwendigen Dingen wie Medikamente, hygienische Utensilien usw.

Ein weiteres Kriterium ist die »indirekte« Körperverletzung: Dabei werden Dritte – zum Beispiel Haustiere oder Kinder – verletzt oder es wird für die Partnerin wertvolles Eigentum beschädigt oder zerstört. Renzetti (1992) stellt fest, daß in 30 Prozent der Mißhandlungsbeziehungen, in denen Kinder des Opfers vorhanden sind, diese verletzt werden. Ein anschauliches Beispiel dafür, daß gerade Kinder in das Kreuzfeuer von Mißhandlungen geraten können, gibt das Interview mit S. in diesem Band.

Psychische Gewalt

In jeder Beziehung werden stillschweigende und/oder ausdrückliche Übereinkünfte getroffen, die Verletzbarkeiten und Unsicherheiten der anderen zu respektieren. Die Verletzung dieses Vertrauens stellt psychische Gewalt dar; sie bedeutet die Ausnutzung von Schwächen, Ängsten oder Unsicherheiten und Charaktereigenschaften der Partnerin.
So gehören zum Beispiel verbale Attacken, Beleidigungen, Witze über Fehler, Mängel, Charaktereigenschaften oder die Gefühle der anderen, abwertende oder herabsetzende Bezeichnungen für die andere zum Bereich der psychischen Gewalt. Ebenso sind das Erteilen einer Erlaubnis sowie das penible Ausfragen über den Arbeitsplatz, den Tagesverlauf oder den Aufenthaltsort dazuzuzählen. Affären sowie deren Unterstellung können eine Form der psychischen Gewalt darstellen, sofern sie nicht mit den getroffenen Übereinkünften in Einklang stehen. Hat sich eine Partnerin entschlossen, nicht offen als Lesbe zu leben, so ist die Androhung, dies zum Beispiel am Arbeitsplatz kundzutun, ebenso Gewalt wie das Verdrehen von Worten oder Ereignissen, wodurch das Opfer für die

Gewalt verantwortlich gemacht wird. Das gleiche gilt für ein Verhalten, das die andere »verrückt« macht, das heißt, ihr Wahrnehmungs- und Urteilsvermögen tiefgreifend in Frage stellt, sie isoliert und kontrolliert.

Claire M. Renzetti zufolge sind die am häufigsten angewandten Formen psychischer Gewalt verbale Drohungen (70 Prozent), das Herabsetzen der anderen vor FreundInnen und Verwandten (64 Prozent) oder vor Fremden (59 Prozent).[2]

Emotionale Gewalt

Emotionale Gewalt ist eine Form von psychischer Gewalt, die sowohl durch eine *Geschichte von körperlicher Gewalterfahrung seitens des Opfers* als auch durch deren Androhung oder deren Vorhandensein ergänzt wird. Die zusätzliche Komponente von physischer Gewalt und vergangener Gewalterfahrung macht es noch schwieriger, wenn nicht gar unmöglich, in einer (erneuten) Mißhandlungsbeziehung das eigene Selbstwertgefühl aufrechtzuerhalten.

So ist die angedeutete oder ausdrückliche *Androhung*, für die Partnerin wertvollen Besitz zu zerstören, ihre Kinder zu schlagen, ihr Geld zu verweigern, sie selbst zu schlagen, sie auszusperren und *von zukünftigem aggressivem Verhalten* emotionale Gewalt. In diesem Zusammenhang ist es auch wichtig, die Androhung des Selbstmordes oder der Selbstverletzung, also einer gegen die Mißhandelnde selbst gerichteten Gewalt, nicht auszuschließen. Denn auch die Androhung von Gewalt, die auf den ersten Blick gegen sich selbst gerichtet ist, kann letztlich dazu dienen, die Partnerin zu isolieren und zu kontrollieren.

Meines Erachtens ist eine derartige Unterscheidung in psychische und emotionale Gewalt unbedingt notwendig, denn der hierzulande und auch in den Vereinigten Staaten übliche pauschale Begriff der »psychischen Gewalt« wird einer unterschiedlichen Dynamik in der Arbeit mit Ängsten nicht gerecht. Gerade bei emotionaler Gewalt arbeitet die Mißhandlerin jedoch *bewußt* mit den Ängsten der Partnerin/des Opfers, greift auf frühere Gewalterfahrungen zurück und benutzt diese, um Ängste hervorzurufen. Nur aufgrund von *Erfahrungen aus der Vergangenheit* der Partnerin ist es möglich, bei ihr panische Ängste auszulösen, beispielsweise indem eine Frau erst Alkohol konsumiert und dann das Brotmesser nimmt, um Brot zu schneiden. Das Opfer kennt diese Situation und reagiert panisch, denn sie weiß aus der Vergangenheit, daß hier schon einmal etwas anderes geschehen ist. Der Einsatz von emotionaler Gewalt bedarf nur eines minimalen Aufwandes bei der ausübenden Person und zeigt maximale Wirkung bei der betroffenen Person. Emotionale Gewalt weist eine andere Dynamik auf als psychische Gewalt, die nicht unbedingt mit den Vergangenheitswerten arbeiten muß, sondern das Selbstwertgefühl auf einer anderen Ebene als der der reinen Angst zerstören kann.[3]

Sexuelle Gewalt

In gewalttätigen Beziehungen besteht in vielen Fällen keinerlei Beziehung mehr zwischen Sexualität und Lust oder Lustbefriedigung. Sexuelle Handlungen werden vielmehr funktionalisiert, um über die Partnerin Macht und Kontrolle zu erlangen oder beizubehalten. Als sexuelle Gewalt wird jedes Verhalten definiert, das die Partnerin zu sexuellen Handlungen oder zur Übernahme bestimmter sexueller »Rollen« unter Androhung oder Ausübung von Gewalt zwingt, sowie Vergewaltigung, ein unangemessenes Kritisieren der Partnerin und das Vorenthalten von Sex. Die Mißhandlerin bestimmt den Zeitpunkt, die Art und Weise des sexuellen Zusammenseins sowie dessen Häufigkeit. So berichten mißhandelte Lesben, daß für ihre eigene Sexualität, ihre Wünsche und Bedürfnisse keinerlei Raum geblieben sei, sondern Form, Häufigkeit und Zeitpunkt sexueller Aktivitäten von der Mißhandlerin bestimmt worden seien. Wenn Sexualität eingesetzt wird, um Besitzansprüche, Herrschaft, Machtpositionen und Kontrolle durchzusetzen, so handelt es sich dabei um eine sexualisierte Form von Gewalt.
Das Abwerten von Sexualpraktiken der Partnerin beziehungsweise ihrer Sexualität sowie das Erzwingen von Nacktfotos sind ebenso als eine Form von sexueller Gewalt zu nennen.[4] Das Vorenthalten von Sex ist die mit 27 Prozent am häufigsten ausgeübte Form sexueller Gewalt, gefolgt von Vergewaltigung im Sinne von sexueller Nötigung – das heißt es muß keine Penetration erfolgen – mit 16,5 Prozent und dem Zwang zur öffentlichen Darstellung sexueller Absichten (11 Prozent).[5]

Zum einen ist jede sexuelle Handlung, in die die Partnerin *nicht* einwilligt, als sexuelle Gewalt zu bezeichnen. Im Zusammenhang mit sexueller Gewalt müssen Sadismus/Masochismus (S&M), Fesselung (Bondage) und Disziplin als Sexualpraktiken angesprochen werden. Letztendlich ist es fraglich, ob es in einer Beziehung, in der ein Machtungleichgewicht besteht, tatsächlich möglich ist, S&M oder B&D (Bondage & Discipline) beidseitig zuzustimmen. Des weiteren ist aber auch jede sexuelle Inszenierung und Reproduktion gesellschaftlicher Gewaltverhältnisse eine Form von sexueller Gewalt, da sie dazu beiträgt, bestehende Gewaltverhältnisse aufrechtzuerhalten und zu verfestigen. Unter diesen Umständen sind S&M und B&D sexuelle Gewalt.

Rassismus

Als rassistische Gewalt wird jedes Verhalten definiert, das anderen Personen aufgrund ihrer ethnischen und/oder kulturellen sowie religiösen Herkunft den Zugang zu ökonomischen, sozialen oder politischen Mitteln verwehrt oder erschwert, sie diskriminiert, ihre Selbstachtung und ihr Selbstwertgefühl unterminiert oder gar zerstört, sie verfolgt und/oder tötet. Rassismus findet sich sowohl auf der gesellschaftlichen als auch auf der individuellen Ebene und ist immer mit der Schaffung und Aufrechterhaltung ungleicher Machtverhältnisse verbunden. Das Thema »rassistische Gewalt« muß vor allem dann diskutiert werden, wenn die Partnerinnen unterschiedlicher ethnischer, kultureller oder religiöser Herkunft sind, denn im europäischen Kulturkreis ist mit der Farbe Weiß grundsätzlich ein ungleiches Machtverhältnis verbunden, und zwar zugunsten der Weißen.
Auch innerhalb einer Beziehung beinhalten rassistische Verhaltensweisen die drei Elemente der Gewalt: physische Gewalt, psychische Gewalt und emotionale Gewalt.

Rassistische physische Gewalt
Als rassistische physische Gewalt wird jedes physisch aggressive Verhalten verstanden, dessen Ursprung in den rassistischen Vorurteilen der Mißhandlerin zu finden ist. Das Schlagen, Boxen, Zwicken, Schütteln usw. der Partnerin gilt als rassistisch, wenn dies zum Beispiel geschieht, »weil Schwarze faul sind« oder »die

das einfach brauchen«. Ebenso ist das Vorenthalten von beispielsweise Geld rassistische Gewalt, wenn dies geschieht, »weil Schwarze sowieso nicht mit Geld umgehen können«.

Rassistische psychische Gewalt
Der Kern der psychischen Gewalt ist die Verletzung des Vertrauens und die Mißachtung der Verletzbarkeiten, der Unsicherheiten und des Charakters der Partnerin. Betitulierungen, die auf die Hautfarbe der Partnerin anspielen, so zum Beispiel »Schokocrossie«, »Zartbitterschokolade«, »Negerkuß«, »Morgenstern« oder »Schillerlöckchen« gehören ebenso zur Kategorie der rassistischen psychischen Gewalt, wie Witze über Schwarze zu reißen, die Partnerin penibel über ihren Kontakt zu anderen Schwarzen auszufragen oder einer Jüdin zu sagen, daß sie sowieso keine andere abbekäme, da sie so häßlich sei. Hier sei noch einmal besonders darauf hingewiesen, daß gerade sogenannte »Kosenamen«, die auf (körperliche) »Mängel«, so beispielsweise die »falsche« Hautfarbe oder die »falsche« Religion, Bezug nehmen, Diskriminierung nur positiv bemänteln. Diejenige, die diese Art der Diskriminierung benutzt, kann sich jederzeit auf das altbewährte »So habe ich es doch nicht gemeint« zurückziehen, ohne damit ihr Verhalten als rassistisch begreifen zu müssen. Diese latenten Formen von Rassismus sind wesentlich häufiger anzutreffen als offener Rassismus, wie er beispielsweise bei Mordanschlägen auf Menschen, die in diesem Land Asyl beantragen, zu finden ist.

Rassistische emotionale Gewalt
Rassistische emotionale Gewalt arbeitet mit den Ängsten der Partnerin, die aus kollektiven wie individuellen Erfahrungen resultieren. Im Bereich des Rassismus kann keine klare Trennung zwischen psychischer und emotionaler Gewalt eingehalten werden, denn zum Beispiel jüdische und Schwarze Menschen haben eine lange Geschichte der Verfolgung, Erniedrigung und Nicht-Akzeptanz, die nicht außer acht gelassen werden kann. Es gibt kaum eine jüdische Lesbe, in deren Bewußtsein der Holocaust nicht verankert ist oder die keine Familienmitglieder als Opfer des Holocaust zu beklagen hat; es gibt kaum eine Schwarze Lesbe, die nicht die Unterdrückungsgeschichte der Schwarzen in Amerika oder Südafrika kennt oder hier in Deutschland die Erfahrung machen mußte,

als »Besatzungskind« immer als »Schandfleck der Familie« zu gelten, von der Mutter versteckt und in Heimen untergebracht worden zu sein, in der Schule als »dümmer« gegolten zu haben als die weißen MitschülerInnen oder aufgrund ihrer Hautfarbe schweren körperlichen Mißhandlungen ausgesetzt gewesen zu sein.
Kennt jedoch die Partnerin die individuellen und historischen Ereignisse aus der Vergangenheit der Schwarzen oder jüdischen Partnerin und spielt mit diesen Elementen, kann sie bei der Betroffenen tiefgreifende Ängste auslösen, zum Beispiel, wenn sie mit bestimmten Utensilien spielt, die Schwarze Menschen an physische Mißhandlungen erinnern, oder wenn sie Situationen heraufbeschwört, die bei der Partnerin solche Ängste auslösen.
Da Rassismus ebenso eine Komponente der strukturellen/institutionellen, das heißt, in der Gesellschaft verankerten Gewalt beinhaltet, steht er auf einer Stufe mit Antisemitismus, Sexismus, Heterosexismus, Alten- und Behindertendiskriminierung sowie Adultismus, der Machtlosigkeit von Kindern gegenüber Erwachsenen.[6]

Rassistische sexuelle Gewalt
Als rassistische sexuelle Gewalt wird jedes Verhalten definiert, das die Partnerin zu sexuellen Handlungen oder »Rollen« unter Androhung oder Ausübung von Gewalt zwingt, die eng mit ihrem Schwarzsein verbunden sind. Dies kann die Forderung nach bestimmten sexuellen Stellungen sein (»Schwarze mögen es nur von hinten«) oder die Annahme, Schwarze seien ständig zu sexuellen Handlungen bereit und verfügbar, weil »sie einen ausgeprägteren Sexualtrieb als Weiße haben« (angenommene Promiskuität Schwarzer Frauen). Kritisiert die weiße Lesbe die Sexualpraktiken der Partnerin, weil diese die Vorurteile weder erfüllen will noch kann, gehört dies ebenso in den Bereich der rassistischen sexuellen Gewalt wie Vergewaltigung oder das Vorenthalten von Sex aufgrund der Hautfarbe der Partnerin.

»Autoritätspersonen«
Personen, denen aufgrund ihrer beruflichen Position Autorität zugeschrieben wird, so beispielsweise Lehrerinnen, Therapeutinnen, Rechtsanwältinnen, Beraterinnen, Supervisorinnen, Professorinnen,

Vorgesetzte, religiöse und geistige Führerinnen oder Trainerinnen, tragen in ihrer Beziehung eine besondere Verantwortung gegenüber ihrer Partnerin. Durch ihre Position kann von Beginn an ein ungleiches Machtverhältnis gegeben sein, gerade dann, wenn es sich beispielsweise um eine Beziehung zwischen Therapeutin und ehemaliger Klientin, Professorin und Studentin, Vorgesetzter und Untergebener oder Trainerin und Schülerin handelt. Dieses Ungleichgewicht an Autorität und Macht kann von der Autoritätsperson ausgenutzt werden. Deshalb müssen beide Partnerinnen besonders aufmerksam und sensibel auf ihre Verhaltens- und Beziehungsstrukturen achten, um ein Gleichgewicht herzustellen.

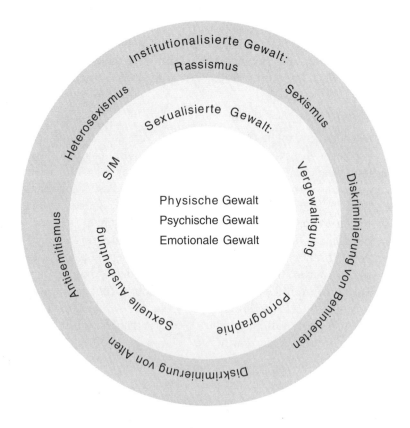

Der Kreis der Gewalt

Gewalt definiert sich also aus den drei Grundelementen der physischen, psychischen und emotionalen Gewalt, die zugleich auch die »Einwirkungsziele« der Gewaltausübung darstellen. Je nach Abgrenzungsmechanismus wird die Anwendung unterschiedlich motiviert; sexuelle Gewalt ist eine typische Form der Gewaltausübung, wie sie besonders von Männern gegenüber Frauen angewendet wird. Dies kommt daher, daß »Mann« versucht, einen ultimativen Abgrenzungsfaktor zu erzeugen, der auch dann noch funktioniert, wenn Mann in allen anderen Bereichen versagt. Mit der Abgrenzung erfolgt auch eine Bewertung, die das eine über das andere stellt und letzteres zugleich abwertet. Als ultimativer Abgrenzungsfaktor gegenüber Frauen bleibt dem Mann nur sein Penis, dem er eine mystische Macht verleiht und den er als Waffe gegen Frauen einsetzt. Rassismus funktioniert auf dieselbe Art und Weise, der ultimative Abgrenzungsfaktor wird hier durch die ethnische und/oder kulturelle Herkunft des Menschen bestimmt. Deutschland bietet hier ein aktuelles und trauriges Beispiel: Unter dem Deckmantel eines AsylbewerberInnen-»Problems« prügelt der weiße Mob auf alles ein, was »anders«, das heißt nicht-weiß, nicht-westeuropäisch und/oder nicht-christlich ist. Es findet eine ultimative Abgrenzung statt und eine gleichzeitige Abwertung dieser »anderen« Herkunft und/oder Lebensweise. Beides gilt dann als Legitimation, um diese Menschen zu bedrohen, anzugreifen oder zu töten.

Diese Art der Abgrenzung erfolgt dann, wenn vermutet wird, daß dadurch ein Vorteil erlangt werden kann. Um sich diese Vorteile auf Dauer zu sichern, wird Gewalt sowohl auf der institutionellen (das heißt gesamtgesellschaftlichen) als auch auf der individuellen Ebene in ihren unterschiedlichen Formen ausgeübt. Auf der institutionellen Ebene finden wir die physische Gewalt beispielsweise in Kriegen, die psychische und emotionale Gewalt in der Schaffung und Verbreitung von Mythen und Vorurteilen über bestimmte Menschen oder Gruppen von Menschen.

Diese lesbisch-feministische Definition der Gewalt unterscheidet sich wesentlich von der formal-juristischen Definition, die nur physische Gewalt als solche anerkennt. Zudem schließt die formal-juristische Gewaltdefinition sogenannte »imminente Gewalt« aus, das heißt bevorstehende Gewalt, deren Ausbruch für das Opfer schon erkennbar ist. Die deutsche Rechtsprechung geht von dem

Prinzip der »Gegenwärtigkeit« aus, das heißt es wird nur dann von Gewalt gesprochen, wenn sie direkt stattfindet und wenigstens körperliche Auswirkungen auf das Opfer hat.

Lesbische und heterosexuelle häusliche Gewalt: Ein Vergleich

Gewalt in Beziehungen oder sogenannte »häusliche Gewalt« ist eine besondere Form von Gewalt, denn sie wird von einer Person ausgeübt, der die Partnerin vertraut, die sie liebt und von der sie respektiert und geliebt werden möchte. Es erfolgt ein extremer Bruch zwischen Wunsch, Hoffnung und Realität. Die Verletzungen an Körper und Seele gehen derart tief, daß viele Opfer lange Zeit weder ihren Freundinnen noch Bekannten oder anderen Menschen von ihrer Gewalterfahrung erzählen. Betroffene Lesben/ Frauen entwickeln häufig Strategien, Gewalt zuerst nicht als solche erkennen zu müssen, sie werden Meisterinnen des Verdrängens und der Uminterpretation von Geschehnissen. Selbst wenn der erste Schritt getan ist, nämlich die Gewalt als solche anzuerkennen, dauert die Verarbeitung dieser Beziehung oft sehr lange. Manche Opfer können erst nach zehn bis fünfzehn Jahren über ihre Erfahrungen reden; viele schämen sich, werden mit den Demütigungen nur sehr langsam fertig und fühlen sich in ihrer Menschenwürde gekränkt und erniedrigt.
Sehr wenige Lesben/Frauen suchen Hilfe von außen, sie versuchen eher allein mit ihren Erfahrungen fertigzuwerden – ein Weg in die Isolation. So wird beispielsweise bei (heterosexuellen) Vergewaltigungen angenommen, daß nur 5 Prozent tatsächlich zur Anzeige gebracht werden,[7] und bei Opfern häuslicher Gewalt ist ebenfalls nur von einem geringen Anteil auszugehen, der Hilfe und Schutz bei öffentlichen Institutionen sucht.[8] Das Problem ist immer das gleiche: Nur wenige Opfer suchen Hilfe und Schutz, und die Dunkelziffer der verübten Gewalttaten liegt wesentlich höher als offiziell angenommen. Bei Lesben kommt zusätzlich zu der tiefen direkten Verletzung durch die Mißhandlerin noch die Problematik der gesellschaftlichen Diskriminierung aufgrund ihrer Lebensweise hinzu, die den Weg in die Isolation noch weiter forciert. Generell jedoch gilt: Das Schweigen zu brechen, Gehör

zu fordern ist ein Akt der Befreiung. Schweigen und Tabuisierung schützen den Mißhandler beziehungsweise die Mißhandlerin und treiben das Opfer in die Isolation.

Gewalt in Beziehungen oder »häusliche Gewalt« findet nicht in der Öffentlichkeit statt, sondern vorwiegend innerhalb der vier Wände. Deshalb wird Gewalt in den »privaten« Bereich abgeschoben und ist von nun an nicht mehr von »öffentlichem« Interesse, sie gehört statt dessen in den »Intimbereich« einer Beziehung. Privatisierung ist ein genereller Trend unserer Gesellschaft, der den Blick »hinter die Fassade« sehr erschwert. Themenbereiche, die das Zusammenleben zweier Menschen betreffen, bewegen sich immer zwischen dem »öffentlichen Interesse« und dem »Recht auf ein Privatleben«. Jedoch wird dieses Recht häufig herangezogen, um Verbrechen, die oftmals Menschenrechtsverletzungen darstellen, zu kaschieren und zu ignorieren. Es ist vor allem der Frauenbewegung zu verdanken, daß Themen wie sexueller Mißbrauch und Vergewaltigung/Gewalt in der Ehe heute von öffentlichem Interesse sind und so Veränderungen bewirkt werden können: Das Private ist politisch.

Dieser Slogan sollte nicht nur für heterosexuelle, sondern auch für lesbische Lebensweisen gelten, die bislang jedoch weitgehend von der Frauenbewegung ignoriert werden. Der Weg in die Öffentlichkeit wäre für Lesben einfacher, würden sie nicht in einer Gesellschaft leben, die sie verachtet, demütigt und diskriminiert. Wäre die Gesellschaft frei von Homophobie, könnten Lesben offener über ihre Probleme diskutieren und so schneller und effizienter Veränderungen bewirken. Da die Realität eine andere ist, erscheint vielen der Rückzug in den Privatbereich als einfachste Möglichkeit, eine Enklave frei von Homophobie zu schaffen. Der Privatbereich bietet allerdings auch Raum, eigenes Fehlverhalten zu kaschieren und vor der »Öffentlichkeit« zu verbergen. Er stellt deshalb eine Zwickmühle dar.

Um eine undifferenzierte Gleichmachung von heterosexueller und lesbischer häuslicher Gewalt zu vermeiden, ist es notwendig, bei der Annäherung an das Thema zum einen Gemeinsamkeiten und Unterschiede gegenüber heterosexuellen Beziehungen herauszuarbeiten und zum anderen mit Mythen und Vorurteilen aufzuräumen, die gegenüber lesbischen Beziehungen bestehen.

Gemeinsamkeiten

Ein grundlegendes Ziel von Gewalt ist die Erlangung und/oder Sicherung der Kontrolle und Macht über die Partnerin. Die Mißhandlungen können physische, psychische, emotionale oder sexuelle Verhaltensweisen sein, mit denen die Partnerin unter Druck gesetzt und gedemütigt werden soll. Dies ist ein allgemeingültiges Erscheinungsbild von Gewalt und unabhängig von der Person, die sie ausübt.

Im allgemeinen wird angenommen, daß der Prozentsatz von Gewaltausübung in heterosexuellen Beziehungen bei 30 bis 40 Prozent liegt; das »Lesbian Battering Intervention Project« schätzt den Prozentsatz in lesbischen Beziehungen genauso hoch ein, doch es gibt auch Zahlen, die höher liegen. So schätzt Vallerie Coleman den Anteil von gewalttätigen lesbischen Beziehungen auf 46,6 Prozent.[9] Dies bedeutet, daß mindestens jede dritte Lesbe und jede dritte heterosexuelle Frau Erfahrung mit Gewalt durch ihre/n PartnerIn hat.

Unabhängig von der Ausrichtung des Lebensentwurfes ist auch ein zyklisches Erscheinungsbild der Gewalt: Sie hat einen typischen Verlauf[10] und ist keine einmalige Handlung. Auch können gewalttätige Handlungen tödlich enden. Der von Lenore Walker in *The Battered Women* (1979) beschriebene Zyklus kann meines Erachtens auf lesbische Mißhandlungsbeziehungen übertragen werden, da diese ähnliche Strukturen aufweisen: Gewalt wird ausgeübt, um Macht und Kontrolle über die Partnerin zu erlangen und/oder zu wahren, und durch die folgende Phase des »Honeymoon« entzieht sich die Mißhandlerin nicht nur ihrer Verantwortung, sondern bindet die Partnerin fester an sich. So stellt Claire M. Renzetti (1992) in ihrer Studie fest, daß 67 Prozent der Opfer in der Beziehung blieben, weil sie ihre Partnerin noch liebten. Die Verstärkung dieser emotionalen Bindung findet vor allem in der »Versöhnungsphase« statt.

Ebenso wie eine Sexualisierung von Gewalt in heterosexuellen Beziehungen möglich ist, gibt es auch in lesbischen Beziehungen den Sachverhalt der »Vergewaltigung in der Ehe« oder das Erzwingen bestimmter sexueller Handlungen mittels Androhung und/oder Ausübung von physischer, psychischer oder emotionaler Gewalt.

Das Opfer von Gewalt fühlt sich meist alleine, isoliert und ängstlich. Viele sind davon überzeugt, daß sie irgendwie Schuld daran seien und daß sie es hätten vermeiden können, wenn sie sich anders verhalten hätten. Dieses BW-Syndrom *(Battered Women's Syndrome)* ist in den Vereinigten Staaten eine gerichtlich anerkannte Methode für den Nachweis von gewalttätigem Verhalten in heterosexuellen Beziehungen. Der Hinzuziehung des Nachweises des BW-Syndroms geht oftmals die Rücknahme einer Anzeige durch das Opfer voraus, so daß das Gericht gezwungen ist, sich in seiner Beweisfindung auf derartige Symptome zu berufen. Vorrangig wurde dieses Syndrom zur Verteidigung der Opfer genutzt, die wegen der Tötung ihres Ehemannes und Mißhandlers vor Gericht standen. Im Laufe der Zeit wurde die Nutzung des BW-Syndroms für einen allgemeinen Nachweis von Mißhandlungsbeziehungen ausgeweitet, da das Gericht häufig auf andere Beweismittel als die alleinige Aussage des Opfers zurückgreifen mußte. Im Januar 1991 wurde erstmals in Kalifornien das BW-Syndrom herangezogen, um Gewalt in einer *lesbischen* Beziehung nachzuweisen. Anhand dieser Beweisführung wurde die Mißhandlerin zu drei Jahren auf Bewährung verurteilt.[11] Durch dieses Urteil wurde erstmals in der Öffentlichkeit bestätigt, daß erstens Lesben in Beziehungen Gewalt ausüben und zweitens die Folgen für lesbische Frauen ebenso schwerwiegend sind wie bei heterosexuellen Frauen.

> Grundsätzlich gilt:
> Keine Frau, unabhängig von sozialem Status, ethnischer oder kultureller Herkunft, Religion, Alter, »Behinderung« oder Ausrichtung des Lebensentwurfes verdient es, mißhandelt oder mißbraucht zu werden!

Unterschiede

Sozialer Kontext

Lesben müssen sich nicht nur mit einer sexistischen und rassistischen Kultur auseinandersetzen, sondern auch mit Homophobie und Heterozentrismus, denn Lesben, lesbische Beziehungen und Gewalt in lesbischen Beziehungen sind in einen umfassenden Kontext eingebettet. Dieser Kontext weitet sich immer mehr aus, je mehr

Faktoren hinzukommen, die eine Differenzierung ermöglichen: So trifft eine Schwarze Lesbe nicht nur auf Sexismus, Homophobie und Heterozentrismus, sondern auch auf Rassismus. Eine behinderte, alte Schwarze Lesbe trifft auf Sexismus, Homophobie, Heterozentrismus, Rassismus und die Diskriminierung von behinderten und alten Menschen.

Wahrnehmung

a) Verharmlosung: Gewalt unter Lesben wird sehr oft bagatellisiert, zum einen, weil der Mythos der »lesbischen Gemeinschaft« und der »lesbischen Utopie« aufrechterhalten werden soll, zum anderen, weil der Teil der Frauenbewegung, der sich mit Gewalt auseinandersetzt, nicht seine grundlegende Annahme zerstören will, daß Gewalt von Männern an Frauen verübt wird. Zudem zerstört die Tatsache, daß Lesben und andere Frauen gewalttätig sein können, den Mythos von der »Friedfertigkeit der Frau« und einer damit verbundenen Hoffnung auf eine andere, »weibliche« Gesellschaft. So werden Gewalt und beispielsweise Vergewaltigung in lesbischen Beziehungen eher als heftige Auseinandersetzung bezeichnet, nicht aber als das, was sie tatsächlich sind: gewalttätige und sexualisierte Übergriffe.

Ein weiterer Grund für Verharmlosung ist sicherlich in der vermuteten Kohärenz von körperlicher Größe und der Ausübung von Gewalt zu finden: Es wird oft angenommen, daß Gewalt mit der körperlichen Statur einer Person zusammenhängt: Frauen und Lesben, die klein und schmächtig wirken, wird kein Aggressionspotential zugestanden, das in der Ausübung von Gewalt eskalieren könnte, schon gar nicht, wenn die Partnerin körperlich überlegen ist.

b) »Krankheit«: Wird das Thema »Gewalt in lesbischen Beziehungen« angesprochen, wird der Mythos verstärkt, daß Lesben »krank« seien. Dies ist ein äußerst kritischer Punkt, denn das gesellschaftlich vermittelte Gefühl der »Krankheit«, der Devianz oder »Perversität« veranlaßt viele Lesben, über ihre Identität zu schweigen und unsichtbar zu bleiben; kommt hier noch die Problematik der Gewalt hinzu, wird dieses Gefühl verstärkt mit der Folge, daß Lesben immer weiter in die Isolation getrieben werden. Niemand würde jedoch jemals behaupten, daß heterosexuelle Beziehungen allgemein krankhaft sind, weil es dort Gewalt gibt.

Vergewaltigung und sexueller Mißbrauch
Die traditionelle feministische Theorie geht davon aus, daß immer ein Mann der Angreifer ist und eine Frau das Opfer: Vergewaltigung ist sexualisierter Ausdruck des Machtkampfes zwischen Mann und Frau. Die Annahme, daß eine Frau eine andere verletzen kann und will, stößt in den meisten Fällen auf verständnisloses Kopfschütteln oder Ungläubigkeit. Lesben, die von ihrer Partnerin vergewaltigt oder sexuell mißbraucht wurden, können auf keine öffentliche Hilfe und Unterstützung hoffen. Dies ist einer der wesentlichen Unterschiede zu heterosexuellen Frauen.

Isolation
Für die Opfer von Gewalt in lesbischen Beziehungen ist es wesentlich schwieriger, geeignete Unterstützung zu finden. Bestehende Hilfsangebote zu nutzen ist fast immer gleichbedeutend mit einem »Coming-out«, das heißt damit verbunden, sich als Lesbe zu erkennen zu geben.
Lesben, die aus einer gewalttätigen Beziehung herausgekommen sind, kennen durch den vorherigen Rückzug in den Privatbereich oft nur wenige oder eventuell gar keine anderen Lesben; die Mißhandlerin zu verlassen kann für sie völlige Isolation bedeuten. Zudem bietet die lesbische Gemeinschaft keinen Rückhalt und Schutz, sie solidarisiert sich sogar eher mit der Mißhandlerin, da sie sich mit ihrer aggressiven »Stärke« eher identifizieren will als mit der »Schwäche« des Mißhandeltwerdens. Ursache für diese Fehleinschätzung ist ein Mangel an Information und Aufklärung.

Abhängigkeiten
In der Regel wird als ein Grund für die Fortdauer einer heterosexuellen Beziehung oft die ökonomische Abhängigkeit der (Ehe-)Frau vom (Ehe-)Mann aufgeführt. In lesbischen Beziehungen sind die Partnerinnen in der Regel nicht derart fest über finanzielle Abhängigkeiten (im Gegensatz zu einer nicht erwerbstätigen und damit unbezahlten Hausfrau), gemeinsame Kinder oder weitere (ehe)vertragliche Regelungen aneinander gebunden wie heterosexuelle Paare. Dies bedeutet nicht, daß in lesbischen Beziehungen diese Abhängigkeiten nicht geschaffen werden können. So kann es sehr wohl im Interesse einer Lesbe sein, die Partnerin im Haus zu halten, um eine ökonomische Abhängigkeit zu erreichen (siehe das

Interview mit S.) oder mittels künstlicher oder natürlicher Insemination »gemeinsame« Kinder zu bekommen (siehe das Interview mit C.), für die, solange die Beziehung einen harmonischen Verlauf nimmt, beide die Verantwortung tragen. Jedoch liegt im Falle einer Trennung die Verantwortung nur noch auf einer Seite, und es ist auch mangels eines legalen Status gleichgeschlechtlicher Beziehungen leichter, sich der Verantwortung zu entziehen. Abhängigkeiten können jedoch nicht nur auf der ökonomischen Ebene geschaffen werden, sondern es entsteht oft eine komplexe psychische und emotionale Abhängigkeitsstruktur, die es der mißhandelten Partnerin erschwert, aus der Beziehung auszubrechen.[12]

Mythen und Vorurteile

Die grundlegenden Unterscheidungen basieren auf einigen *Mythen und Vorurteilen* über lesbische Lebensentwürfe und Gewalt in (lesbischen) Beziehungen, die in unserer Gesellschaft und in unseren eigenen Köpfen fest verankert sind:

- Häusliche Gewalt finde nur in heterosexuellen Beziehungen statt; es liege keine »richtige« Gewalt vor, wenn gleichgeschlechtliche Paare kämpfen, dies sei ein »Streit unter Liebenden« und vor allem ein »fairer Kampf unter Gleichen«.
- Gewalt unter Lesben finde *wechselseitig* statt. Die Rolle von Opfer und Täterin wechsle innerhalb der Beziehung, es sei keine eindeutige Zuordnung möglich. Da Gewalt nur unter der Bedingung eines Machtungleichgewichts stattfindet, kann sie nicht zur gleichen Zeit wechselseitig stattfinden. Außerdem würde auch niemand glauben, daß Gewalt in heterosexuellen Beziehungen wechselseitig sei.
- Lesbische Gewalt sei nur eine Variante von S&M (Sadismus/Masochismus) oder B&D (Bondage und Discipline) und damit ein sexuelles Verhalten, das die Opfer eigentlich wünschen und mögen.
- Die Täterin sei immer die »butch«, sie sei größer und stärker. Das Opfer sei immer die »femme«, sie sei kleiner und schwächer.
- Die Opfer übertreiben die Beschreibung ihrer Gewalterfahrung, denn »wenn es wirklich so schlimm gewesen wäre, hätten sie ja jederzeit gehen können«. Außerdem seien die Opfer für die

Gewalt, die sie erfahren, mitverantwortlich, sie tragen ihren Teil dazu bei. Die Opfer *provozieren* die Gewalt und bekommen letztendlich nur das, was sie verdienen.
- Gewalt finde allgemein nur in sozialen Verhältnissen statt, die nicht intakt sind: Sie wiederfahre nur Lesben, die sich in den Sub-Kneipen herumtreiben, die arm sind, die sich mit Ausländerinnen einlassen und so weiter. Auch habe die Gewalt durch Alkoholismus und Drogenabhängigkeit stark zugenommen.
- Diejenigen, die unter Einfluß von Alkohol, Tabletten oder anderen Drogen Gewalt ausüben, seien für ihre Handlungen nicht verantwortlich.
- Es gebe keine gesetzlichen Möglichkeiten, die Opfer lesbischer häuslicher Gewalt zu schützen.

Es ist sehr wichtig, mit diesen Mythen und Vorurteilen aufzuräumen: Das Thema Gewalt betrifft alle, völlig unabhängig davon, ob sie heterosexuell, homosexuell, autosexuell oder asexuell sind, arm oder reich, lebenslustig oder depressiv, Schwarz oder weiß, Ausländerinnen oder Inländerinnen, jung oder alt, behindert oder nicht-behindert[13], ob sie an einen Gott, eine Göttin oder an gar nichts glauben – Gewalt findet überall statt, sie ist ein *allgemeines* Phänomen unserer Gesellschaft und nicht das Problem einzelner gesellschaftlicher »Randgruppen«.

Gerade bei den Mythen und Vorurteilen wird besonders deutlich, wie sehr doch der heterosexuelle Stempel auch lesbischen Beziehungen aufgedrückt wird. Dies zeigt sich in der Auffassung, lesbische Beziehungen seien generell »femme-butch«-Beziehungen, wobei die »butch« den männlichen Part übernimmt und dementsprechend mit männlichen, heterosexuell geprägten Eigenschaften ausgestattet wird: Sie ist größer und stärker als die »femme« und diejenige, die Gewalt ausübt. Diese Stereotypisierung von heterosexuellen Konstellationen und ihr Anspruch auf Allgemeingültigkeit sind deutliche Zeichen eines gesellschaftlichen Heterosexismus, dessen Auswüchse oben genannte Vorurteile bilden. Die Ausübung von Gewalt ist in lesbischen Beziehungen unabhängig von sozialen Geschlechterrollen. Auch müssen wir uns fragen, inwieweit wir tatsächlich bei der Ausübung von S&M oder B&D eine patriarchal-hierarchische Gesellschaftsordnung radikal aus den Schlafzimmern aussperren können. Es ist die Frage zu stellen, ob wir tatsächlich fähig sind, *einen* Aspekt unseres Lebens herauszugreifen und von allen anderen Lebenszusammenhängen zu trennen. Wir erfahren uns als ganze Menschen, bringen uns als ganze Menschen in die Arbeitswelt, Familie usw. ein, das heißt, wir tragen unsere gesamten subjektiven Erfahrungen und Werte in diese Bereiche hinein, nicht nur unsere Produktivität oder unser »geschlechtsneutrales« Wissen. Ebenso werden wir als ganzheitliche Menschen wahrgenommen und als solche diskriminiert und angegriffen: Jede vierte Frau erlebt sexuelle Belästigung am Arbeitsplatz,[14] 34,7 Prozent der offen lebenden Lesben erfahren Gewalt in Form von verbalen Attacken, Diskriminierung, Verlust des Arbeitsplatzes oder sexueller Gewalt.[15] Es ist sehr zu bezweifeln, daß wir bei der Sexualität tatsächlich die Grenze zur realen Welt und zu realen Machtverhältnissen so radikal ziehen können, daß wir einen hierarchie- und gewaltfreien Raum erhalten, in dem Herrschaft und Unterordnung inszeniert werden können.[16]

Zum Schluß muß mit dem Mythos aufgeräumt werden, daß diejenigen, die unter dem Einfluß von Alkohol oder anderen Drogen stehen, für ihre Handlungen nicht verantwortlich seien. Übermäßiger Alkoholgenuß, Alkoholismus oder eine andere Form der Drogenabhängigkeit werden von Mißhandlerinnen häufig als Möglichkeit genutzt, sich der Verantwortung für ihre Taten zu entziehen. Gewalt ist ein Mittel, das bewußt eingesetzt wird, um Macht und Kontrolle über die Partnerin auszuüben. Daher ist die Mißhandlerin auf jeden Fall für ihr Verhalten verantwortlich zu machen, es gibt keine Rechtfertigung oder Entschuldigung dafür.

Anmerkungen

1 Claire M. Renzetti, *Violent Betrayal. Partner Abuse in Lesbian Relationships*, Newbury Park, CA, 1992, S.20f.
2 Ebd., S.21.
3 Diese Art der Unterscheidung verschiedener Formen von Gewalt entstand vor allem in vielen Diskussionen mit Therapeutinnen und lesbischen Beraterinnen. Meines Wissens gibt es hierzu noch keine Literatur. Üblich ist bislang die Unterscheidung von physischer und psychischer Gewalt, unter die dann emotionale Gewalt subsumiert wird.
4 Siehe Naomi Lichtenstein: »Lesbian And Gay Domestic Violence: A Closeted Issue in Our Community Comes Out«, in: Gay and Lesbian Anti-Violence Project (Hg.): *Stop The Violence 2,* Summer 1990, S.1.
5 Claire M. Renzetti, S.22f.

6 Siehe hierzu Lida van den Broek: *Am Ende der Weißheit. Vorurteile überwinden,* Berlin 1988, S.38.
7 Robin Warshaw: *I never called it rape – The Ms. Report on Recognizing, Fighting and Surviving Date and Acquaintance Rape,* New York, 1988.
8 Diana van Oort stellt in ihrer Studie die These auf, daß Lesben und andere Frauen, die von Fremden angegriffen werden, häufiger Schutz und Hilfe bei öffentlichen Institutionen suchen als Lesben und andere Frauen, die von Bekannten, FreundInnen oder Verwandten angegriffen wurden. (Diana van Oort: »(Sexuelle) Gewalt gegen Lesben und bisexuelle Frauen aller Altersgruppen«, in: Senatsverwaltung für Jugend und Familie (Hg.): *Gewalt gegen Schwule – Gewalt gegen Lesben. Ursachenforschung und Handlungsperspektiven im internationalen Vergleich,* Berlin 1992, S.31-51.) Einschränkend muß allerdings gesagt werden, daß beispielsweise in Frankfurt laut Auskunft vom K 13 (zuständig für Straftaten gegen die sexuelle Selbstbestimmung) im August 1992 in den letzten zehn Jahren keine einzige Anzeige erstattet worden ist, die »Gewalt gegen Lesben« beinhaltet. Tatsächlich ist anzunehmen, daß viele Gewalttaten gegen Lesben unter der Kategorie »Gewalt gegen Frauen« subsumiert werden und viele Lesben und andere Frauen eher in feministischen Frauengesundheitszentren und Frauenhäusern Schutz und Hilfe suchen.
9 Dr. Vallerie Coleman arbeitet im Los Angeles Gay and Lesbian Community Service Center und führte für ihre Dissertation eine Studie durch, die dieses Ergebnis als »Nebenprodukt« an den Tag brachte. (Siehe Renzetti 1992, S.17.)
10 Dieser Zyklus wurde erstmals von Lenore Walker in *The Battered Women* (New York 1979) für heterosexuelle Paare beschrieben. Demnach gibt es eine Phase vor der eigentlichen Gewaltausübung, in der die Spannung aufgebaut wird, dann die Phase der Gewaltausübung und zuletzt die Phase nach der Gewaltausübung, der sogenannte »Honeymoon«.
11 *LN – The Lesbian News 6,* Vol. 16, 1/91, S.1 und S.41.
12 Nach Renzetti (1992, S.19) dauerten die Mißhandlungsbeziehungen in 65 Prozent der Fälle ein bis fünf Jahre und in 14 Prozent der Fälle länger als fünf Jahre.
13 Die englische Sprache ist an diesem Punkt differenzierter: So werden »Behinderte« auch als *differently abled,* also etwa »anders befähigt« bezeichnet. Dies ist meines Erachtens wesentlich sinnvoller und weniger diskriminierend.
14 Siehe Ulrike Gerhart, Anita Heiliger, Annette Stehr (Hg.): *Tatort Arbeitsplatz. Sexuelle Belästigung von Frauen,* München 1992, S.9.
15 Diana van Oort (1992), S. 41.
16 Siehe hierzu auch: »Über Sadomasochismus – Susan Leigh Star im Interview mit Audre Lorde«, in: Audre Lorde: *Lichtflut. Neue Texte und Gedichte,* Berlin 1988, S.22-28.

Constance Ohms
Interviews mit mißhandelten Lesben

Dieser Beitrag soll dem Recht lesbischer Frauen Rechnung tragen, gehört zu werden: Es folgen vier Interviews mit lesbischen Frauen, die mißhandelt worden sind. Alle Lesben haben Wert darauf gelegt, daß ihre Anonymität gewahrt bleibt. Daher habe ich die Städtenamen herausgelassen und die Opfer mit Initialen versehen, die nicht unbedingt ihrem tatsächlichen Namen entsprechen und größtmögliche Anonymität bieten. Die Mißhandlerinnen bekamen andere Namen, nicht zu deren »Schutz«, sondern weil einige der Interviewten sich noch im Umfeld der Mißhandlerin bewegen und Angst vor weiteren Repressalien haben. Mir war es jedoch wichtig, ihnen Namen zu geben und sie nicht hinter Masken oder Initialen zu verstecken, denn sie sind unter uns, leben mit uns, und einige kennen wir sogar.
Es war nicht leicht, mißhandelte Lesben für ein Interview zu gewinnen, denn Gewalt in lesbischen Beziehungen ist zum einen ein Tabu, über das nicht gesprochen wird, und zum anderen müssen sich die Betroffenen gleichzeitig zu ihrem Lesbischsein bekennen. Beide Tabus zu brechen ist kein leichter Schritt. Dennoch hat sich für einige dadurch etwas geändert: Sie spürten, daß sie nicht alleine sind und fühlten sich in ihrem Schmerz ernstgenommen. Aus dieser Situation heraus konnten einige erstmals Wut entwickeln und die Mißhandlerin offen für ihre Taten verantwortlich machen.
Die Androhung oder Ausübung von Gewalt ist völlig unabhängig vom sozialen Status und kein Problem, das nur spezifische Gruppen betrifft: Die Mißhandlerin von B. ist eine freischaffende Künstlerin, die Mißhandlerin von C. ist Buchhalterin, und die Mißhandlerin von S. ist Krankenschwester. Das Interview mit Z. fällt etwas aus der Reihe, da die Mißhandlungen nicht direkt mit einer Beziehung verbunden sind, sondern StudienkollegInnen und FreundInnen bzw. Bekannte miteinbeziehen. Die Mißhandlerinnen der vier von mir interviewten Lesben lassen sich alle dem breiten Spektrum der Mittelschicht zuordnen. Die Opfer stammen ebenso wie ihre Mißhandlerinnen aus unterschiedlichen sozialen

Gruppen. Alle Mißhandlerinnen sind weiß, während die Opfer von unterschiedlicher Hautfarbe sind. Ich hätte gerne weitere Lesben unterschiedlicher ethnischer, religiöser und kultureller Herkunft interviewt, aber es ist mir nicht gelungen. Dies lag unter anderem daran, daß betroffene Lesben Angst vor einer mehrfachen Viktimisierung hatten, beispielsweise weil sie Schwarz und zusätzlich noch von ihrer Partnerin mißhandelt worden sind.

Die Interviews mit B., C. und S. zeigen typische Verhaltensmuster, die in gewalttätigen Beziehungen zu finden sind: Das Opfer fühlt sich für die Mißhandlerin und deren Verhalten verantwortlich und sucht die Ursachen bei sich selbst. Zum einen wird hier das leidige »Helferinnen-Syndrom« von Lesben und anderen Frauen angesprochen, der »Wahnsinnsglaube«, der anderen helfen zu können. 55 Prozent der Opfer in lesbischen Mißhandlungsbeziehungen bleiben, weil sie hoffen, ihre Partnerin ändern zu können (Renzetti 1992). Dieser Glaube beruht nicht nur auf einer maßlosen Selbstüberschätzung, sondern vor allem auf der Erziehung der Lesbe/Frau zur Weiblichkeit, das heißt zu einem »sozialen Wesen«, das in erster Linie an ihre/n PartnerIn und Kinder denkt und zuletzt an sich. Durch diese Sozialisation haben wir verlernt, auf unser eigenes Gefühl zu achten und ihm zu folgen. Wir nehmen uns selbst nicht wichtig. Wir stellen *die andere* in den Mittelpunkt unseres Denkens und Handelns, machen uns für ihr Verhalten verantwortlich und suchen die Ursachen ihrer Aggressivität bei uns. Dies ist ein wesentliches Kriterium des »Battered Women's Syndrome«. Diese Denkweise kann in einer völligen Verdrängung und/oder Auflösung der eigenen Persönlichkeit, Alkoholismus oder einer anderen Form der Drogensucht enden. Dies macht das Interview mit S. sehr deutlich.

Die Geschichten von C. und S. zeigen außerdem, wie der Kreislauf der Gewalt funktioniert: Es werden ökonomische, psychische und emotionale Abhängigkeiten geschaffen, die das Selbstwertgefühl des Opfers nach und nach auf ein Minimum reduzieren. Das Opfer wird isoliert, indem ihr der Freundinnenkreis entzogen wird, der oft die einzige Quelle ist, aus der eine hilfreiche Stärkung des Selbstwertgefühls erfolgen könnte. Der eigentliche Gewaltakt beginnt mit einer Phase, in der Spannung aufgebaut wird: So lauscht C. immer voller Erwartung, wie ihre Partnerin die Tür aufschließt. Allein daran kann sie schon erkennen, ob gewalttätige

Handlungen zu erwarten sind oder nicht. Dann geschieht der eigentliche Gewaltausbruch, dem der »Honeymoon« folgt, in dem die Mißhandlerin ihre Liebe beteuert und verspricht, daß es nie wieder passiert.
Meines Erachtens spielt die Tatsache, daß C. und S. mit der Mißhandlerin zusammenwohnten, eine bedeutsame Rolle in der Dauer der Mißhandlungsbeziehung: Es gibt kaum Ausweichmöglichkeiten aus der gemeinsamen Wohnung, und die Mißhandlerin hat eine fortwährende Kontrolle über ihr Opfer.
Sozialgeschlechtliches Rollenverhalten, die Imitation des heterosexuellen Begriffs der »Familie« und der »Ehe« sind wirkungsvolle Mittel, um das Maß der Abhängigkeit zu vergrößern. S. übernahm die sozialgeschlechtliche Rolle der »Ehefrau«, sie und ihre Kinder wurden ökonomisch von der Mißhandlerin abhängig. Innerhalb dieses engen gemeinsamen Lebensraumes fällt es der Mißhandlerin wesentlich leichter, Macht und Kontrolle über die Partnerin auszuüben, denn diese kann sich ihr nicht entziehen. Daß die gemeinsame Wohnung ein wichtiger Faktor ist, zeigt sich auch im Verhalten der Mißhandlerin von B., die ständig versuchte, über deren Lebensraum Kontrolle zu gewinnen, indem sie sich weigerte, die Wohnung von B. zu verlassen.
Das Interview mit S. führt uns anschaulich vor Augen, wie sehr die Kinder lesbischer (wie auch heterosexueller) Mütter ins Kreuzfeuer der Gewalt geraten können: Die Androhung oder Ausübung von Gewalt gegen diese dient der Mißhandlerin dazu, über ihr eigentliches Opfer, die Mutter, Macht und Kontrolle zu erlangen. So wurden die Kinder von S. nicht nur körperlich mißhandelt, sondern bekamen auf verschiedene Weise die Ablehnung der Mißhandlerin zu spüren. Jedoch gerade das letzte Geschehen, die Neuinszenierung des sexuellen Mißbrauchs der lesbischen Mutter durch ihren Vater – jetzt in den Rollen der Mißhandlerin und ihrer ältesten Tochter – ist zum einen ein klassisches Beispiel für emotionale Gewalt, zeigt zum anderen aber auch sehr deutlich, inwieweit Kinder als Mittel zum Zweck eingesetzt werden. Kinder leiden unter der Gewalt der Erwachsenen: Das Verhältnis von S. zu ihren Kindern zerbrach in und an dieser Beziehung. Es hat viele Jahre gedauert, bis es den Kindern wieder möglich war, ohne Mißtrauen und angstfrei auf ihre Mutter zuzugehen, und bis S. gelernt hatte, mit ihren Schuldgefühlen umzugehen.

In dem Interview mit Z. wird explizit ein Problem angesprochen, das die Ausübung von Gewalt sehr beeinflussen kann: die Hautfarbe eines Menschen. In diesem Interview wird von gesellschaftlichem Rassismus gesprochen, von »positivem« Rassismus (beispielsweise durch die »positive« Stigmatisierung, daß Schwarze gut tanzen können, ausgezeichnete Sportlerinnen sind und schwarze Kinder mit ihren großen, braunen Kulleraugen ja so drollig sind), und erst zum Schluß fallen der Interviewten einige Dinge ein, die sie direkt betreffen: die Freundin, die sie so »exotisch« fand, ein Messer, mit dem sie bedroht wurde. Z. bindet diese direkten Angriffe in gesellschaftlichen Rassismus ein und hat so die Möglichkeit, sich zu distanzieren und eigene Betroffenheit zu umgehen. Ein ähnliches Verhalten liegt bei B. vor, die sich dem Geschehen entzieht, indem sie es »entpersonifiziert«: »Man hatte nicht die Möglichkeit, sich ihr zu entziehen, wenn man es wollte ...«
Die Interviews zeigen deutlich, welche tiefgreifenden Auswirkungen Mißhandlungsbeziehungen auf die Mißhandelte (und deren Kinder) haben. Es liegen schwerwiegende Verletzungen an Körper und Seele vor, die oft Jahre brauchen, um zu heilen. Auch wenn die Interviews von unterschiedlichen »Bewußtseinsstadien« zeugen, so haben doch alle diese Lesben etwas gemeinsam: Alle haben es geschafft, sich aus der Mißhandlungsbeziehung zu befreien. In dieser Situation gibt es keinen größeren Erfolg.
Es ist unsere Aufgabe, zuzuhören, den Opfern Raum und Zeit zu geben, ihre Geschichten zu erzählen. Es ist *nicht* unsere Aufgabe, sie zu kritisieren, ihre Erzählungen in Frage zu stellen oder mit voyeuristischem Blick zuzuhören. Wir müssen uns einlassen, um ein Tabu zu brechen. Je mehr wir uns einlassen, desto schneller und klarer können wir als einzelne Lesben wie auch als lesbische Gemeinschaft *nein* zur Gewalt in lesbischen Beziehungen sagen. Wir müssen betroffene Lesben fragen, welche Hilfen und Formen von Unterstützung sie brauchen, und diese zur Verfügung stellen, damit die Betroffenen zum einen ihre Mißhandlungsbeziehung beenden können, zum anderen aber auch *danach* nicht mit ihren Erlebnissen allein gelassen werden. Nicht zuletzt müssen wir als lesbische Gemeinschaft wie auch als einzelne Lesben den Mißhandlerinnen mit aller Deutlichkeit klarmachen, daß wir ihr Verhalten weder tolerieren noch akzeptieren und nicht bereit sind, ihnen weiterhin Raum zu geben.

B.
29 Jahre, Studentin und gerade im Examen. Sie lebte von September 1988 bis Ostern 1990 in einer gewalttätigen Beziehung.

Wenn ich mich richtig erinnere, tauchten die Gewalttätigkeiten ziemlich früh auf, ungefähr nach drei Monaten. Es fing relativ harmlos an, erst einmal mit Wutausbrüchen, später ging meine Partnerin dann zu körperlichen Angriffen über, sie boxte und stieß mich herum. Im Vergleich zu dem, was noch alles folgen sollte, war dies wirklich relativ harmlos. Ich hatte noch nie eine derartige Erfahrung mit Gewalt gemacht, diese Form der Auseinandersetzung war für mich fremd, und dementsprechend war ich völlig erstaunt, perplex, und dachte, dies sei nicht wahr. Es hat sehr lange gedauert, bis ich begriff, daß dies Realität war und nicht ein einmaliger Ausbruch, sondern sich häufte und zur Regel wurde.
Neben diesen körperlichen Gewaltakten gab es auch noch eine Art psychischer Gewalt: Meine Partnerin war extrem launenhaft, und so war es nie einzuschätzen, wie sie im nächsten Moment reagieren würde. Die harmlosesten Dinge, Sachen, über die kein »normaler« Mensch sich je aufregen würde, führten zu existentiellen Auseinandersetzungen. Heute kann ich mir kaum mehr vorstellen, wie so etwas möglich ist. Natürlich habe ich mir einige Erklärungsmuster zurechtgelegt, die sicherlich auch teilweise zugetroffen haben. Meine Partnerin hatte eine extrem schlimme Kindheit, sie erlebte die Gewalt des Vaters bis hin zum sexuellen Mißbrauch. Ich kannte ihre Vorgeschichte und wußte, daß sie einige Schwierigkeiten haben würde, aber es hat sich erst im Laufe unserer Beziehung herausgestellt, welcher Art sie sein sollten. So war ich immer im Zwiespalt, die Gewalt, die sie an mir verübte, nicht auf mich zu beziehen, sondern sie als Folge dieser Kindheit zu erachten. Auf der anderen Seite aber begann ich irgendwann, an mir selbst zu zweifeln, glaubte, daß die Gewalt irgend etwas mit mir zu tun haben müsse, daß ich irgend etwas in ihr auslöse, was dann ihr gewalttätiges Verhalten bewirkte.
Sie zerstörte Sachen von mir, so zum Beispiel eines meiner Lieblingshemden, und einmal schlug sie die Scheibe meiner Wohnungstür ein, um sich so Einlaß zu verschaffen. Man hatte nie die Möglichkeit, sich ihr zu entziehen, wenn man es wollte; sie hat es immer geschafft, letztendlich dann mit Gewalt, sich Einlaß zu

verschaffen oder mich zurückzuhalten, wenn ich gehen wollte – sich einfach in den Türrahmen zu stellen oder mich bis auf die Straße zu verfolgen, in mein Auto einzusteigen und mir das Wegfahren unmöglich zu machen, indem sie mir den Schlüssel wegnahm.
Ich habe mich bis zum Schluß dieser Beziehung geweigert, auf diese Form der Auseinandersetzung einzugehen; ich habe immer wieder nur ihre Angriffe abgewehrt, aber ich bin nie zu eigenen Angriffen übergegangen. Ich wollte ihr Verhalten nicht durch meines rechtfertigen. Die Gewalt eskalierte in der Form, daß sie anfing, mir in den Magen zu boxen und mir einmal mit der blanken Faust ein blaues Auge schlug. Nach einer Woche waren sämtliche Adern im Augapfel geplatzt, und ich mußte zur Untersuchung in die Augenklinik.
Dies geschah eines Nachts, als ich wieder einmal versuchte, aus meiner eigenen Wohnung zu flüchten, weil sie nicht gehen wollte. Ich wollte, daß sie geht, sie jedoch blieb. Also ging ich, auch wenn ich es nicht einsah, schließlich war es meine Wohnung. Aber es war mir unerträglich, mit ihr weiterhin in einem Raum zu sein. Sie verfolgte mich bis auf die Straße und schlug mir dort ins Gesicht. Aber auch danach ging sie nicht, und irgendwann war ich in meiner Widerstandskraft derart geschwächt, daß ich in meine Wohnung zurückkehrte, mich in mein Bett legte, und sie blieb. Am nächsten Morgen fuhr ich sie auch noch nach Hause; ich hatte Angst, sie sonst immer noch nicht loszuwerden. Eine sehr enge Freundin von mir wußte über die Gewalt in meiner Beziehung im großen und ganzen Bescheid. Ich flüchtete immer zu ihr, wenn ich keine andere Möglichkeit mehr sah, mich meiner Partnerin zu entziehen. Aber das mit dem blauen Auge habe ich niemandem erzählt, nicht einmal ihr. Meine Partnerin bat mich inständigst, es niemandem zu erzählen, und ich hielt mich daran. Da es aber nun einmal nicht unsichtbar war, dachte ich mir die tollsten Geschichten aus, wie es zustande gekommen sei. Alle haben so getan, als ob sie mir meine Geschichten abnehmen würden, aber im nachhinein frage ich mich schon, wer von ihnen mir eigentlich wirklich geglaubt hat.
Das blaue Auge war jedoch für mich der Anlaß, meine Partnerin zu bitten, eine Therapie zu beginnen. Wir hatten früher schon einmal darüber gesprochen, aber immer nur in Ansätzen. Fing ich mit

diesem Thema an, wehrte sie sofort ab, und so blieb mir nichts anderes übrig, als auf ihre Initiative zu warten. Ihre extremen Schwierigkeiten mit einer Therapie waren vor allem in ihrem gesellschaftlichen Ansehen begründet; sie ist sehr auf ihre Reputation bedacht, denn sie kommt aus wirklich schlechten Verhältnissen und hat sich relativ weit »hochgearbeitet«, sie hat einen Beruf, verdient ihr Geld und hat eine eigene Wohnung. Sie ist nicht drogengefährdet, raucht nicht, trinkt nicht, nach außen hin geht es ihr relativ gut. Auf jeden Fall setzte ich mich mit meiner Hausärztin in Verbindung und fragte sie nach Therapeuten. Doch als ich meine Partnerin dann anrief, merkte ich schon an ihrem Tonfall, daß sie eigentlich kein Interesse mehr daran hatte. Ihr Zugeständnis hatte mich nur beschwichtigen sollen, ernstgemeint war es nie.
Meines Erachtens richtet sich alles, was sich in ihr angestaut hat, gegen ihre jeweilige Partnerin. Im nachhinein habe ich auch erfahren, daß ich nicht die einzige war, daß es noch andere Frauen gab, denen es mit ihr ebenso ergangen ist. Diese Erkenntnis war für mich eine große Erleichterung, da ich zum ersten Mal ganz deutlich gemerkt habe, es liegt nicht an mir, daß sie so gewalttätig ist. Immer nachdem Gewalttätigkeiten vorgefallen waren, war sie ganz klein, und es hat ihr furchtbar leid getan. Sie wurde dann fürchterlich anhänglich, wollte mich pflegen und den Schaden wiedergutmachen; dabei hat sie nicht gemerkt, daß sie im Grunde wieder Grenzen überschritt, denn ich hatte nach so einem Vorfall das Bedürfnis, allein zu sein, Abstand zu ihr zu bekommen. Das hat sie jedoch nicht zugelassen. Man wurde sie einfach nicht los, wenn man es wollte.
Zärtlichkeiten gab es vor allem am Anfang unserer Beziehung, und später gab es immer einmal wieder Phasen, wo sie aufgeblüht ist. Vor allem dann, wenn wir unterwegs waren. Merkwürdig, da ist nie etwas vorgefallen. Einmal waren wir ein Wochenende in Bremen und eine Woche in Hagen, wo wir bei einer Tante von mir wohnten. Das war natürlich auch ein Rahmen, in dem es sehr peinlich gewesen wäre, wäre so etwas passiert. Aber manchmal dachte ich, daß es das nicht sein kann: So machte es ihr beispielsweise nichts aus, mir mitten in Siena auf offener Straße eine Ohrfeige zu geben. Aber wie! Das war nicht nur so eine harmlose Backpfeife – das endete mit einer Beule. Es war ihr, wie immer, furchtbar peinlich; zum Beispiel wenn ich in ihrer Wohnung laut war, herrschte

sie mich an, ich solle leise sein, die Nachbarn könnten mich hören. Außerdem könne sie sowieso nicht mehr zu mir kommen, meine Nachbarn wüßten ja alle Bescheid. Aber in den Momenten, in denen sie dann gewalttätig wurde, hat sie das nicht mehr interessiert, ein Zeichen dafür, daß sie nicht mehr Frau ihrer Sinne war.

Schließlich lief es darauf hinaus, daß Zärtlichkeit und Wärme nur noch über Sexualität ausgedrückt wurden – der Versuch, Nähe herzustellen, indem wir miteinander schliefen. Das war natürlich erfolglos, weil dadurch das, was einmal Nähe war, nicht wiederhergestellt werden konnte. Es war erniedrigend, für uns beide.

In der Zeit, in der ihre Gewalttätigkeiten stark zugenommen hatten, versuchte ich einmal, mir für wenigstens eine Woche einen Freiraum zu schaffen, indem ich sie nicht traf. Glücklicherweise arbeitete ich zu diesem Zeitpunkt in einer großen Firma und war so tagsüber beschäftigt. Mir fällt es immer sehr schwer, nicht ans Telefon zu gehen, wenn es klingelt, und oft muß ich mich richtig zwingen, den Stecker herauszuziehen. Jedenfalls entfaltete meine damalige Freundin die reinsten detektivischen Fähigkeiten, um mich in dieser Firma ausfindig zu machen; sie versuchte auch herauszubekommen, was ich eigentlich mache. Jedenfalls hat sie es geschafft, mich in dieser Firma aufzuspüren. Mir war das ungeheuer peinlich, denn ich hatte kein eigenes Telefon und mußte so in Anwesenheit einer Sachbearbeiterin mit ihr telefonieren. Natürlich konnte ich nicht so reden, wie ich gerne gewollt hätte, sie weinte am Telefon, sagte, sie würde es ohne mich nicht mehr aushalten. Ich gab klein bei und vereinbarte ein Treffen. Bei diesem Treffen machte ich deutlich, daß ich nicht mehr bereit sei, ihre Gewalttätigkeiten weiter zu ertragen. Sie war völlig einsichtig, es täte ihr leid, und sie würde in solchen Momenten immer neben sich stehen, es wäre eigentlich gar nicht sie, sie sei dann nicht bei sich. Ich glaubte ihr. Die nächsten zwei Monate verlief unsere Beziehung relativ ruhig, es gab einige wenige Momente, wo es auf der Kippe stand und ich dachte, jetzt flippt sie wieder aus, aber im großen und ganzen ging es wirklich gut. Dann fing alles wieder an. Schließlich kam die Geschichte mit dem blauen Auge, und kurz danach beendete meine Partnerin die Beziehung mit den Worten, sie könne mir das nicht länger zumuten. Ich selbst wäre zu diesem Zeitpunkt noch weiterhin mit ihr zusammengeblieben, ich sah nicht ein, daß *ich* mir das auch nicht länger zumuten konnte. Heute ein fast unbegreifliches Phänomen für mich. Aber das zeigt mir, daß das Ganze auch etwas mit mir zu tun hatte: Ich war bereit, mir Gewalt antun zu lassen. Da gehören immer zwei dazu. Andere hätten vielleicht sofort gesagt: »Das mache ich nicht mit!«, aber meine Idee war, ihr unbedingt helfen zu wollen, sie aus dem ganzen Schlamassel herauszuholen. Hätte mir damals jemand anders erzählt, sie befinde sich in einer derartigen Situation und möchte der Partnerin helfen, hätte ich ihr sofort abgeraten. Aber in meinem Fall dachte ich, ich könnte das. Das war einer der Gründe, warum ich so lange in dieser Beziehung geblieben bin. Ich war davon überzeugt, daß eine, die derart lange in einer solchen Beziehung lebt und die Rolle des Opfers übernimmt, selbst auch ihren Teil dazu beiträgt, indem sie dies so lange mit sich machen läßt. Die Gründe, warum eine Frau das derart lange mitmacht, sind mir bis heute nicht klar, aber es hat mir zu denken gegeben.

Wenn ich mir das so recht überlege, dann habe ich mich nie sicher, nie aufgehoben oder geborgen in dieser Beziehung gefühlt. In ihrer Wohnung habe ich mich nicht wohl gefühlt, sie war kahl und kalt, von der Atmosphäre her. Dann das ständige Gefühl von Geheimniskrämerei; ich hatte immer den Eindruck, sie erzählt nur Halbwahrheiten. So eine richtig enge Freundin hatte sie auch nicht; ihre jeweilige Partnerin war zum einen Partnerin und zum anderen Beichtmutter, Psychoanalytikerin oder so etwas. Aber darüber hinaus gab es immer Bereiche, bei denen ich nicht durchgeblickt habe, ich wußte kaum etwas über ihren Beruf, wie sie ihr Geld verdient, und es gab merkwürdige Lücken in ihrer Vergangenheit. Dadurch hatte ich nie das Gefühl von Geborgenheit. Wenn es mir einmal schlechtging, habe ich bei ihr selten Hilfe gefunden. Ich erinnere mich an ganz wenige Male, da kam sie bei mir vorbei und hat für mich gekocht, weil ich krank im Bett lag. Aber das waren absolute Ausnahmen; sie konnte einfach nicht mit Schwäche, Krankheit oder Tod umgehen. Einmal beschäftigte mich der Selbstmord meines Mathematiklehrers so sehr, daß ich ihr davon erzählte. Ihre einzige Reaktion war: »Ja, das ist halt so.«; ich war verletzt, weil sie nicht in der Lage war, auf mich einzugehen.

Viele ihrer Handlungen können mit ihrer schlimmen Kindheit erklärt werden; sie ist derart mit sich selbst beschäftigt, daß es ihr nicht möglich ist, auf andere einzugehen. Das ist auch so, aber man kann sich irgendwann nicht mehr darauf zurückziehen. Wenn

man erwachsen ist, muß man sein Leben selbst in die Hand nehmen, Verantwortung tragen, für sich und selbstverständlich auch für andere. Ich riet ihr dann, wie gesagt, zur Therapie, aber die hat sie bis heute nicht angefangen.
Diese Beziehung von damals beschäftigt mich heute immer noch sehr. Ich habe seitdem meine zweite Beziehung, und beide Partnerinnen litten beziehungsweise leiden heute noch an den Folgen. Zum einen erzähle ich immer wieder davon, zum anderen fange ich bei manchen Gelegenheiten plötzlich an zu weinen. Zum Beispiel, wenn mich meine Partnerin spielerisch fest anpackt, löst das manchmal bei mir eine Erinnerung aus, alles wird in dem Moment zuviel, und ich fange an zu weinen. Ich bin bis heute über diese Beziehung noch nicht so ganz hinweg. Allerdings schon insofern, daß ich keinen Schmerz mehr über die Trennung verspüre, sondern froh bin, da rausgekommen zu sein.
Dies mag auch daran liegen, daß wir uns nicht völlig aus dem Weg gehen können. Wir haben auch heute noch teilweise denselben FreundInnenkreis, werden zu denselben Festen eingeladen oder treffen uns in Frauenlokalen. All dies trägt dazu bei, daß dieser Verarbeitungsprozeß sehr lange dauert. Es ist auch nicht abzustreiten, daß wir schöne Zeiten miteinander verbracht haben, so teilten wir ein gemeinsames Interesse an kulturellen Veranstaltungen. Auf diesem Gebiet haben wir uns wirklich ergänzt. Oder wir sind zusammen weggefahren, Kurzurlaube übers Wochenende.
Und dann war da noch die Angst vor dem Alleinsein; egal wie stressig und furchtbar die Beziehung ist, man hält sich daran fest. Und schließlich das Schamgefühl, man ist in seiner Menschenwürde gekränkt und gedrückt, schämt sich, daß einer selbst so etwas passiert – ich als »gebildete« Frau lasse so etwas mit mir machen.
Später versuchte sie noch einmal, in mein Leben einzudringen. Eines Nachts rief sie mich aus ihrem Urlaubsort an, hatte Ärger mit ihrer Freundin und wollte sich mit mir treffen. Nachdem das Telefonat beendet war, lag ich in meinem Bett und hatte das Gefühl, eine eiskalte Hand griffe nach mir und zerre mich in irgend etwas hinein, aus dem ich gerade versuchte, herauszukommen. Da habe ich es noch einmal so richtig mit der Angst zu tun bekommen, daß alles wieder von vorn anfängt. Jetzt habe ich den Kontakt endgültig abgebrochen. Ich will ihr keine Chance mehr lassen, in mein Leben einzudringen. »Laß mich in Ruhe!«.

C.
30 Jahre, lebte von 1981 bis 1984 in einer gewalttätigen Beziehung und ist Studentin.

Meine Beziehung mit Karola dauerte vom Juli 1981 bis zum 11. Dezember 1984. Diesen Tag werde ich niemals vergessen, da besuchte sie mich zum letzten Mal. Die Folgen waren eine schwere Schädelprellung, eine dreiwöchige Arbeitsunfähigkeit und ein völlig verwüstetes Zimmer. Sie hatte alles zerstört, was mir etwas bedeutete. Es war das Ende einer dreieinhalbjährigen Beziehung.
Ich war zwanzig, und Karola war meine erste feste Beziehung; nicht daß ich vorher keine Beziehung zu Frauen gehabt hätte, doch meine vorherige Freundin war bisexuell, und ich mußte sie mir mit einem Mann »teilen«.
Mit Karola dachte ich das große Los gezogen zu haben; sie war rein lesbisch, die erste Frau, die sich wirklich für mich interessierte, und zwar *nur* für mich. Ich hatte das Gefühl, endlich angekommen zu sein, das heißt, das Zuhause, das ich immer gesucht hatte, gefunden zu haben. Im November 1981 zog ich zu ihr. Es dauerte nicht lange und meine Illusionen zerbrachen in tausend Stücke: Karola kam betrunken von der Arbeit, beschimpfte mich und schlug auf mich ein. Ich war einfach nur verblüfft und wußte keinen Weg, sie zu beruhigen. Irgendwann hatte sie sich ausgetobt und ging ins Bett. Ich war verwirrt und wütend; das einzige, was es zu tun gab, war zu gehen. Am nächsten Morgen bat sie mich um Verzeihung, es solle nicht wieder vorkommen, sie liebe mich doch. Sie nahm sich den Tag frei, machte Frühstück, suchte mein Mitgefühl; sie hatte einen fürchterlichen Kater und wollte gehegt und gepflegt werden. Karola war so lieb, ich wußte letztlich nicht mehr, ob das, was in der Nacht geschehen war, Wirklichkeit war. Kurzum, ich blieb. Dreieinhalb Jahre.
Ich sollte schon bald belehrt werden, was meine Realität war: Karola trank immer mehr, blieb oft nachts weg, und wenn sie dann endlich nach Hause kam, schlug und beschimpfte sie mich. Nicht daß das immer so war, manchmal ging sie einfach nur betrunken ins Bett und ließ mich in Ruhe. Es war wie Roulette, ich wußte nie, was genau kommen würde. Am nächsten Morgen wieder Entschuldigungen, wieder ein Frühstück, manchmal sogar Blumen oder Schokolade und – sie liebe mich doch. Ich blieb, immer wieder.

Die Angst setzte sich fest: Wenn abends der Fahrstuhl hochkam, hörte ich auf ihre Schritte, auf welche Art sie den Schlüssel in das Schloß steckte, ich suchte ein Merkmal, um zu erkennen, ob sie betrunken und aggressiv oder nur betrunken war. Diese Frage prägte mein Leben immer mehr: Merkte ich, daß sie beides war, versuchte ich, sie nicht zu provozieren, stimmte ihren unsinnigsten Theorien zu und unterstützte sie darin, wem sie es alles noch zeigen wolle, wie ungerecht doch die Welt zu ihr sei, und so weiter. Statt zu studieren, ging ich in einem Lager arbeiten; statt mir neue Freundinnen zu suchen, blieb ich zu Hause. Das Geld, das ich verdiente, gab ich ihr, zur Deckung der Miete und der anderen Kosten. Außerdem sei ich noch jung und könne mit Geld sowieso nicht umgehen. Sie brauchte es, um ihre ewige Trinkerei zu finanzieren. Sie ließ mir vierhundert Mark für mich, mein Taschengeld. Die einzigen Menschen, die ich kannte, waren *ihre* Freundinnen und Freunde. Der Kontakt zu meinen Freundinnen wurde immer schwieriger, die meisten konnte sie nicht leiden oder fand sie zu intellektuell, oder, oder, oder. Es hatte einfach keinen Zweck, Freundschaften aufrechtzuerhalten, denn da war der große Krach am Abend.
So saß ich die meiste Zeit zu Hause, immer bereit, sie abzuholen, wenn sie wieder betrunken aus der Kneipe anrief: »Hol mich hier ab!«. Nicht daß ich lange hätte warten müssen, mindestens jeden zweiten Abend kam das vor. Ich ging dann zur Kneipe, und sie trank munter weiter. Jetzt waren ja alle versammelt, die Freundinnen und die Geliebte. Da ging es ihr dann gut, sie trank, bis gar nichts mehr ging. Das war der Zeitpunkt, sie ins Auto zu verfrachten und nach Hause zu bringen. Ab dann konnte ihre Laune von einer Sekunde zur anderen völlig umschlagen; manchmal fing sie sogar schon im Auto an zu schlagen. Es war ihr einfach egal, was hätte passieren können. Ich war nur froh, daß ihre Stammkneipe nicht auf der anderen Seite der Stadt lag, sondern bloß um die Ecke. So war die Zeit im Auto relativ kurz.
Wenn ich Pech hatte, mußte ich sie nicht holen, sondern sie kam mit ihren Saufkumpanen nach Hause. Die Nächte zogen sich bis in den frühen Morgen, ich mußte immer für Nachschub sorgen, und an Schlaf war nicht zu denken. Meine Arbeit fing um sieben Uhr an, aber das war ja egal. Trotzdem schaffte ich es, meistens pünktlich zu sein – das grenzte fast an ein Wunder.

Karola war wesentlich kleiner als ich und viel schwächer. Es gab eine Situation, in der ich mich gewehrt habe: Wie immer versuchte sie auf mich einzuschlagen, doch diesmal langte es mir einfach. Ich packte sie an den Schultern, hob sie hoch und sagte ihr, sie solle jetzt endlich ins Bett gehen und ihren Rausch ausschlafen. Karola war so verblüfft, daß sie genau das tat.
An diesem Abend hatte ich Ruhe. Ich weiß nicht, warum es das einzige Mal war, daß ich mich wehrte. Später sagte ich mir immer, ich sei ja stärker und könnte ihr ja vielleicht weh tun. Genau das wollte ich nicht, schließlich liebte ich Karola. Was sie mit mir machte, war irgendwie etwas anderes, ihr Maß war nicht meines. Also blieb es bei der allabendlichen Prozedur, ich brachte sie irgendwie ins Bett und hörte mir am nächsten Morgen ihre Entschuldigungen an.
Ich mußte sie dann dafür trösten, daß sie mich wieder geschlagen hatte. Es war immer dieselbe Falle, und ich tappte jedesmal wieder hinein. Sie war dann so lieb, verschmust und zärtlich; Karola hatte Angst, daß ich sie eines Tages doch einmal verlassen könnte. Und ich dachte immer wieder, diese Frau kann es nicht gewesen sein, so zärtlich, wie sie jetzt ist. Es waren dieselben Hände, die mich schlugen und am nächsten Morgen zärtlich berührten. Es war dieselbe Frau, die mich beschimpfte und schlug und mir dann wieder die liebsten Worte ins Ohr flüsterte und mich streichelte.
Es sollte das große Glück sein, so richtig wie in anderen Familien auch. Vater, Mutter und ein Kind. Die Rollen waren klar, sie wollte der Vater sein, ich sollte die Mutter sein – und damit war auch klar, wer schwanger werden sollte. Anfänglich sträubte ich mich, aber sie sagte, sie sei zu alt, um ein Kind zu bekommen. Ich war zu jung, aber das zählte nicht. Also zog Karola aus, einen passenden Mann zu suchen. Schließlich sollte das Kind uns beiden ja ähnlich sehen; meine Hoffnung war nur, daß es ihr wenigstens nicht ähnlich werden sollte. Einen Mann hatte sie schnell gefunden – lesbisches Paar sucht Mann für einen Abend, das läßt sich kaum jemand entgehen. Ich weiß nicht, wie ich mir den Abend vorgestellt hatte, ich versuchte einfach, nicht daran zu denken. Da saßen wir nun zu dritt, tranken eine Kleinigkeit, um die Situation zu entspannen, und irgendwann ging ich mit Marco ins Bett. Er war inzwischen so heißgelaufen, daß es ihm keinerlei Probleme machte und die Angelegenheit recht schnell über die Bühne ging.

Mein Körper reagiert nicht auf Männer, und so war der Akt zwar kurz, aber dafür schmerzhaft; die einzigen, die ihren Spaß hatten, waren Karola und Marco. Sie hatte es sich nämlich nicht nehmen lassen, bei der Geschichte zuzusehen. Anschließend hatte ich eine wahnsinnige Angst, schwanger zu sein, und nach recht kurzer Zeit merkte ich, daß ich es war. Ich wollte kein Kind. Glücklicherweise konnte mein Körper in meine Seele schauen und bessere Entscheidungen treffen als ich. So kam es, daß der Fötus frühzeitig abging. Karola arrangierte sich recht schnell mit der Situation, jetzt doch nicht »Vater« zu werden. Inzwischen bin ich mir nicht mehr so sicher, ob sie nicht doch bloß eine sexuelle Phantasie ausgelebt hat. Das war der Sommer 1982.

Und trotz allem, ich liebte sie. Es war eine Liebe, die vollständig von Abhängigkeit geprägt war. Ihre Taktik war nicht schlecht, ich selbst hatte keinerlei Verbindungen mehr, weder zu meinen ehemaligen Freundinnen noch zu meiner Familie. Sie mochten Karola nicht, es kam zu einem Eklat, und ich entschied mich für Karola. Zuerst war es eine Entscheidung für mich, für meine Art zu leben, und dann auch eine Entscheidung für Karola. Ich hatte mit meinen Eltern ein knappes Jahr überhaupt keinen Kontakt mehr, statt dessen wurde ich immer mehr in Karolas Familie eingebunden. Meine einzige Freundin wurde ihre Nichte Brigitte, die etwa fünf Jahre älter war als ich und die in mir auch so eine Art Verbündete gegen die restliche spießige Welt sah. Sie wußte, wie aggressiv Karola werden konnte, half mir aber nicht und unterstützte mich auch nicht. Prügel sind »privat«. Wir waren oft bei Karolas Mutter und ihrer Schwester. Wir machten am Wochenende Familienausflüge, gingen gemeinsam ins Kino und so weiter. Ihre Familie wurde meine Familie.

Es war wie ein Strudel, der mich immer weiter hinabzog. Es gab immer weniger ein Entkommen. Hiebe und Liebe. Von dem, was ich am Anfang einmal war, war nichts übrig geblieben, sie hatte mir das »Rückgrat« gebrochen. Es waren nicht nur die Schläge, es war einfach alles. Trotz meines Abiturs sollte ich arbeiten gehen, sie wollte nicht, daß ich studiere. Sie war ja »nur« Buchhalterin. Dann die Trennung von meiner Familie, die mich immer gestärkt und mir Rückhalt gegeben hatte; die finanzielle Abhängigkeit, sie bezahlte einfach alles, den Urlaub, den wöchentlichen Einkauf, meine Kleidung. Dann die Beleidigungen und Demütigungen, mit

Vorliebe vor anderen, nur damit einfach klar war, wer das Sagen hatte. Mein Selbstvertrauen schwand von Tag zu Tag, von Jahr zu Jahr. Es war eine Situation geschaffen, in der eindeutig feststand, wer oben und wer unten war.

Im Sommer 1983 hatte sie mich derart in der Hand, daß sie ihre Taktik ändern und mit Liebesentzug, gar Verlassen drohen konnte. Eines Abends rief sie dann das erste Mal an, um die Beziehung zu beenden – am Telefon. Ich wußte nicht, wie ernst es war, aber es traf mich mitten ins Herz. Also wartete ich, wo hätte ich denn auch hingehen sollen? Die Gewalt nahm immer mehr zu, und fast täglich drohte sie mit Trennung. Manchmal blieb sie nachts einfach weg, nur um mich zu verletzen. Am nächsten Morgen erzählte sie mir dann, wie toll doch die andere im Bett gewesen sei.

Es war die Zeit, in der ich mich entschloß zu studieren. Ich ertrug die Arbeit einfach nicht länger, wollte mehr. Dieser Entscheidungsprozeß fand völlig unbewußt statt, und dementsprechend spontan immatrikulierte ich mich an der Universität: Eines Vormittags kündigte ich und ging sofort zur Uni, um mich einzuschreiben. Mir war egal, was ich studierte, ich wollte nur das »alte« Leben beenden. Nachmittags erzählte ich Karola, was ich getan hatte; sie war getroffen, damit hatte sie nicht gerechnet. Daß dies der Beginn des Ausbruchs war, wurde mir erst sehr viel später klar. Noch hatte ich die Hoffnung, Karola und meine neuen Schritte vereinbaren zu können. Doch sie hatte immer mehr das Gefühl, daß ich außer Kontrolle gerate, und dementsprechend nahmen die Gewalttätigkeiten zu. Es verging kaum noch ein Tag, an dem sie nicht trank und dann beleidigend und demütigend wurde, bis hin zu den inzwischen gewohnten Schlägen.

Nachdem ihr klar wurde, daß sie mich nicht mehr halten konnte, egal mit welchen Mitteln, schaute sie sich nach einer neuen Partnerin um. Diese ganze Entwicklung war an mir vorbeigelaufen, mir war nicht klar, daß ich ausbrach, und mir war auch nicht klar, daß sie mich mit aller Gewalt halten wollte. Meine Seele war ein Buch mit sieben Siegeln, ich konnte es nicht lesen, sie aber hatte sich befreit und ging ihre eigenen Wege, ich wußte es nur noch nicht.

Eines Abends kam ich nach Hause, und da lag Karola mit einer anderen Frau im Bett. Das war ihre Art der Trennung. Zuerst warf ich die andere Frau raus, dann warf Karola mich raus. Ich ging mit demselben Koffer, mit dem ich damals gekommen war.

An der Universität hatte ich eine andere Lesbe kennengelernt, und wir befreundeten uns recht schnell. Mechthild hatte ein Zimmer in einem StudentInnenwohnheim, in dem sie mich vorübergehend aufnahm. Sie ertrug die ersten Schritte meines Heilungsprozesses: Ich weiß nicht, wie oft ich die Straße entlangging, in der Karola wohnte, wie oft ich vor ihrer Haustür saß und sie dazu bewegen wollte, zu mir zurückzukommen; ich weiß nicht, wie oft ich mich betrank, um die Demütigung zu ertragen und um mir selbst leid zu tun. Ich weiß nicht, wie oft ... Mechthild besorgte mir ein Zimmer im Wohnheim und half mir beim Umzug. Sie war immer da, wenn ich sie brauchte und hörte nächtelang meinem Lamento zu.

Doch die Geschichte ist hier nicht zu Ende, denn Karola wollte mich nicht gehen lassen; sie wollte die andere *und* mich, sie wollte nicht verzichten. Also hatten wir noch eine Weile eine Art »Verhältnis«, sie besuchte mich ab und zu im Wohnheim, schlief mit mir und ging dann wieder. Sie konnte ja die andere nicht warten lassen.

Durch die räumliche und zeitliche Trennung begann ich, mich selbst wieder zu finden, mir meiner selbst wieder bewußt zu werden. Die äußeren Wunden begannen zu heilen, ich begann mich zu lösen. Schließlich verliebte ich mich in eine andere Frau und wollte mit ihr zusammensein. Mein Fehler war, Karola davon zu erzählen. Am 11. Dezember 1984 stattete sie mir ihren letzten Besuch ab. Wie immer war sie stockbesoffen, und ohne große Einleitung ging sie wie eine Wahnsinnige auf mich los. Sie wußte ja aus Erfahrung, daß ich mich nicht wehren würde. Sie schlug auf meinen Körper ein, nahm meinen Kopf und schlug ihn immer wieder an die Wand. Dann zerstörte sie meine Pflanzen, zerschmetterte mein Geschirr, wütete einfach wie ein Orkan in meinem Zimmer. Zur Abwechslung ging sie dann wieder auf mich los; meinen Kopf an die Wand zu schlagen schien ihr große Genugtuung zu bereiten, denn sie konzentrierte sich schließlich nur noch darauf. Ich schrie, sie solle aufhören, aber es half nichts. Erst als sie vollends erschöpft und zufrieden war, ging sie mit den Worten: »Du vergißt mich nie mehr!«.

Damit sollte sie recht behalten; es dauerte lange, bis ich wieder eine normale Einstellung zu Alkohol, körperlicher Nähe und dem spielerischen Kräftemessen in einer Beziehung gefunden hatte. Einmal kam eine Freundin mit erhobener Hand auf mich zu, mein

Körper fing an zu zittern, ich begann zu weinen, aber erklärt habe ich es ihr nicht.

Sechs Jahre später sah ich Karola mit ihrer neuen Freundin im Rückspiegel meines Fahrzeuges. Mein Herz fing an zu pochen und zu rasen, meine Knie begannen zu zittern. Als ich zu Hause ankam, mußte ich mich erst einmal setzen, mich beruhigen. Zum ersten Mal wurde mir klar, daß ich die Zeit mit ihr völlig verdrängt hatte und daß zwar meine äußeren Wunden geheilt waren, nicht aber die meiner Seele. Erst jetzt konnte ich meinen Heilungsprozeß fortsetzen, und es dauerte noch einmal gut zwei Jahre, bis ich fähig war, diese Geschichte zu erzählen. Ich hatte acht Jahre geschwiegen.

S.
44 Jahre, geschieden, drei Kinder, lebte von 1974 bis 1981 mit einer Frau zusammen, die sie schwer mißhandelte. Sie ist im öffentlichen Dienst tätig.

Der Weg hinein
Die ersten drei Jahre der Beziehung mit Daniela waren eine Dreiecksgeschichte, denn sie hatte noch eine Freundin. Da unsere Beziehung anfangs geheim bleiben sollte, trat ich immer als »gute Freundin« auf und schlichtete damals schon so manchen Streit zwischen den beiden. Es war immer eine Gratwanderung, denn stand ich einer mehr bei als der anderen, bekam ich von jener auch einmal ein paar gewischt. Oft war es auch so, daß meine Freundin die Wut, die sie gegen ihre Partnerin hatte, an mir ausließ. Natürlich hatte ich mir überlegt, einfach zu gehen, alles hinzuwerfen. Einmal, als ich weg wollte, preßte Daniela mir ein Bierglas auf den Handrücken bis es zerbrach. Dabei wurden zwei Nerven durchtrennt, und es dauerte ziemlich lange, bis die Verletzungen abgeheilt waren. Es tat ihr sofort leid, »es war nicht so gemeint« und »ich liebe dich doch«. Also blieb ich.
Später hieß es dann immer wieder:»Du kannst mich nicht allein lassen, du mußt mir helfen!«. Meine Partnerin drohte, sich umzubringen: »Ich brauche dich!«. Nach den ersten drei Jahren zogen wir zusammen mit meinen Kindern in das Haus ihrer Mutter. Von jetzt an wurde alles nur noch schlimmer!
All meine Freundinnen und Freunde wurden schlechtgemacht, bis ich schließlich keine mehr mit nach Hause brachte. Damals war ich arbeitslos und gab mein ganzes Geld, das ich erhielt, an sie ab. Als ich dann Arbeit hatte, rief Daniela dauernd dort an und bat mich, nach Hause zu kommen oder drohte auch, mich öffentlich als Lesbe zu identifizieren. Schließlich gab ich die Arbeit wieder auf. Es war ihr sowieso am liebsten, wenn ich zu Hause war, die Wohnung putzte und das Abendessen fertig hatte, wenn sie abends nach Hause kam. Wehe, es lag Staub oder das Essen stand nicht pünktlich auf dem Tisch! Dann gab es Schläge. War ich zu müde, um mit ihr zu schlafen, verprügelte sie mich ebenfalls. Sie ließ keine Gelegenheit aus, mich zu schlagen.
Aber ich mußte gleichzeitig immer diejenige sein, die verliebt war, sie anmachte und zum Höhepunkt brachte. Erfüllte ich diese Rolle

nicht gut genug, schlug sie mich. Schreien wollte ich nicht, weil ich Angst hatte, die Kinder zu wecken.

Schläge hieß nicht, einfach eine Ohrfeige zu bekommen, sondern in unserer Beziehung bekam ich dreimal neue Zähne, weil sie sie mir einschlug. Sie ging mit der Schere auf mich los, einmal sogar mit einem langen Küchenmesser, und einmal drohte sie mir und den Kindern, uns mit der Axt umzubringen. Gott sei Dank war sie so betrunken, daß sie die Axt in dem Moment nicht fand, und wir haben sie dann versteckt. Schließlich flüchtete ich in Alkohol und Tabletten und wurde abhängig. Das gab Daniela natürlich noch mehr Kontrolle über mich: Jetzt konnte sie mich richtig entmündigen, ich war diejenige, der geholfen werden mußte. Da ich immer mein ganzes Geld an sie abgeben mußte, begann ich, einen Teil davon zu unterschlagen, um den Alkohol überhaupt finanzieren zu können. Später durfte ich nicht einmal mehr allein einkaufen gehen oder auch nur ins Schwimmbad. Einmal allein auszugehen stand mir nicht zu, wenn, dann nur gemeinsam, und zwar als »Traumpaar«: Ich mußte sie den ganzen Abend anhimmeln, an ihren Lippen kleben, sie bewundern. Tat ich dies nicht, wurde sie sofort rasend vor Eifersucht: »Sag mir, wen du anschaust, der hau ich die Fresse ein!«. Natürlich nur geflüstert, niemand sollte es mitbekommen. Auch durfte ich schon lange keine eigene Meinung mehr haben; ich durfte nur die Kleidung tragen, die sie mir geschenkt hatte, es war nur das richtig, was sie für richtig befand, bei dem kleinsten Widerspruch wurde sie sofort jähzornig. Ich weiß nicht, wie oft ich Schläge bekam, eigentlich immer dann, wenn ich gegen eine von ihr aufgestellte Regel verstieß. Ich weiß auch nicht, wie oft sie die Kinder schlug und wie oft die Polizei bei uns im Haus war.

Es kam so weit, daß zwei meiner Kinder in ein Heim gebracht wurden. Ich war ohne Arbeit, trank, war depressiv und unfähig, länger auf eigenen Beinen zu stehen – und sie, sie spielte die gute Freundin, die mir nur helfen wollte.

Ich mußte funktionieren; so wie damals bei meinem Vater, der mich sexuell mißbrauchte, mußte ich jetzt bei ihr funktionieren. Eigentlich nahm sie nur die Rolle meines Vaters ein.

Der Weg hinaus
Bevor meine Kinder ins Heim kamen, flüchtete ich mit ihnen in ein Frauenhaus, weil sie uns wieder geschlagen hatte. Doch ich hatte kein Geld, keinen Ausweis, nichts. Also rief ich sie an, und sie holte uns ab. Es kam so eine Art zweiter »Honeymoon«, Daniela gab sich sehr viel Mühe, versprach, sich zu bessern und war richtig lieb. Doch das dauerte nicht allzu lange, und alles fing von vorne an.
Als die Kinder im Heim waren, kämpfte ich darum, sie wiederzubekommen. Später wurde mir ein vorläufiges Sorgerecht erteilt, und die Kinder kehrten zu mir zurück.
Eines Abends, als sie wieder betrunken war, riß Daniela mir das Kleid vom Leib und drohte, mich umzubringen: Ich hatte es gewagt, ihr zu widersprechen. Ich bekam wahnsinnige Angst und rannte barfuß einfach drauflos, nur weg; ich flüchtete wieder mit den Kindern ins Frauenhaus. Doch ich kehrte zu Daniela zurück, diesmal aus Angst, die Kinder erneut zu verlieren.
Kurze Zeit danach sind wir in ein gemeinsames Haus gezogen. Inzwischen hatte Daniela eine andere Frau kennengelernt, und ihre Brutalitäten häuften sich; ich mußte jedes Wochenende damit rechnen. Sie trank meistens am Wochenende.
Es kam die Zeit, in der ich versuchte, meine Selbständigkeit wiederzuerlangen. Zum einen gab ich Widerworte und zum anderen schnitt ich mir die Haare ab, obwohl Daniela meine langen Haare wahnsinnig liebte. Dafür bekam ich Schläge wie noch nie, und sie drohte, die Kinder umzubringen; daraufhin rannte ich ins Bad im ersten Stock, beugte mich aus dem Fenster und drohte, hinauszuspringen. Die Kinder rannten auf die Straße und schrien: »Mutti nicht!« Ich tat es nicht, und Daniela fuhr betrunken zu ihrer Mutter. Das tat sie immer, wenn wieder so etwas geschehen war. Ich versprach den Kindern, mit ihnen wegzugehen. So kamen wir in ein Frauenhaus in einer anderen Stadt, denn das ortseigene war einfach nicht mehr sicher für uns. Nach vier Wochen gingen die Kinder und ich wieder zurück. Daniela war wieder sehr lieb – und ich kämpfte weiter um meine Selbständigkeit. »Ich koche ab jetzt nicht mehr für dich!«
Sie ließ ihre Anfälle von Herrschsucht oft an den Kindern aus und zeigte ihnen offen ihre Abneigung. Dagegen mußten meine Kinder immer ihre Dankbarkeit zeigen, sonst durften sie entweder nicht

fernsehen oder bekamen ebenfalls Schläge. Es war zum Verzweifeln. Ich konnte nicht viel tun, ich hatte Angst, das Jugendamt würde ihr mehr glauben als mir; meine Alkohol- und Tablettenabhängigkeit sprach gegen mich, auch wenn ich jetzt »sauber« war.

Eines Abends saß Daniela wie immer vor dem Fernseher und wollte gestreichelt werden. Ich sagte: »Nein, du kannst *mich* ja mal streicheln.« Das tat sie dann auch, aber nach sehr kurzer Zeit wurde es ihr zu langweilig. Nachdem ich sie noch immer nicht streicheln wollte, weckte sie meine älteste Tochter. Sie mußte mit ihr tanzen, und Daniela fing an, ihr den Nacken zu kraulen, sie anzumachen. Immer mit einem Seitenblick auf mich. In diesem Augenblick wurde es mir völlig klar: Sie war mein Vater! Ich nahm meine Tochter und schickte sie ins Bett. Mein erstes Entsetzen bekam jedoch meine Tochter zu spüren, ich schlug sie und befahl ihr, eine lange Unterhose anzuziehen. Dann ging ich zu Daniela und machte ihr eine Szene. Das war das erste Mal, daß ich ihr drohte, ihr etwas anzutun. Wie immer fuhr sie zu ihrer Mutter, und ich packte meine Sachen und fuhr wieder einmal mit den Kindern ins Frauenhaus. Doch diesmal blieb ich.

Das alles ist jetzt elf Jahre her. Diese Geschichte ging jedoch nicht spurlos an mir und meinen Kindern vorüber: Ich hatte starke Schuldgefühle, und die Kinder machten mich irgendwie für das, was geschehen war, verantwortlich. Wir haben sehr lange gebraucht, um wieder ein »normales« Verhältnis zueinander zu finden. Inzwischen lebe ich in Frankfurt, arbeite im öffentlichen Dienst und habe eine neue Partnerin gefunden. Meine Kinder haben jetzt zwar ihr eigenes Leben, besuchen mich aber, sooft sie können.

Z.
27 Jahre alt, ist Studentin und lebt seit ihrem achtzehnten Lebensjahr ausschließlich mit Frauen.

Rassismus in lesbischen Beziehungen kann nicht isoliert von alltäglichem bzw. gesellschaftlichem Rassismus betrachtet werden. Rassismus ist Ausdruck unserer patriarchalen Gesellschaftsform, er manifestiert sich in der Erziehung und Sozialisation in bezug auf den Umgang mit anderen Kulturen, Hautfarben, eben »anderen« Menschen. Dieser alltägliche Rassismus drückt sich unter anderem auch darin aus, daß immer noch viele Deutsche/Weiße gedankenlos den kolonialistischen Begriff »Neger« verwenden, wenn sie von Farbigen sprechen, und sich nicht auf Bezeichnungen wie beispielsweise »Farbige« oder »Afro-Deutsche« einlassen.

Für farbige Frauen kommt in unserer männlich geprägten und männlich orientierten Gesellschaft zum Rassismus der Sexismus hinzu, der sich in frauenfeindlichen Ansichten und Äußerungen, in sexueller Anmache bis hin zu Vergewaltigung und Femizid äußert. Obwohl ich glaube, daß Frauen hinsichtlich des meist unreflektierten frauendiskriminierenden oder frauenfeindlichen Verhaltens sensibler sind, schließe ich nicht aus, daß es Frauen gibt, die sich nicht mit Themen wie Sexismus, Gewalt in lesbischen Beziehungen oder Rassismus auseinandersetzen und in der Folge aus Gewohnheit oder Bequemlichkeit (»bloß nicht aus der Rolle fallen«) sich selbst rassistisch zum Beispiel farbigen Frauen gegenüber verhalten. Dies paßt auch zu der Theorie, daß Unterdrückte ihre Unterdrückung an die noch eine Stufe unter ihnen Stehenden weitergeben. Der weiße Mann (er ist die »Norm« unserer Gesellschaft und findet überall Identifikationsmöglichkeiten) diskriminiert die weiße Frau, die diese Diskriminierung an die farbige Frau weitergibt, um sich nicht selbst minderwertig zu fühlen.

Solche Verhaltensweisen machen sich auch in lesbischen Beziehungen zwischen farbigen und weißen Frauen bemerkbar. Ich möchte das Thema nicht auf lesbische Beziehungen im engeren Sinne beschränken, unter anderem weil ich selbst innerhalb meiner Beziehungen offensichtlichen Rassismus wie zum Beispiel in Form von Aussprüchen wie »Du bist die Schwarze, also bist du für die Haushaltsführung zuständig!« oder »Du bist farbig, also kannst du nicht treu sein!« nicht erlebt habe. Zudem erwarte ich als farbige

Frau von meiner Partnerin und auch von meinem näheren Freundinnenkreis eine Auseinandersetzung mit dem Thema und daraus resultierend ein sensibilisiertes Bewußtsein und dementsprechendes Verhalten.
Rassistische Verhaltensweisen, die mir aus meinem Freundinnenkreis widerfahren sind, waren oder sind subtilerer Art. Zum Beispiel meinen einige weiße Freundinnen, beurteilen zu können, was gut oder wichtig für mich als Farbige ist, wenn sie voraussetzen, daß ich mich mit anderen »farbigen Schwestern« solidarisieren *müßte,* um »unsere Interessen« zu vertreten. Sie geben mir Hinweise wie »Ach übrigens, weißt du, dann und dann ist ein Treffen von Schwarzen für Schwarze ...«. Andere unterstellen mir aufgrund meiner Hautfarbe ganz selbstverständlich politisches Engagement.
Solches Verhalten hat für mich etwas von »positivem Rassismus«, ähnlich wie wenn Personen als ersten Eindruck von mir meine Hautfarbe in den Vordergrund stellen und sich deshalb, um ihre liberale oder tolerante Einstellung zu beweisen, mit mir beschäftigen. Meine menschlichen Eigenschaften bleiben dabei außen vor.
Zum Thema Gewalt in lesbischen Beziehungen fällt mir eine ehemalige Partnerin ein, die mir, nachdem wir uns einige Zeit kannten, eröffnete, daß sie auf mich aufmerksam geworden sei, weil sie mich ja so »exotisch« fand. Abstoßend ist es auch, wenn angeblich liberale weiße Freundinnen oder Bekannte meinen, aus Solidarität oder Mitgefühl oder wie auch immer ich es nennen soll, Witze oder Späße über Farbige machen zu können, nach dem Motto: »Wir sitzen ja alle in einem Boot«.
Physischer Gewalt sowie Bedrohungen (unter anderem mit einem Messer) war ich einmal innerhalb einer Beziehung ausgesetzt, wobei ich nicht explizit festmachen kann, ob dies mit meiner Hautfarbe in Verbindung zu setzen oder auf eine extrem erhöhte Aggressionsbereitschaft meiner Partnerin zurückzuführen war.
Körperliche Gewalt (zum Beispiel auch Vergewaltigungen) innerhalb von Frauenbeziehungen ist unter Frauen ein Tabuthema. Mit meiner jetzigen (weißen) Partnerin setze ich mich sowohl privat als auch in öffentlichen Zusammenhängen mit Rassismus und Sexismus auseinander.
Wir definieren uns nicht über unsere verschiedenen Hautfarben und versuchen, die gesellschaftlichen Vorurteile und Rassismen nicht in unsere private Beziehung einfließen zu lassen.

Barbara Hart
Mißhandlung unter Lesben
Eine Untersuchung

Definition von Mißhandlung unter Lesben

Mißhandlung unter Lesben ist das Verhaltensmuster von Gewalttätigkeit und Nötigung, durch das eine Lesbe versucht, Denken, Überzeugungen und Verhalten ihrer Intimpartnerin zu kontrollieren oder sie für den Widerstand gegen diese Kontrolle zu bestrafen.
Nach dieser Definition besteht Mißhandlung unter Lesben nicht allein aus individuellen Akten körperlicher Gewalt. Körperliche Gewalt ist nicht gleichbedeutend mit Mißhandlung, es sei denn, sie führt zur verstärkten Kontrolle der Gewaltausübenden über die Mißhandelte. Falls die angegriffene Partnerin in Angst vor der Angreiferin lebt, oder falls sie als Reaktion auf den Angriff oder zur Vermeidung künftiger Mißhandlung ihr Verhalten ändert oder falls das Opfer, wenngleich widerwillig, absichtlich ein bestimmtes Bewußtsein oder bestimmte Verhaltensweisen zur Vermeidung von Gewalt aufrechterhält, so ist sie als Mißhandelte zu betrachten.
Die von lesbischen Mißhandelnden angewandte körperliche Gewalt umfaßt unter anderem persönliche Angriffe, sexuellen Mißbrauch, Zerstörung von Eigentum, gegen Freundinnen, Familienmitglieder oder Haustiere gerichtete Gewaltakte oder Drohungen in dieser Richtung. Körperliche Gewaltanwendung kann Waffengebrauch einschließen. Sie ist stets mit nichtkörperlicher Mißhandlung gekoppelt, einschließlich homophober Angriffe auf das Opfer, wirtschaftlicher Ausbeutung und psychischer Mißhandlung.[1]
Eine mittels Gewaltandrohung von ihrer Partnerin kontrollierte Lesbe ist unter Umständen als mißhandelt zu bezeichnen, selbst wenn sie nicht körperlich angegriffen wurde. Falls sie von ihrer Intimpartnerin mit körperlicher Gewalt bedroht wurde oder falls ihre Partnerin weiß, daß allein schon Drohgebärden sie aufgrund ihrer Vorgeschichte als Primär- oder Sekundäropfer[2] von Gewalt einschüchtern, ist eine Lesbe, die so beherrscht wird oder auf

Grund dieser Drohungen und Drohgebärden in Angst vor der Partnerin lebt, eine Mißhandelte.
Über die Einstufung lesbischer Gewalt als lesbische Mißhandlung sagt die Anzahl der Angriffe nicht unbedingt etwas aus. Aus der Häufigkeit der Gewaltakte lassen sich nicht immer Schlüsse ziehen. Auch das Ausmaß der Gewalt muß nicht entscheidend sein.
Mißhandlung unter Lesben bezeichnet das Muster von Einschüchterung, Nötigung, Terror oder Gewaltanwendung, die Summe aller vorangegangenen Gewaltakte und die Erwartung künftiger Gewalt, wodurch die Mißhandelnde in verstärktem Maße Macht und Kontrolle über die Partnerin erlangt.

Warum mißhandeln Lesben?

Ähnlich männlichen Gewalttätern streben Lesben, die ihre Partnerinnen mißhandeln, nach der Ausübung, Aufrechterhaltung und Demonstration von Macht über ihre Partnerinnen, um ihre eigene unmittelbare Bedürfnis- und Wunscherfüllung optimal gewährleistet zu sehen. Lesben mißhandeln ihre Geliebten, weil Gewalt oft genug eine effektive Methode zur Erlangung von Macht und Kontrolle über die Intimpartnerin darstellt.
Die Sozialisation von Lesben wie auch ihrer nicht-lesbischen Pendants findet in einer Kultur statt, in der der Familienverband dazu dient, persönliche Beziehungen zwischen den Familienmitgliedern zu kontrollieren und zu regeln. In innerfamiliären Beziehungen wird Männern die grundlegende Macht und Autorität zugeordnet, obwohl dem männlichen Geschlecht nichts innewohnt, was es besonders zur Machtausübung befähigt. Diese Zuordnung der »legitimen« Macht wird den Männern vielmehr aufgrund eines Systems von Glaubenssätzen und Werten gewährt, das die Macht und Kontrolle von Männern über Frauen gutheißt und unterstützt – des *Sexismus*.
Rollen innerhalb der Familie werden auf der Grundlage dieser ungleichen Machtverteilung definiert. Eine Hierarchie von Privilegien, Macht und grundlegender Autorität etabliert sich, in der jedes Familienmitglied seinen ihm zugewiesenen Platz hat.
Familienmitglieder bilden eine geschlossene Einheit, gewissermaßen abgetrennt von Personen außerhalb des Familienverbands.

Individuen werden wie ein Besitztum dieser Einheit behandelt. Familienmitglieder fühlen sich durch Besitzansprüche stark untereinander verbunden und erwarten ein höheres Maß an Loyalität und Vertrauen voneinander als von Außenstehenden. IntimpartnerInnen in Familienverbänden glauben sich berechtigt, gewisse Dienstleistungen voneinander verlangen und andere Familienmitglieder bis zu einem bestimmten Grad beherrschen zu dürfen.

Die Verteilung der begrenzten Ressourcen der Familie – Energie, Kreativität, Zeit und Vermögen, um nur einige zu nennen – wird von den Mächtigsten in der Hierarchie bestimmt. Wo Differenzen unter Familienmitgliedern hinsichtlich der bevorzugten Nutzung der Ressourcen bestehen, können die Machthabenden zwischen verschiedenen Optionen wählen. Die machthabenden Personen oder das machthabende Individuum treffen sowohl wichtige als auch alltägliche Entscheidungen über das Familienleben.

Darüber hinaus können Menschen in dieser Kultur, in der vielerlei Formen von Gewalt zugelassen sind – in der Gewalt oft nicht als Verbrechen zählt und nur selten ernste Folgen wie zum Beispiel Haft- oder Geldstrafe oder gesellschaftliche Ächtung nach sich zieht –, auf Gewaltanwendung zur effektiveren Beherrschung anderer Familienmitglieder zurückgreifen. Da Gewalt als Herrschaftsinstrument toleriert und innerhalb weitgefaßter Grenzen stillschweigend geduldet wird, ist die Mißhandlung von IntimpartnerInnen weit verbreitet.

Lesben wie auch nicht-lesbische Personen streben häufig nach der Kontrolle über die Ressourcen und Entscheidungen im Familienleben, die die Macht gewährleistet, welche im Fall von Widerstand gegen die Kontrolle mit Gewalt behauptet werden kann. Dieselben Elemente der Hierarchie von Macht, Besitzverhältnissen, Anspruch und Kontrolle bestehen in lesbischen Familienbeziehungen, und zwar vor allem deshalb, weil auch Lesben gelernt haben, daß sich durch Gewalt die Gefügigkeit der Partnerin erzwingen läßt. Außerdem haben lesbische Gemeinschaften kein System von Normen und Werten entwickelt, das dem Machtmißbrauch und der Gewalt in unseren Beziehungen entgegenwirkt.

Welche Lesbe neigt zu Mißhandlungen?

Vielleicht die körperlich überlegene Partnerin, vielleicht aber auch nicht.
Es ist bekannt, daß die Wirksamkeit männlicher Gewaltausübung als Herrschaftsinstrument zum Teil darin begründet liegt, daß Männer aufgrund von Größe und Körperkraft den physisch unterlegenen Frauen durch Gewaltanwendung ernste körperliche Schäden zufügen können. Nicht-lesbische Frauen fügen sich häufig den Forderungen gewalttätiger Partner, weil sie wissen, daß Zuwiderhandlung gewalttätige Übergriffe mit Verletzungsfolge nach sich ziehen könnte.
Doch genauso wie mit Männern, die aufgrund ihrer Körperkraft mißhandeln oder nicht, verhält es sich auch mit Lesben. Eine große, kräftige Lesbe, eine erfahrene Kämpferin oder Kampfsportlerin kann eine größere Bedrohung oder Gefahr für ihre Partnerin darstellen als eine Frau mit vergleichbaren körperlichen Fähigkeiten. Ebenso kann ein gravierender Unterschied in der Körperkraft der Gewalt Schlag- oder Überzeugungskraft verleihen, die einer Partnerin von ähnlicher Konstitution fehlen würde.
Daher mag eine Lesbe sich aus der Überlegung, daß ihre im Vergleich zur Partnerin geringere Körperkraft die gewünschte Wirkung verfehlen würde, gegen Gewaltanwendung entscheiden. Eine andere wiederum könnte gewalttätig werden, weil sie zu dem Schluß kommt, daß Gewalt ihre Partnerin einschüchtert, und weil sie glaubt, jegliche gewalttätige Reaktion sicher abwehren zu können. Wieder eine andere Lesbe mit jahrelanger Erfahrung in Straßen- und Kneipenschlägereien mag sich gegen Gewalt als Instrument zur Beherrschung ihrer Partnerin entscheiden, weil sie Gewalt für unfair und moralisch verwerflich hält. Eine vierte Lesbe setzt vielleicht Gewalt als Herrschaftsinstrument ein, indem sie ihre relative körperliche Schwäche durch den Gebrauch einer Waffe kompensiert, um der Körperkraft ihrer Partnerin gewachsen zu sein.
Obwohl kräftemäßige Überlegenheit Gewalt zu einem wirkungsvollen Herrschaftsinstrument machen kann, entscheiden sich doch viele dagegen.

Vielleicht die Partnerin mit der größeren persönlichen Macht, vielleicht aber auch nicht.
Gewalttätige Männer verfügen gewöhnlich über größere persönliche Macht als die Frauen, die sie zu Opfern machen. Macht beruht auf Erziehung, Einkommen und ökonomischer Sicherheit, beruflichem Können und Marktfähigkeit, gesellschaftlicher Stellung, Alter, religiösem Hintergrund, körperlicher Stärke, Gesundheit, gesellschaftlichen Fähigkeiten und Verbindungen usw. Merkmale wie Einkommen oder berufliches Können sind in jeder erdenklichen zwischenmenschlichen Beziehung oftmals wichtigere Maßstäbe für persönliche Macht als andere.
Doch Männer sind nicht gewalttätig, weil sie mehr Macht haben als ihre Partnerinnen, allerdings auch nicht, weil sie zufällig weniger haben. Gewalt ist nicht zwangsläufig ein Auswuchs unterschiedlicher Macht.
Männer mißhandeln, weil Gewaltanwendung ihnen gewöhnlich unmittelbare und völlige Kontrolle über ihre Partnerinnen verleiht, weil sie ihre Macht über das Familienleben maximiert, weil sie ihnen ein Gefühl der Überlegenheit und Stärke gegenüber dem terrorisierten Opfer gibt und weil relativ geringe negative Auswirkungen zu erwarten sind.
Aus diesen Gründen prügeln auch Lesben. Doch nicht alle starken Lesben sind gewalttätig, und nicht alle gewalttätigen haben Macht. Lesben können Gewalt anwenden, weil sie sich davon die erwünschte Veränderung ihrer Partnerinnen oder deren Gefügigkeit erhoffen, wenn sie der Meinung sind, Nötigung in Beziehungen sei zu tolerieren und wenn sie keine negativen Auswirkungen befürchten.
Viele gewalttätige Lesben zeigen, ungeachtet ihrer persönlichen Macht, starke Nötigungs- und Einschüchterungsmechanismen, und zwar in solchem Maße, daß Personen aus dem FreundInnenkreis des Paares oder aus seiner unmittelbaren lesbischen Gemeinschaft sich der Mißhandlerin fügen oder sie beschwichtigen, um Konfrontation oder Demütigungen zu vermeiden.

Vielleicht die Partnerin, die als Kind Gewalt erfahren hat, vielleicht aber auch nicht.
Viele Mädchen werden als Kind von Familienmitgliedern oder Freunden körperlich mißhandelt oder sexuell mißbraucht. Als

Gewaltopfer lernen junge Frauen mit Gewißheit die Macht kennen, die sich aus Gewalttätigkeit ergibt. Gewalt kann den fähigsten und extrovertiertesten Menschen wie auch den schwachen und machtlosen terrorisieren, handlungsunfähig machen und in Angst versetzen.
Kinder, ob als Opfer oder als Beobachtende oder als Ausführende, erfahren frühzeitig, daß Gewalt dem Opfer die Kontrolle über das eigene Leben nimmt. Kinder erlernen das perverse Vergnügen, das die Beherrschung anderer beschert. Kinder lernen, daß Gewalt selten negative Folgen für die Gewaltausübenden hat. Kinder lernen, daß Erwachsene, die eine Philosophie der Gewaltlosigkeit und der Ablehnung von Gewalttätigkeit vertreten, womöglich ebenfalls mißhandeln, und daß Erwachsene sich manchmal stark abweichend von ihren selbstgewählten Werten verhalten. Kindern, die in Familien aufwachsen, in denen es kein Modell zur Verhandlung über knappe Ressourcen oder zur Regelung der bestmöglichen Bedürfnis- und Wunscherfüllung jedes einzelnen Familienmitglieds gibt, fehlen unter Umständen ethische Konzepte der Bereitschaft zu teilen oder der Gerechtigkeit und die Fähigkeit zur Problemlösung.
Natürlich erfahren auch viele Mädchen, daß Gewalttätigkeit kein angemessenes weibliches Verhalten ist. Außerdem lehnen Mädchen, die als Gewaltopfer aufwachsen, häufig Gewalt als Herrschaftsinstrument vehement ab. Das gilt besonders für Frauen, die die Erfahrung von Gewalt in der Kindheit als ungerecht und unnötig empfinden.
Bedauerlicherweise liegen keinerlei Forschungsergebnisse zu der Frage vor, wie viele Lesben, die als Kinder Gewalt erfahren haben, als Erwachsene selbst gewalttätig werden. Die Tatsache, daß eine Frau als Kind mißhandelt wurde, ist kein verläßlicher Indikator dafür, daß sie ihre Partnerin mißhandeln wird.

Vielleicht eine akut homophobe Lesbe, vielleicht auch nicht.
Alle Lesben fühlen sich aufgrund der herrschenden starken Vorurteile und Zwänge, die gegen uns ins Feld geführt werden, in einem gewissen Maße verletzlich und gefährdet. Für eine Lesbe, die große Angst vor der Bloßstellung ihrer Identität hat oder voller Selbsthaß ist, führt die Einsicht in das Risiko der Bloßstellung unter Umständen in eine chronische emotionale Krise, in der die

Notwendigkeit des Selbstschutzes und die Aufrechterhaltung der eigenen Wertschätzung große Mengen an Energie aufzehren. Die Unzulänglichkeit der Kontrolle, die Lesben zum Schutz vor Bloßstellung ausüben können, mag eine Frau, die sich hochgradig gefährdet fühlt, in einen Zustand dauernder zumindest leichter Verängstigung versetzen. Sie mag auch Wut darüber empfinden, daß ihre Bemühungen, sich durch Unsichtbarmachen zu schützen, nicht immer wirksam sind. Als Folge fühlt sie sich machtlos – ein Bauernopfer, das durch die Launen oder Indiskretionen anderer schrecklich verletzt werden kann.

Aufgrund ihrer Verletzbarkeit verwendet manche ängstliche Lesbe einen Großteil ihrer Energie auf die Führung eines Doppellebens – um in der herrschenden Kultur als Nicht-Lesbe zu leben und insgeheim ihre lesbische Identität zu wahren. Dieser Energieaufwand ist enorm und nimmt kein Ende. Er beraubt sie des besten Teils ihrer Kreativität und Kraft. Oft genug haßt sie nicht nur das System, das sie unterdrückt, sondern auch sich selbst wegen ihrer Verletzbarkeit.

Doch auch diese Tatsachen fördern nicht zwangsläufig ihre Bereitschaft zur Gewaltanwendung oder Mißhandlung ihrer Partnerin. Obwohl die Lesbe, die Homophobie von anderen oder ihre eigene verinnerlichte Homophobie erfährt, mit ungewöhnlichem Streß und Zorn zu kämpfen hat, setzen diese ihre Fähigkeit zur Entscheidung gegen Gewalt nicht außer Kraft. Ebensowenig bestimmt die Tatsache, daß sie aufgrund der Ungerechtigkeit in Angst lebt, nicht ihre Entscheidung für eine gerechte oder ungerechte Handlungsweise anderen gegenüber.[3]

Vielleicht die Lesbe, die Frauen verachtet oder sich mit Männern identifiziert, vielleicht aber auch nicht.
Misogynie ist Frauenhaß. Frauenhassendes Verhalten ist dadurch gekennzeichnet, daß es Frauen abwertet, diskreditiert oder herabsetzt. In dieser Kultur lernen wir, Frauen nicht zu vertrauen, sie nicht zu respektieren und zu glauben, Frauen seien weniger kompetent als Männer. Die Medien, Verbreiter von kulturellen Normen und Werten, bestätigen diese Unterlegenheit der Frauen unablässig. Daher überrascht es nicht, daß Frauen Verachtung und Haß für Frauen hegen. Frauen, die hart an der Überwindung ihres Selbsthasses gearbeitet haben, werden ihn in einer Gesellschaft, in

der Frauenhaß heimisch ist, dennoch niemals restlos überwinden. Mißhandelte Lesben berichten häufig, daß ein anscheinend integraler Bestandteil der erfahrenen Gewaltmuster in abfälligen, frauenverachtenden Tiraden der Mißhandelnden besteht. Haßt die Lesbe, die sich frauenverachtender verbaler Angriffe als Herrschaftsinstrument bedient, sich selbst als Frau, oder haßt sie andere Frauen, grenzt sich selbst gewissermaßen von ihnen ab, oder gestattet sie sich ein frauenverachtendes Verhalten aus dem Wissen heraus, daß diese Art von Angriff ein besonders wirksames Instrument der Kontrolle über die Frau darstellt, die sie mißhandelt?

Es wird behauptet, daß Lesben deshalb Gewalt anwenden, weil sie sich mit den Männern, mit dem starken Geschlecht identifizieren. Der Prozeß der Identifizierung mit Männern ist selten gleichzusetzen mit der Leugnung des Frauseins der gewalttätigen Lesbe. Gewöhnlich handelt es sich nicht um bewußten Haß auf sich selbst als Frau. Beteiligt sein mag eine Abwertung der Partnerin wegen ihres »geringeren Werts« aufgrund ihres Frauseins. Sexuell abwertende Beschimpfungen werden ins Feld geführt, weil sie in höchstem Maße beschämend und schwächend sind – eben in höchstem Maße machtvoll. Eine Identifizierung mit Männern kann die Einschätzung beinhalten, daß die gewalttätige Lesbe die körperliche und persönliche Kraft besitzt, wirksam zuzuschlagen, ohne negative Folgen fürchten zu müssen – ähnlich wie Männer. Ein ausgeprägtes Besitzgefühl der Partnerin gegenüber mag damit verknüpft sein, welches das Recht mit sich bringt, sie nach Belieben zu benutzen.

Doch die Identifikation mit Männern oder der Haß auf Frauen führt nicht zwangsläufig zu Gewalt, obwohl beides (der gewalttätigen Lesbe) den Schluß nahelegt, daß Gewalt als Herrschaftsinstrument Erfolg garantiere oder daß ihr Handeln gerechtfertigt sei.

Vielleicht die Lesbe, die sich selbst als Opfer ihrer Umgebung und von ihrem Opfer mißhandelt oder beherrscht fühlt, vielleicht aber auch nicht.

Die meisten gewalttätigen Männer fühlen sich angeblich von Personen oder Umständen außerhalb ihrer selbst beherrscht. Sie glauben, daß alles Glückssache sei und sie eben kein Glück haben, daß sie eher als andere Menschen vom Unglück heimgesucht werden.

Männliche Gewalttäter bezeichnen sich selbst nicht nur als zufällige oder absichtliche Opfer der Vernachlässigung oder Verletzung durch andere – sie betrachten sich auch als »Pantoffelhelden«, die von ihren PartnerInnen beherrscht werden.
Auch lesbische Gewalttäterinnen äußern Gefühle der Machtlosigkeit und Hilflosigkeit in ihren Beziehungen und behaupten, von ihren Partnerinnen beherrscht und zum Opfer gemacht zu werden. Lesbische Angreiferinnen funktionalisieren stets jede Meinungsverschiedenheit mit der Partnerin, jede versagte Bedürfniserfüllung, jede unabhängige/selbstbezogene Handlungsweise der Partnerin als Verletzung oder vom Opfer ausgeübte externe Kontrolle.
Freilich werden manche Lesben, die mißhandeln, von Personen und Institutionen ungerecht behandelt. Manche gewalttätige Lesbe lebt nicht in einer Beziehung zu einer Frau, die bemüht ist, jede Erwartung der Angreiferin zu erfüllen. Viele gewalttätige Lesben erleben echte Feindschaft und Not. Doch nichts weist darauf hin, daß das Leben von Gewalttäterinnen tatsächlich weniger reich oder stärker durch Ungerechtigkeit beeinträchtigt ist als das von nicht gewalttätigen Lesben. Außerdem erklären mißhandelte Lesben überzeugend, daß sie sich stets sehr bemüht haben, die Erwartungen ihrer Partnerinnen zu erfüllen und ihnen in schweren Zeiten zur Seite zu stehen.
Und viele Lesben, die unter sehr harten Bedingungen leben und von ihren Partnerinnen schlecht behandelt werden, mißhandeln nicht.

Vielleicht die Lesbe mit unzureichender Kontrolle über ihre Wut oder mit Kommunikationsproblemen, vielleicht aber auch nicht.
Viele gewalttätige Lesben sprechen von der durch ihre Partnerinnen hervorgerufenen ungeheuren Wut. Sie räumen ein, daß das gleiche Verhalten von seiten einer anderen Person sie nicht in eine solche Wut versetzen würde, wie sie sie ihren Partnerinnen gegenüber empfinden. Gewalttätige Lesben bezeichnen sich selbst als wutanfälliger als andere Frauen; sie kämpfen hart um ein Nachlassen der von ihren Partnerinnen erzeugten Wut. Manchmal scheint die Wut aus dem Nichts aufzuflammen, manchmal scheint sie gerechtfertigt. Ob eine bestimmte Einstellung oder ein bestimmtes Verhalten einer mißhandelten Lesbe die Wut freisetzt, läßt sich nicht genau ermitteln.

Gewalttäterinnen sind sich der Gründe hinter dem »Auslöser« der Wut nicht bewußt. Oft wissen sie nichts von den Einstellungen, Meinungen und Werten, auf die sich der »Auslösemechanismus« gründet, der die Wut manchmal zum Ausbruch kommen läßt, noch bevor sie sich bewußt werden, daß die Partnerin sich der Kontrolle widersetzt oder unabhängig von den Wünschen der Gewalttäterin handelt. Mißhandelnde Lesben wie auch mißhandelnde Männer glauben fest daran, daß die Wut, sobald sie zum Ausbruch kommt, nicht mehr zu kontrollieren ist, und daß es in der Folge zum Ausbruch von Gewalthandlungen kommt – über beides hätten sie keine Kontrolle.

Mißhandelte Lesben berichten, daß Gewalttäterinnen häufig anscheinend nach Anlässen für einen Wutausbruch zur Begründung von Gewalthandlungen suchen. Sie machen zudem die Erfahrung, daß die Gewalttäterin oft erst nach dem Angriff zur Sicherung ihrer Herrschaft wütend wird, und zwar dann, wenn der Angriff nicht die gewünschte Gefügigkeit zeitigt.

Ob nun Wut im Spiel ist oder nicht, das ändert nichts an der Entscheidung der Gewalttäterin, Gewalt als Herrschaftsinstrument einzusetzen. Sie allein trifft die Wahl.

Mißhandelte Lesben hören oft von ihren Partnerinnen, die Hilfe bei TherapeutInnen suchten, die sich mit dieser Art von Gewalttätigkeit nicht auseinandergesetzt haben, daß sie mißhandeln, weil sie nicht in der Lage seien, ihre Bedürfnisse und Gefühle angemessen zu artikulieren. Deshalb käme es zu Kurzschlußhandlungen und Gewalt, wobei die Gewalt Frustration widerspiegle, nicht aber als Herrschaftsinstrument eingesetzt werde.

Dieser Behauptung liegt das Mißverständnis zugrunde, daß bessere Kommunikation ein besseres Verständnis der Bedürfnisse und Gefühle hervorbringen würde, was wiederum zur Folge hätte, daß die Partnerin sich noch mehr Mühe gibt, der Mißhandelnden alles recht zu machen. Auf diese Weise würde Gewalt vermieden. Das impliziert, daß die Bedürfnisse der Gewalttäterin nicht richtig verstanden werden und daß die mißhandelte Lesbe verpflichtet ist, die Kluft zu überbrücken und positiv auf die Bedürfnisse der Gewalttätigen einzugehen. Beide Annahmen sind häufig falsch. Viele Gewalttäterinnen haben nicht die geringsten Kommunikationsschwierigkeiten. Gewalttäterinnen, die mit Hilfe einer Therapie an der Verbesserung ihrer Kommunikationsfähigkeit arbeiten, ohne sich vorab von der

Neigung zur Gewaltanwendung oder -androhung befreit zu haben, entwickeln sich zu noch besseren, geschickteren Beherrscherinnen ihrer Partnerinnen – zu noch besseren Terroristinnen.
Viele Lesben ohne besondere Artikulationsfähigkeit oder ohne ein klares Bewußtsein von ihren Gefühlen und Bedürfnissen sind nicht gewalttätig. Die meisten Lesben, die sich um die Verbesserung ihrer Kommunikationsfähigkeit und um bessere Einschätzung und Verwirklichung ihrer Bedürfnisse und Gefühle bemühen, haben Gewaltanwendung niemals als angemessene Verhaltensweise in einer Beziehung betrachtet.

> Die typische lesbische Gewalttäterin – persönliche Merkmale oder Umstände, die zuverlässige Voraussagen oder die Identifikation einer Lesbe, die ihre Intimpartnerin mißhandelt, zulassen – gibt es nicht.

Eine Lesbe, die ihre Partnerin mißhandelt, muß von folgenden Voraussetzungen ausgehen:

- Sie hat das Recht, ihre Partnerin zu beherrschen, und ihre Partnerin ist verpflichtet, sich dieser Praxis zu fügen.
- Gewalt ist erlaubt. (Sie kann mit ihrem Verhalten leben und sich für eine ethische/moralische Person halten, obwohl sie ihrer Partnerin gegenüber Gewalt anwendet.)
- Gewalt wird die gewünschte Wirkung erzeugen oder die Wahrscheinlichkeit nachteiliger Vorkommnisse verringern.
- Gewaltanwendung wird sie selbst nicht übermäßig gefährden. (Sie wird weder körperlichen Schaden noch gesetzliche, ökonomische oder persönliche Folgen zu tragen haben, welche die durch die Gewaltanwendung erzielten Vorteile überwiegen.)

Ist Gewalt in lesbischen Beziehungen nicht häufig eher Streit als Mißhandlung?

Die Meinung, bei körperlicher Gewaltanwendung unter Lesben handle es sich gewöhnlich um eine streitbare Auseinandersetzung, an der beide Partnerinnen beteiligt sind, ist falsch und in höchstem Maße gefährlich für mißhandelte Lesben.

Gewiß streiten Lesben mit ihren Partnerinnen, wie es auch heterosexuelle Beziehungen gibt, in denen beide PartnerInnen einander angreifen. Die Ansicht, Gewalt in lesbischen Beziehungen sei ein triviales, ärgerliches Verhalten von geringer Bedeutung, ist weit verbreitet. Das mag daran liegen, daß lesbische Partnerinnen oft von ähnlicher Größe und Körperkraft sind und einander deswegen scheinbar keine ernsten körperlichen Schäden zufügen können, oder auch daran, daß wir als Frauen gelehrt wurden, Gewalt abzulehnen, und nicht gelernt haben zu streiten.

Mißhandlungen treten in allen lesbischen Gemeinschaften ohne Rücksicht auf gesellschaftliche Stellung, ethnische und kulturelle Herkunft, Alter und Lebensstil auf. Es ist bedenklich, daß Lesben sich nicht gegen Bemühungen zur Trivialisierung der der Mißhandlung von Lesben innewohnenden großen Gefahr und Zerstörungsmacht auflehnen.

Die Definition von Mißhandlung unter Lesben in diesem Beitrag läßt nicht außer acht, daß es lesbische Beziehungen gibt, in denen beide Partnerinnen (oder im Fall von nicht-monogamen Beziehungen alle Beteiligten) an gewalttätigen Verhaltensweisen teilhaben. Selbst wenn sich solche Gewaltakte wiederholen und sich ein Muster zwischen den Intimpartnerinnen herausbildet, ist diese Art von Gewalt nicht gleichzusetzen mit Mißhandlung, es sei denn, die Gewalttätigkeit hat zur Folge, daß die Gewaltausübende im Vergleich zu ihrem Opfer größere Macht und Kontrolle gewinnt. Das bedeutet nicht, daß ich Gewalt unter Lesben toleriere und allein Mißhandlung unter Lesben als unmoralisch, ungesetzlich und schädlich, weil im Widerspruch zu den von Feministinnen geforderten friedlichen und egalitären Beziehungen einschätze. Gewalt und Kämpfe unter Lesben werden vielmehr als ähnlich schädlich und gefährlich betrachtet.

Es soll auch nicht heißen, daß mißhandelte Lesben selbst nie gewalttätig gegen die Frauen wären, die sie mißhandelt haben. Viele greifen ihrerseits zur Gewalt. Doch hier dient die Gewaltanwendung eher der Selbstverteidigung und entstammt manchmal auch der Wut über vergangene Mißhandlungen.

Mißhandelte Lesben charakterisieren die Gewalt in ihrer Beziehung nicht als Folge von Streit, der als gefahrlose Erörterung von Meinungen, aus Kräftemessen oder in gegenseitiger Übereinstimmung entstand. Mißhandelte Lesben bezeichnen die Gewaltmuster als

Terrorismus und Herrschaftsinstrument, wie zu Beginn dieses Beitrags kurz umrissen wurde.

Eine mißhandelte Lesbe ist häufig, wie offenbar auch einige TherapeutInnen und AnwältInnen, der Meinung, ihre Erfahrung von Gewalt unter den Händen ihrer Partnerin sei »gegenseitig«, weil sie ihre Partnerin möglicherweise zu Boden geschlagen hat, um aus einem Raum flüchten zu können, in den sie vielleicht eingesperrt war. Womöglich hat sie die Gewalttäterin nach deren gewaltsamem Eindringen aus der Wohnung geworfen oder sie mit einem Baseballschläger bedroht, falls sie noch einen Schritt näherkäme, oder sie hat die Frau, die sie mißhandelt hat, aus Wut geschlagen.

Eine beträchtliche Zahl von mißhandelten Lesben stellen, wenn sie zum ersten Mal Hilfe bei Freundinnen oder bei einer Anwältin für mißhandelte Frauen suchen, die Frage, ob sie tatsächlich mißhandelt worden seien, wenn sie selbst auch nur ein einziges Mal Gewalt gegen die Angreiferin angewendet haben. Sie sind offenbar der Ansicht, daß sie sich nur in Abwesenheit jeglicher Gewalt ihrerseits eindeutig als Opfer der Mißhandelnden betrachten können. Sobald sie selbst jedoch Gewalt angewendet haben, und zwar vor allem dann, wenn sie dadurch in der unmittelbaren Situation der Angreiferin Einhalt gebieten konnten, schätzen sie sich selbst zwangsläufig als gleichermaßen schuldig – als Mißhandelnde – ein und sehen sich gezwungen, sich jedesmal zu wehren oder aber die Verantwortung für die Mißhandlung letztendlich selbst zu übernehmen.[4]

Häufig wird diese Schuldzuweisung an das Opfer – diese Umkehrung der Wirklichkeit – durch die Mißhandelnde initiiert und bekräftigt. Manchmal droht die Angreiferin damit, gewalttätige Abwehr der mißhandelten Lesbe anzuzeigen: Da diese Gewalt angewendet habe, könne sie kein Opfer sein, sondern sei gleichermaßen an der Gewaltausübung beteiligt gewesen. Manchmal beruft sich die Mißhandelnde darauf, daß die Mißhandelte sie in der Öffentlichkeit geschlagen habe, und ihr deshalb niemand mehr glauben würde, daß sie zu Hause terrorisiert werde.

Stets schreiben die Angreiferinnen den mißhandelten Frauen die Schuld an der von ihnen ausgeübten Gewalt zu – indem sie behaupten, es wäre nicht zu Gewalttätigkeiten gekommen, wenn die mißhandelte Lesbe sie nicht provoziert hätte. Die Angreiferin befände sich in Wirklichkeit unter der Kontrolle des Opfers, hilflos angesichts ihres Verhaltens und zu Gewaltanwendung gezwungen. Die Mißhandelnden betrachten sich immer als Opfer der Mißhandelten. Ihren vermeintlichen Opferstatus geben sie der mißhandelten Lesbe wiederholt zu erkennen.

Der Großteil der mißhandelten Lesben schämt sich der Gewaltanwendung gegenüber der Mißhandelnden. Da alle mißhandelten Lesben die Mißhandelnden unter großen Anstrengungen vor der Bloßstellung als Terrorausübende und vor den Folgen ihrer Gewalttätigkeit schützen, »decken« die Mißhandelten womöglich fortlaufend die Mißhandelnden, indem sie sich selbst bezichtigen, das Ausmaß *ihrer* Gewalttätigkeit hervorheben und das der Angreiferin abschwächen.

Viele mißhandelte Lesben sind Frauen von außerordentlichem Mut und beachtlicher Körperkraft – Frauen, die objektiv betrachtet bedeutend stärker sind als ihre Angreiferinnen. Diese Frauen haben sich entschieden, ihre Macht nicht zur Kontrolle über die Angreiferin zu nutzen oder höchstens, um sich zu schützen und die Angreiferin abzuwehren. Diesen Frauen fällt das Eingeständnis ihrer Mißhandlung vor sich selbst und auch anderen gegenüber besonders schwer. Die starke Lesbe lebt nicht unbedingt in Angst vor der Gewalttätigkeit ihrer Partnerin. Wahrscheinlich fürchtet sie vielmehr die gewalttätigen Episoden und den Machtkampf. Obwohl sie keine Angst hat, ändert sie doch ihr Leben, um die Mißhandelnde zufriedenzustellen und fürchtet, ihre Bemühungen könnten nicht zur Vermeidung von Mißhandlung ausreichen. Möglicherweise hat sie keine Angst vor der gewöhnlichen Gewalttätigkeit der Mißhandelnden, sondern davor, daß die Eskalation der Gewalt zum Selbstmord oder zur Gewalt gegen Dritte führen könnte.

Weil eine mißhandelte Lesbe womöglich Gewalt gegen die Mißhandelnde angewandt hat und weil die Mißhandelnde von der Schuld des Opfers an ihrer Mißhandlung überzeugt ist, ist es nicht verwunderlich, daß viele mißhandelte Lesben verwirrt sind, wenn sie sich an eine Anwältin wenden, um sich aus der Gewalt zu befreien und ein Leben außerhalb der Kontrolle ihrer Peinigerinnen führen zu können. Es ist nicht verwunderlich, daß sie sich gleichzeitig als Mißhandelnde und als Opfer betrachten.[5]

Obwohl es entscheidend ist, daß die hilfesuchende Frau Gelegenheit bekommt, die Gewalt in ihrer Beziehung sorgfältig zu prüfen, um abschätzen zu können, ob sie mißhandelt wird, sollte sie in einer akuten Krise unbedingt Obdach und jegliche erforderliche Unterstützung erhalten, und auch während der Einschätzung ihrer Situation darf ihr die sichere Unterbringung nicht verweigert werden. Die Bereitstellung von Hilfeleistungen darf nicht von der Eindeutigkeit des Anliegens der Hilfesuchenden abhängig gemacht werden.

Die vorliegende Analyse von Mißhandlung unter Lesben geht davon aus, daß eine Frau, die Opfer lesbischer Mißhandlung ist, nur selten später in der Beziehung ihrerseits zur Mißhandlerin derjenigen wird, die sie mißhandelt hat, und höchstwahrscheinlich wird sie auch in späteren Beziehungen nicht zur Mißhandelnden.

Die durch Mißhandlung gefestigten Muster von Herrschaft und Terror lassen sich nicht leicht auflösen. Eine unglaubliche Machtverschiebung müßte stattfinden, damit die mißhandelte Lesbe die Macht erhält, Gewalt als Herrschaftsinstrument und zur Terrorisierung ihrer Partnerin einzusetzen. Dies mag eintreten, wenn die Mißhandelnde sich eine körperliche oder geistige Beeinträchtigung zuzieht, wodurch sie ihre durch Gewaltandrohung gesicherte Macht verliert.

Lediglich eine Neuausrichtung in der wirtschaftlichen Absicherung zwischen einem Paar reicht gewöhnlich nicht aus, um die Machtverteilung so zu verschieben, daß Gewalt zu einem wirksamen Instrument des Opfers zur Kontrolle über die Mißhandelnde wird. Auch ist das Opfer nicht unbedingt geneigt, Gewalt als Herrschaftsinstrument anzuwenden, wenn sich die Macht verschiebt. Außerdem wird es noch unwahrscheinlicher, daß Macht und Gewaltbereitschaft als wirksame Mittel der Kontrolle weiterhin zwischen den PartnerInnen hin und her pendeln, wenn sich das Machtungleichgewicht verschiebt.

Wir als Bewegung mißhandelter Frauen sollten die Lektionen, die wir über Mißhandlung in nicht-lesbischen Beziehungen gelernt haben, bei dem Versuch, Mißhandlung in lesbischen Beziehungen zu verstehen, nicht vergessen. Wir wissen, daß einige nicht-lesbische Frauen, die von Männern mißhandelt werden, gewalttätig sind. Die Feststellung ihrer Gewalttätigkeit zwingt uns jedoch nicht zu dem Schluß, sie seien nicht mißhandelt worden. Dies bedeutet keineswegs, daß wir als Bewegung die Gewalttätigkeit mißhandelter Frauen befürworten. Doch wir unterstützen und verteidigen das

Recht einer Frau, zu ihrem eigenen Schutz Gewalt anzuwenden, insbesondere dann, wenn die gegen sie ins Feld geführte Gewalt lebensbedrohlich ist. Wenn Männer anführen, die Opfer ihrer Gewalt seien selbst gewalttätig geworden, schließen wir daraus nicht, daß die Gewaltanwendung gegenseitig stattfand oder daß die Frau nicht mißhandelt wurde.

Zukünftige Lesbenarbeit und die Bewegung mißhandelter Frauen

Über Mißhandlung unter Lesben müssen wir noch viel lernen. Dieser Beitrag, wie auch große Teile dieses Buches, stellen nur anfängliche Erkenntnisse über Mißhandlung in lesbischen Beziehungen dar. Viele Fragen bleiben offen. Vielerlei vorläufige Erkenntnisse bedürfen der Vertiefung, doch als Lesben und als Bewegung mißhandelter Frauen sind wir gefordert, größere Bemühungen und Ressourcen aufzuwenden, um die Verfügbarkeit von sicheren Unterkünften und von Beratung für Lesben in Programmen sicherzustellen, die nicht-homophob und rückenstärkend für Lesben sind.
Um zu erfahren, wie wir den Opfern lesbischer Mißhandlung helfen und wie wir die Gewalt in lesbischen Beziehungen wirksam bekämpfen können, müssen wir mißhandelten Lesben zuhören. So wie wir aus Gesprächen mit Überlebenden von Vergewaltigungen und mit mißhandelten Frauen Erkenntnisse über männliche Gewalt gegen Frauen gewonnen haben, muß das, was mißhandelte Lesben uns mitteilen können, als unsere beste und verläßlichste Quelle für Erkenntnisse über Mißhandlung unter Lesben gelten.

Aus dem amerikanischen Englisch von Elisabeth Hartmann

Beispiele für gewalttätige und nötigende Verhaltensweisen

Körperlich
Angriffe mit Waffen: Schußwaffen, Messer, Peitschen, Montiereisen, Autos, Zeltstangen, hochhackige Schuhe, Stuhlbeine, zerbrochene Flasche, Kissen, Zigaretten, Gift. – Angriffe unter Einsatz des Körpers der Mißhandelnden: beißen, kratzen, treten, boxen, trampeln, schlagen, von der Treppe stoßen, Brillen im Gesicht zertrümmern, einschließen des Opfers im Schrank oder in anderen Räumen, kitzeln bis zur Atemlosigkeit oder Panik. – Entzug von Schlaf, Wärme oder Nahrung.

Sexuell
Vergewaltigung, Sex auf Verlangen, Benutzung oder Androhung der Benutzung von Waffen beim Sex, erzwungener Sex mit anderen, unfreiwillige Prostitution, erzwungene Monogamie oder Nicht-Monogamie, Verweigerung der Reproduktionsfreiheit, körperliche Angriffe bei sexuellen Betätigungen, sexuell abwertende Sprache.

Eigentum
Brandstiftung, aufschlitzen von Autoreifen, Kleidung und Polstermöbeln, Mißhandlung oder Tötung von Haustieren, stehlen oder vernichten von Eigentum, Einbruch, herausreißen von Telefonanschlüssen, zerstören von Haushaltsgegenständen.

Drohungen
Androhung körperlicher oder sexueller Gewalt oder Zerstörung von Eigentum, Androhung von Gewalt gegen Nahestehende, Verfolgung, Belästigung.

Wirtschaftliche Kontrolle
Kontrolle über Einkommen und Vermögen der Partnerin, Zerstörung von Eigentum, Einmischung in Arbeit oder Ausbildung, finanzieller Betrug, Anschaffung wertvollen Besitzes allein im Namen der Mißhandelnden, Benutzung von Kreditkarten ohne Einwilligung der Partnerin, Arbeitsverweigerung und Nötigung des Opfers, die Mißhandelnde zu unterstützen.

Psychischer oder emotionaler Mißbrauch
Erniedrigung, Abwertung, Lügen, Isolation, Auswahl von Freizeitgestaltung und FreundInnen, Entscheidung über religiöse Betätigung, Beschimpfung der Partnerin als verrückt, dumm oder häßlich, Zurückhaltung wichtiger Informationen, Auswahl der Mahlzeiten für die Partnerin, Wutausbrüche, Schmollen oder Zurückziehen, geistige Manipulation.

Homophobe Kontrolle
Drohung, der Familie, FreundInnen, dem Arbeitgeber, der Polizei, der Kirchengemeinde usw. zu verraten, daß das Opfer lesbisch ist, falls sie (falls sie nicht) ...; Behauptung, das Opfer habe verdient, was sie bekommt, weil sie lesbisch ist; Versicherung, daß niemand ihr glauben würde, daß sie mißhandelt wird, weil Lesben nicht gewalttätig sind; Erinnerung, daß sie keine Wahl hat, weil die homophobe Welt ihr nicht helfen wird.

Anmerkungen

1 Am Ende dieses Beitrags findet sich eine Liste von Beispielen gewalttätiger und nötigender Verhaltensweisen. Diese Arten von Mißhandlung sind bezeichnend für ein Verhalten, das betroffene Lesben mir im Laufe der vergangenen zehn Jahre geschildert haben.

2 Ein Sekundäropfer ist jemand, die (der) entweder ZeugIn der einer anderen Person zugefügten Gewalt oder der Auswirkungen solcher Gewalt wird.

3 Häufig wird angenommen, unterdrückte Personen würden mit gleichermaßen gewalttätigen Handlungen ihren UnterdrückerInnen gegenüber reagieren, wenn die Umstände und Risiken es gestatten, und ihre Wut gegen günstige und sichere Ziele richten. Diese Annahme basiert auf der Angst der Unterdrückenden vor Vergeltung, wenn die Kontrolle über die Unterdrückte(n) aufgehoben wird. Daraus leiten sie die Rechtfertigung fortgesetzter Unterdrückung ab. Die Reaktion der Unterdrückten ist so nicht korrekt beschrieben.

4 Statistisches Material über den Anteil mißhandelter Lesben, die der Mißhandlung durch Gewalt ein Ende setzen – die sich wehren –, liegt nicht vor. Viele mißhandelte Lesben, die sich zur Gewalt als Selbstverteidigung oder zur Verteidigung anderer bekennen, meinen allerdings, daß sie unmittelbar nach der Trennung von der Mißhandelnden nicht wußten, ob sie nicht selbst sowohl Mißhandelnde als auch Opfer waren. Ihr Verständnis von Gewalt und Mißhandlung in der Beziehung war auf das Glaubenssystem der Mißhandelnden zugeschnitten, und es bedurfte sorgfältigen Nachdenkens über Fragen von Kontrolle und Macht, um Klarheit zu gewinnen. Dieser Prozeß dauerte oftmals mehrere Monate. Wenn die mißhandelte Lesbe keine Gelegenheit hatte, ihre Erfahrungen mit einer mit der Gewalt in Intimbeziehungen vertrauten Person zu durchdenken, dauerte der Klärungsprozeß für das Mißhandlungsopfer manchmal noch länger.

5 Kompliziert ist in dieser Hinsicht, daß lesbische Mißhandelnde sich selbst auch als Opfer betrachten. Sorgfältig durchgeführte Interviews sollten zu Rate gezogen werden, bevor Schlüsse zu dem Eingeständnis einer Lesbe gezogen werden, daß sie gleichzeitig Mißhandelnde wie Opfer sei.

Dieser Beitrag erschien erstmals unter dem Titel »Lesbian Battering. An Examination«, in: Kerry Lobel (Hg.): *Naming the Violence. Speaking Out About Lesbian Battering* (The Seal Press, Seattle, WA, 1986).

Bev Jo, Linda Strega und Ruston
S/M = *Sadismus* & *Masochismus* = *Heterosexismus*

1984 planten wir (Linda und Bev) in Oakland, Kalifornien, mit zwei weiteren Separatistinnen ein Forum über Separatismus. Jede von uns trug ihre persönliche Geschichte vor, wie und warum sie Separatistin geworden war, um mehr Lesben zur Hinwendung zum Separatismus zu ermuntern. Wir beschlossen, uns weder positiv noch negativ über Sado-Masochismus zu äußern, damit das Thema nicht zum Mittelpunkt des Abends aufrückte. Aber gerade weil wir in unserer Bezugnahme auf unterdrückte lesbische Gruppen Sado-Masochismus nicht eingeschlossen hatten, wurden wir verbal angegriffen. Als wir zur Begründung anführten, daß S & M-Lesben Nicht-S & M-Lesben unterdrücken, weil S & M heterosexistisch und lesbenfeindlich sei, wurden wir niedergebrüllt. Ursprünglich wurde dieser Beitrag für eine Zeitschrift verfaßt, denn wir lassen uns nicht zum Schweigen bringen. Außerdem wollen wir die Lüge widerlegen, daß S & M mit Separatismus gleichzusetzen sei.

Lesbischer Sado-Masochismus ist lesbischer Heterosexismus

Sado-Masochismus, von seinen BefürworterInnen euphemistisch S/M genannt, ist weit verbreitet, auch unter Lesben, die sich gegen Unterdrückung aussprechen. S & M wird in glühenden Farben geschildert – angeblich steigere er die sexuelle Ekstase, befreie uns von den Folgen früherer körperlicher Mißhandlung und sexuellen Mißbrauchs, und er gilt sogar als sicherer, vorteilhafter Schritt hin zu größerem politischen und emotionalen Bewußtsein. Das alles sind Lügen. Warum zensieren lesbische Medien Berichte über den Schaden, den S & M bei Lesben anrichtet?
Die erste unwillkürliche Reaktion, wenn Lesben von der weiten Verbreitung von S & M unter Lesben hören, ist Verblüffung darüber,

daß Lesben sich an einer so von Frauen- und Lesbenhaß geprägten Praxis beteiligen. Die männliche und heterosexuelle Ausrichtung von S & M liegt auf der Hand – schon die Bezeichnung wird von zwei Männern abgeleitet, dem Marquis de Sade und Sacher-Masoch. De Sade brüstete sich öffentlich mit seinen einfallsreichen Methoden der Folterung und Ermordung von Frauen. Sacher-Masoch genoß es, vorzugeben, daß er sich den Frauen, die er fickte, unterwarf. Wie kann eine Lesbe zu der Überzeugung gelangen, S & M könnte je etwas anderes sein als männlich geprägt, geschweige denn sich stolz mit diesen Männern identifizieren, indem sie sich ihrer Namen bedient?

Trotzdem versuchen S & M-Lesben uns so weit einzuschüchtern, daß wir unseren instinktiven gefühlsmäßigen, psychischen und politischen Reaktionen auf S & M nicht vertrauen, und *sie bedienen sich der politischen Sprache vom Widerstand gegen Unterdrückung, um jegliche Opposition gegen S & M zum Schweigen zu bringen.* Die Tatsache, daß viele verantwortungsbewußte, engagierte Lesben andere Lesben nicht unterdrücken wollen, wird manipulativ gegen uns verwandt, damit wir nicht eine Erscheinung in Frage stellen, die so eindeutig auf Unterdrückung ausgerichtet ist. *S & M-Lesben behaupten, Lesben, die sich gegen S & M aussprechen, seien ihre Unterdrücker, genauso wie die männliche und die heterosexistische Kultur gegen uns als Lesben gewandt ist. Doch das Gegenteil trifft zu.* Wir kämpfen um den Schutz unserer lesbischen Kultur vor männlichen und heterosexistischen Einflüssen, und S & M ist Bestandteil dieser von Lesbenhaß geprägten Einflüsse. S & M ist ein Gegenschlag von rechts gegen die Frauenliebe.

Als Hauptargument für S & M wird angeführt, daß jede das Recht habe, in der Privatsphäre ihres Schlafzimmers zu tun und zu lassen, was sie will. Dasselbe Argument führen lesbische und schwule AktivistInnen mit Recht gegen faschistische Schwulenhasser ins Feld. Auf S & M angewendet, wird die Schwulen- und Lesbenpolitik allerdings verzerrt, indem Lesben, die in unseren Gemeinschaften den Heterosexismus bekämpfen, mit schwulenhassenden Heterosexuellen gleichgesetzt werden. Wie Lesben einander behandeln, geht alle Lesben etwas an. Es betrifft und verletzt uns alle, als Individuen und als Gemeinschaft, wenn Lesben einander hassen, von Alkohol und Drogen abhängig sind oder damit Geschäfte machen oder andere Lesben unterdrücken. Es schadet uns allen, wenn Lesben sadistische oder masochistische Spiele miteinander treiben und einander physisch, psychisch oder emotional verletzen. Viele Lesben verlangen mit Recht, daß andere Lesben ihr unterdrückerisches Verhalten aufgeben und sich am Kampf gegen die Unterdrückung beteiligen. Warum verlangen dieselben Lesben dann plötzlich, daß alles, was jemand im Namen von S&M tun will, unterstützt werden müsse? Einige S&M-Lesben unterstützen Gruppen wie zum Beispiel NAMBLA, North American Man-Boy Love Association (Nordamerikanische Gesellschaft der Liebe zwischen Männern und Knaben), weil sie die NAMBLA-Mitglieder als »sexuelle Minderheit« einschätzen, die von der Gemeinschaft der Schwulen unterdrückt werde. Wo soll diese Art von Unterstützung enden? Wenn Männer, die Mädchen vergewaltigen, nicht in der Mehrzahl wären, würden gewisse Lesben dann auch deren Rechte als »sexuelle Minderheit« verteidigen?

Diejenigen von uns, die sich gegen Autoritarismus und Unterdrückung stellen, werden behandelt, als hätten sie die Macht und die Kontrolle inne. Das ist genauso eine Lüge wie die Behauptung von Männern, daß es sich bei den wenigen ausschließlich Frauen vorbehaltenen Einrichtungen um »umgekehrte Diskriminierung« handele. »Umgekehrte Diskriminierung« gibt es nicht. Die Unterdrückten verfügen nicht über die Macht der Unterdrücker. Wenn alle Fragen des Machtungleichgewichts verzerrt werden, wie können dann wirkliche Ungerechtigkeit und Unterdrückung erkannt und bekämpft werden?

Daß S&M-Lesben von ihrem Unterdrücktsein reden und unser Engagement für Gerechtigkeit gegen uns verwenden, ist ein kluger Schachzug, um Macht zu erlangen. Wenn eine Lesbe mit größeren Privilegien die Anklage erhebt, die Lesbe, die sie unterdrückt, befände sich in einer Machtposition ihr gegenüber, wird diese Lüge von vielen Lesben einfach fraglos akzeptiert.

Wenn der Versuch, uns mit dem Vorwurf der falschen »Politik« zu manipulieren, nicht gelingt, werden wir von vielen S&M-Lesben mit Demütigungen traktiert. Lesben, die S&M bekämpfen, werden als »dumme, unwissende Idiotinnen« beschimpft. Dieser klassische, traditionelle Mechanismus der Klassenspaltung funktioniert um so besser, wenn die S&M-Lesbe der Mittel- oder Oberschicht angehört und die angegriffene Lesbe aus der Unterschicht stammt oder Arbeiterin ist. Doch auch Lesben aus ärmeren Verhältnissen und aus der Arbeiterschicht sind in der Lage, durch Arroganz und Überheblichkeit Klassenvorurteile gegen Lesben mit demselben sozialen Hintergrund ins Feld zu führen. Beschämung und Erniedrigung sind häufig Bestandteil der S&M-Szene. Es ist eine Form von Mißbrauch, wenn S&M-Lesben andere Lesben, die nicht ihrer Meinung sind, gegen deren Willen zu S&M-Praktiken zwingen, indem sie sie durch Behauptungen wie »Wenn du S/M noch nie ausprobiert hast, kannst du nicht behaupten, du wärst dagegen« öffentlich erniedrigen. Das sind allerschlimmste Auswüchse liberaler Politik. Wenn wir selbst andere Lesben nicht verletzen, haben wir dann kein Recht, uns dagegen zu wehren, daß andere es tun? Haben Lesben, die nie hetero waren, nicht das Recht, gegen den Heterosexismus zu kämpfen?

Die Gefahren und der Schaden

Bei S&M-Spielen haben Lesben anderen schon ernsthafte Schäden zugefügt: Verletzungen der Vagina, des Gebärmutterhalses und der Gebärmutter, dauerhaften Verlust der Kontrolle über die Blasen- und Darmfunktionen (durch »fist fucking«), Narben vom Auspeitschen, von Messerschnitten (einschließlich eingeritzter Hakenkreuze) und Verbrennungen. Durch den Kontakt mit Blut und Kot in S&M-Aktivitäten haben Lesben sich auch Hepatitis und Geschlechtskrankheiten zugezogen.
Ein gewisses Buch über S&M unter Lesben[1] schlägt Richtlinien für die Sicherheit vor, die im Grunde nur aufzeigen, wie unsicher S&M tatsächlich ist. Empfehlungen für die Art von Gegenständen, die sich in Vagina oder Rektum einer Lesbe einführen lassen, werden aufgelistet. Zum Durchbohren der Brustwarzen heißt es: »Die Nadel sollte in den unteren, oberen oder seitlichen Teil der Brustwarze statt in die Mitte eingeführt werden, um die Verletzung der Milchkanäle zu vermeiden ... Einige Lesben, wenn auch nicht alle, finden es sinnvoll, die Brustwarzen mehrere Male zu durchstechen, für einige Zeit ein Stück Angelschnur durch das frische Loch zu ziehen und den Einstich verheilen zu lassen, bevor sie die endgültige Durchbohrung vornehmen, die mit Golddraht offengehalten wird. Es dauert drei Monate oder länger, bis die Brustwarze einer Frau abgeheilt ist, wobei tägliche Hygiene zu beachten ist.«

Zum Durchstechen der Schamlippen wird geraten: »... nach dem Durchstechen muß die Vagina mindestens zweimal täglich gewaschen werden, ... bis die Wunde vollständig verheilt ist. Die Heilung dauert mindestens sechs bis acht Wochen.« Für sogenannte »Wasserspiele« wird empfohlen, daß »jede, die Pisse trinkt, hinterher große Mengen Wasser zu sich nimmt, damit der überschüssige Harnstoff aus dem Körper gespült wird.« Und wenn Kot im Spiel ist: »Wer 'braunen Regen' austeilt, sollte sorgfältig auf die Gesundheit achten. Beide Partnerinnen müssen sich vor allem regelmäßig auf Darmparasiten untersuchen lassen.« All das ist längst nicht sicher genug, denn wie wir inzwischen wissen, kann eine Infektion mit dem HIV-Virus vorliegen und ansteckend sein, lange bevor der Test ein positives Ergebnis zeigt.

Was bedeutet es für eine Lesbe, ausgepeitscht und angekettet, mit Messern geschnitten und verbrannt, erniedrigt zu werden und Stiefel zu lecken, buchstäblich »beschissen« zu werden und Urin zu trinken und Kot zu essen? Was bedeutet es für eine Lesbe, all das einer anderen anzutun? Was bedeutet es für eine Lesbe, wenn von ihr verlangt wird, daß sie ihre Geliebte verletzt und erniedrigt, um ihr Lust zu bereiten? Obwohl viele Lesben nicht der Meinung sind, S&M zu betreiben, wenn sie ihrer Geliebten die Faust oder einen Gegenstand in die Vagina oder den After schieben, stellt sich doch die Frage nach den Auswirkungen auf die Beteiligten, wenn diese Handlungen körperlichen Schaden anrichten können. Was wird einer Lesbe zugefügt, die »Sklavin« genannt wird und ihre Geliebte mit »Herrin« oder »Herr« anreden muß? In einem Programm im US-Fernsehen sahen wir eine euro-amerikanische Lesbe, die eine Lesbe afro-amerikanischer Herkunft ihre »Sklavin« nannte und sie an der Leine führte. Was für Schaden wird angerichtet, wenn eine nicht-jüdische Lesbe sich eine Nazi-Uniform anzieht und einer jüdischen Lesbe ein Hakenkreuz in die Haut ritzt?[2] Was für Schaden entsteht, wenn eine Lesbe sich selbst zu Vergewaltigungs- oder Verstümmelungsphantasien anregt? Welcher Schaden entsteht in der gängigen S&M-Szene, in der eine Lesbe den Mann darstellt und mit einer anderen Vergewaltigung spielt? Wie kann eine Lesbe solcherart Handlungen verteidigen und sich damit identifizieren?

Masochismus ist Selbsthaß/Sadismus ist Lesbenhaß

Die Bezeichnungen »oben« (»top«, sadistisch) und »unten« (»bottom«, masochistisch) werden von Schwulen und Hetero-Männern, von Hetera-Frauen und Lesben zur Kennzeichnung ihrer S&M-Rollen verwendet. S&M-Lesben wechseln sich zwar manchmal in diesem Rollenspiel ab, definieren sich selbst aber doch meistens in einer festen Rolle. S&M wird als »wechselseitiger Austausch von Macht« beschrieben. *Warum definiert sich die überwiegende Mehrheit der S&M-Lesben dann selbst als Masochistinnen, die sich Schmerzen und Erniedrigung wünschen?* Die wenigen, die »oben« sind, fühlen sich gewöhnlich nicht sonderlich wohl in ihrer sadistischen Rolle.

Wir leben in einer Welt, die Lesben haßt, und es ist nahezu unmöglich, der Internalisierung dieses Hasses zu entkommen. Es ist kein Zufall, daß viele S&M-Lesben, einschließlich der, die »oben« sind, sich selbst Schnitt- oder Brandwunden zufügen. Warum werden diese Rollen nicht bekämpft, statt die dominante und die unterwürfige, die sadistische und die masochistische zu akzeptieren und zu fördern?

Wir haben genug mit der Ungleichheit untereinander zu tun, die durch das Aufwachsen in einer patriarchalen, heterosexistisch, sexistisch, rassistisch, antisemitisch, ethnizistisch, imperialistisch, von Klassenvorurteilen sowie Idealvorstellungen in optischer, körperlicher, geistiger und altersmäßiger Hinsicht geprägten Welt bedingt ist, ohne die unterdrückerischen Machtunterschiede durch S&M-Szenen zu glorifizieren. Ein S&M-Szenarium durchzuspielen, das diese Arten der Unterdrückung verstärkt, erhöht ihr Ausmaß unweigerlich, und dennoch sollen wir glauben, S&M-Lesben seien frei von dem unterdrückerischen Machtgefälle, von dem wir alle zutiefst indoktriniert sind, oder dieses Machtgefälle würde bei S&M-Aktivitäten plötzlich wie durch Zauberhand überwunden. Kein Mensch ist so vertrauenswürdig, daß jemand mit einem Gefühl von Sicherheit eine solche Hierarchie der Ungleichheit durchspielen kann, wenn wir all die Unterschiede hinsichtlich Macht und Privilegien unter Lesben berücksichtigen. Wenn die Rollen »umgekehrt« werden, so daß die stärker unterdrückte Lesbe »oben« ist und die stärker privilegierte Lesbe »unten«, was bedeutet es dann für die stärker Unterdrückte, ihren berechtigten Zorn

auf ihre Unterdrücker gegen ihre lesbische Geliebte zu richten? Die Situation ist so noch immer keine gleichberechtigte. Was bedeutet es überhaupt für eine Lesbe, als »Sklavin« bezeichnet zu werden?
Selbst die privilegierteste Lesbe hat wahrscheinlich als Mädchen unter Vergewaltigung und Gewalt innerhalb der Familie gelitten. Viele Lesben wurden auch als Erwachsene vergewaltigt oder mißhandelt, und keine Frau kann sich der ständigen Vergewaltigungsbedrohung entziehen. Was bedeutet es dann für eine Lesbe, Vergewaltigung zu spielen? Es richtet Schaden an, das Vergewaltigungsopfer zu spielen, doch es richtet ebenso Schaden an, die Rolle des Vergewaltigers zu übernehmen. Was bedeutet es für eine Lesbe, mit einer Partnerin intim zu sein, die ständig schreit: »Nein ... aufhören ... bitte nicht ...!«, wenn alles nur ein Spiel ist und das »Opfer« wünscht, daß die »Szene« zu Ende gespielt wird? (In S&M-Inszenierungen gibt es oft ein Codewort zur Sicherheit, das tatsächlich »Aufhören« bedeutet, damit das »Opfer« »nein« schreien kann, solange sie will, und das Spiel dennoch weitergeht.) Wir Lesben werden von der männlichen und heterosexistischen Gesellschaft behandelt, als wären wir Angreiferinnen, während es tatsächlich doch die Männer sind, die Frauen attackieren. Welchen Schaden richtet es in einer Lesbe an, die lesbenhassenden Phantasien von Männern und ihren Kollaborateurinnen, den Hetero-Frauen, durchzuspielen? Wenn eine Lesbe »Vergewaltiger« spielt, läßt sie die lesbenhassenden Kräfte tief in sich und in die gesamte Lesbenkultur ein. Wenn eine Lesbe das willige »Opfer« spielt, verspottet sie alle Vergewaltigungsopfer. Beide Seiten des Spiels untergraben ernstlich unserer Stärke als Lesben und als Frauen.
Die meisten S&M-Praktizierenden behaupten zu wissen, was das beste für sie ist, und daß S&M uns alle von vergangenen Traumata befreien könne. S&M-Lesben, die als Mädchen oder Erwachsene sexuell mißbraucht wurden, behaupten, sie kennten den Unterschied zwischen sexuellen Übergriffen und einvernehmlichem S&M, und jede, die beides miteinander vergleicht, beleidige sie. Doch viele Lesben, die sexuell mißbraucht wurden, einschließlich einiger, die S&M praktizierten, wissen, daß Mißbrauch und S&M im Grunde sehr ähnlich sind. Viele Lesben, die behaupten, S&M sei gut für sie, waren einmal mit Begeisterung heterosexuell, wenn sie jetzt auch ein Lied davon singen können, wie qualvoll und

schädlich es war. Hetero-Frauen fühlen sich beleidigt, wenn Lesben es wagen zu behaupten, Hetero-Sex sei selbstzerstörerisch. Drogen- und alkoholabhängige Lesben werden heutzutage gewöhnlich wütend, wenn jemand ihnen bedeutet, sie schadeten sich selbst. An sich selbst begangene Schädigung ist denen, die sie praktizieren, nicht immer bewußt. Statt uns von den Traumata vergangenen Mißbrauchs zu befreien, reißt S&M alte Wunden wieder auf und vertieft den Schaden.

Weil S&M in unserer vorherrschend patriarchalen Kultur so weitgehend akzeptiert ist, glauben mittlerweile viele Lesben, er sei ein unvermeidlicher Bestandteil unseres Lebens. S&M-Lesben weisen auf Ungleichheit, Ungerechtigkeit und Grausamkeit unter Nicht-S&M-Lesben hin und behaupten, wir alle würden S&M praktizieren, nur Nicht-S&M-Lesben gäben es nicht zu. Sie behaupten, durch ihr offenes Bekenntnis würden sie sich vom »unbewußten S&M« befreien – körperlich praktizierter S&M verhindere emotionalen S&M. Unserer Erfahrung nach üben S&M-Lesben mehr unterdrückerisches, mißbrauchendes Verhalten ohne Zustimmung aus als vor ihrer Aufnahme der S&M-Praxis. Die Gewißheit, daß sie sich ihres Handelns womöglich völlig bewußt sind, macht es nur noch abstoßender. Je stärker die Gewöhnung an S&M-Praktiken, desto einfacher die Behauptung, sie seien weiter nichts als ein »natürlicher« Bestandteil des Lebens. Das Spiel mit Erniedrigen und Erniedrigtwerden richtet dich darauf ab, damit fortzufahren und immer mehr zu erwarten. Übung macht schließlich den Meister. Statt Lesben zu befreien, verbreiten sich S&M-Machtspiele gewöhnlich immer weiter in ihrem Leben und beziehen schließlich Lesben ein, die nicht beteiligt sein wollen. Mißbrauch ist nicht in Ordnung, ob er nun unbewußt oder mit Absicht verübt wird.

Diese Lesben übernehmen es auch, jede unterdrückerische, mit Verletzung verbundene Interaktion als S&M zu definieren, was nicht zutrifft. Dabei wird unterstellt, daß die unterdrückte Lesbe Masochistin ist, daß sie »es will«, daß sie »darauf aus ist«. Eine bequeme Theorie für die Unterdrückerin! Es sind männliche Lügen, die dem Opfer die Schuld an seinem Opferstatus zuschreiben. Wir sind nicht »darauf aus«, waren es nie und werden es nie sein. Der logische Vorteil aus der Bewußtwerdung der eigenen Unterdrückung besteht darin, daß wir lernen, ihr ein Ende zu setzen, nicht etwa, sie zu sexualisieren, zu glorifizieren und ein Spiel daraus zu machen. Der Vorteil aus der Bewußtwerdung der eigenen Unterdrückung besteht darin, die Fähigkeit des Widerstands, des Sich-Wehrens zu erlernen, nicht etwa darin, sich selbst zu betrügen und die Unterdrücker nachzuahmen.

»Einvernehmlicher S/M« ist eine Illusion

S & M, angeblich ein einvernehmlicher Austausch von Macht und Vertrauen, ist in Wirklichkeit das erneute Durchspielen des Vertrauensbruchs, den wir alle als kleine Mädchen erfahren haben, und des von unseren Familien gegen uns begangenen Machtmißbrauchs. Was bedeutet es, wenn eine Lesbe nicht in der Lage ist, »Liebe« zu akzeptieren, es sei denn, sie wird bestraft? Warum sollte eine Frau eine andere, die sie liebt, bitten, ihren »Vergewaltiger« zu spielen? Warum möchte eine Frau eine andere, die sie liebt, erniedrigen, schlagen, mit Messern verletzen, verbrennen oder auf sie scheißen? Wie kann das erneute Durchspielen von terrorisierenden Szenen um der sexuellen Erregung willen jemals als eine positive Entscheidung gewertet werden?
Inzwischen berichten Lesben, wie sie gegen ihren Willen bei S & M-Spielen geschlagen und mit Messern traktiert wurden. Im S & M findet angeblich keine Nötigung statt, und doch besteht eindeutig der Druck, weiterzugehen. Wie kann einer Frau, die durch die im S & M ausgespielten Ungleichheiten sexuell erregt wird, das Vertrauen hinsichtlich des Respektierens von Grenzen entgegengebracht werden?
Wenn Lesben emotionale wie auch körperliche S & M-Spiele treiben, halten sie automatisch inne, falls sie es mit Lesben zu tun haben, die keine Lust auf Spiele mit Hierarchie und Erniedrigung haben? Nach unserer Erfahrung ist das nicht der Fall. Eine S & M-Lesbe schrieb, sie treibe immer noch Nicht-S & M-Sex, und mokierte sich über die Vorstellung, S & M mache abhängig, doch später gestand sie ein, daß ihre »sexuelle Liebe« stets ein sado-masochistisches Element enthalte. Vermutlich wissen ihre Partnerinnen es nicht immer, wenn sie S & M-Spiele mit ihnen treibt.
Wir wissen von zu vielen S & M-Lesben, die anderen Lesben ein Szenarium von Herrschaft und Unterordnung aufzwingen, um

noch glauben zu können, daß es immer im gegenseitigen Einvernehmen geschieht. S&M-Lesben fragen nicht immer alle Beteiligten, bevor sie sie in eine erniedrigende Szene einbeziehen. Wenn andere Lesben in der Nähe sind und hören und sehen können, was vorgeht, werden sie in die Szene integriert, weil ihre Anwesenheit stimulierend wirkt. Sie werden als Publikum für S&M-Exhibitionismus gebraucht. Es ist eine Form von Mißbrauch, uns S&M-Terminologie, -Requisiten und -Brimborium vorzusetzen oder uns öffentlich zur Teilnahme an erniedrigenden Szenen zu zwingen.

S&M ist eine Sucht

S&M-Praktizierende sagen, S&M sei eine persönliche Wahl. Abhängige Lesben sagen, sie haben sich freiwillig für Drogen und Alkohol entschieden und würden beides genießen. Wir anderen wissen, wie sehr Alkohol und Drogen lesbischen Individuen und Gemeinschaften schaden. Wir wissen von Lesben, die durch Drogen ums Leben gekommen sind. Trotzdem setzt sich der Gebrauch und die Verherrlichung fort.
Es ist kein Zufall, daß viele S&M-Lesben gleichzeitig drogen- und alkoholabhängig sind. Drogen werden genommen, um mehr Schmerzen ertragen zu können oder, im Fall von »Poppers« (Amylnitrit), um das Einführen von Gegenständen in den After zu erleichtern. Schon eine Liebesbeziehung mit einer abhängigen Lesbe ist schädlich, doch sich mit ihr auf S&M-Spiele einzulassen, kann sogar körperlich gefährlich sein. S&M-Lesben behaupten, daß im Zustand sexueller Erregung gewöhnlich schmerzhafte Empfindungen nicht als Schmerzen wahrgenommen werden oder daß auf irgendeine mystische Weise die Fähigkeit zur Unterscheidung zwischen Schmerz und Lust geringer werde. Wie wird die Annahme begründet, daß die Schmerzempfindlichkeit sinkt, statt steigt? Warum soll Schmerzunempfindlichkeit gut sein, wenn sie doch in Wahrheit ein Sicherheitsrisiko ist? Warum wird S&M als einzige Alternative propagiert, wenn eine Lesbe sich sexuell taub fühlt? Die Unterdrückung und Brutalität, die wir als Lesben erlitten haben, hat viele von uns körperlich, psychisch und emotional fühllos werden lassen. Es kann uns schwerfallen, unseren Körper wirklich zu spüren, weil er so lange Gegenstand von Folter und

Lächerlichkeit gewesen ist. Mag sein, daß S&M uns anfangs zu intensiveren Gefühlen verhilft, wie es bei Drogen manchmal der Fall ist, doch mit der Zeit führen beide nur zu noch größerer Fühllosigkeit.

Wir alle haben einen Zusammenhang zwischen Liebe und Gewalt, Lust und Schmerz verinnerlicht – das ist eine natürliche Reaktion auf beständige Angriffe und dauernden Mißbrauch in jungen Jahren. Wir sollten uns nicht selbst für diese Internalisierung verantwortlich machen, doch es ist therapeutischer Unsinn, daß wir sie einfach akzeptieren sollen. Akzeptieren wir denn einfach so unsere Unterdrückungs- und Selbstmordtendenzen? *Sadistische und masochistische Gefühle sind uns nicht von Natur aus eigen.* Sie wurden uns aufgezwungen. Wir müssen sie bekämpfen, so wie wir selbstmörderische, in die Abhängigkeit führende oder selbstzerstörerische Impulse bekämpfen.

S&M macht süchtig. Süchtige finden alle möglichen Ausreden, um sich selbst und andere davon zu überzeugen, daß ihre Sucht unschädlich und unter Kontrolle sei. Süchtige weisen ihre nüchternen Freundinnen wütend zurecht: »Ich kann auf mich selbst achtgeben. Ich genieße das. Es ist meine eigene Entscheidung, und ich kenne meine Grenzen. Auf diese Weise heile ich die Wunden, die das Leben mir schlägt. Es gefällt mir, und ich brauche es. Sei nicht so langweilig. Komm, mach mit! Sei keine Spielverderberin!« Ist erst einmal Abhängigkeit eingetreten, steigert sich der Drogen- oder Alkoholkonsum zwangsläufig immer mehr. Hat eine Lesbe mit S&M angefangen, will sie immer mehr und brüstet sich damit, daß sie ihre Grenzen austeste. Abhängige benötigen Drogen oder Alkohol, um funktionieren zu können, genauso wie S&M gebraucht wird, um sexuelle Gefühle oder einen Orgasmus zu erreichen. Die Drogen- und S&M-Abhängigkeit wird schließlich wichtiger als unser Kampf gegen die Unterdrückung oder alles andere – nicht weil sie so viel Aufregung und Vergnügen bringt, sondern weil sie auslaugt und zerstört. Beide Abhängigkeiten richten physischen und psychischen Schaden an. Sowohl Drogen und Alkohol als auch S&M werden Nicht-Süchtigen aufgedrängt. Beide Abhängigkeiten wirken auf das gesamte Leben einer Lesbe und auf die Menschen in ihrer Umgebung ein, ob sie es wollen oder nicht. Sowohl Süchte als auch S&M können lesbische Gemeinschaften zerstören.

Wie viele abhängige Lesben wollen sich von ihrer Sucht befreien und schaffen es nicht? Wie viele Lesben wollen sich vom S&M lösen und wissen nicht, wie?

»S/M« ist und bleibt Sadismus und Masochismus

Einige »politisch bewußte« Lesben suchen angeblich nach einem neuen Namen für S&M. Manche suchen schon seit Jahren, ohne einen Ersatz zu finden, denn »Sado-Masochismus« ist die korrekte Bezeichnung für das, was sie betreiben. S&M ist eine implizit männliche, frauenverachtende und lesbenhassende Aktivität. Einige Lesben haben es mit dem Euphemismus »Macht & Vertrauen« versucht, doch diese Mode hat sich nicht durchgesetzt, wahrscheinlich weil ihr der Glamour von »S&M« fehlt. Die Faszination von S&M beruht zum Teil auf der Schockwirkung wie auch auf dem Zusammenhang mit dem männlichen und heterosexuellen S&M. (Einige Lesben schlagen »silly & meaningless« – albern und bedeutungslos – oder »sleaze & malice« – Schmutz und Bösartigkeit – als angemessene Bezeichnungen vor.)
Indem sie sich selbst als Sado-Masochistinnen definieren, stellen S&M-Lesben die direkte Verbindung zu Sado-Masochismus praktizierenden Hetero-Männern, Hetero-Frauen, Bisexuellen und Schwulen her. Diese Verbindung gewährt S&M-Lesben Privilegien, denn jegliche Verbindung mit Männern bringt einer Lesbe höhere Akzeptanz in der patriarchalen Gesellschaft ein.
Lesbischer S&M wurde populär, als Hetero- und Schwulen-S&M beliebt wurde. Die Tatsache, daß S&M im Trend liegt, verschafft den S&M-Lesben Privilegien und ein Gefühl der Zugehörigkeit. Einige Frauen erlernten S&M von ihren Männern oder Freunden, bevor sie sich zum Lesbischsein bekannten, und führten ihn dann in unsere Gemeinschaften ein. Viele erlernten ihn auch von schwulen männlichen Freunden. Einige von den Lesben, die SAMOIS, eine »Lesbisch-feministische S&M-Fördergruppe« in der Gegend von San Francisco Bay, ins Leben riefen, hatten CARDEA angehört, einer »Frauen-S&M-Fördergruppe«, die ursprünglich mit JANUS, einer offenen S&M-Gruppe für Hetero-Männer und -Frauen, Bisexuelle, Schwule und Lesben verbunden war. Ein S&M-Star, die sich selbst als Lesbe bezeichnet und ein Buch über

lesbische Sexualität geschrieben hat, meinte, sie würde »lieber einen scharfen Jungen ficken, der auf S&M steht, als eine Vanilla-Lesbe.«

Von uns wird erwartet, daß wir die in S&M-Praktiken benutzten Gegenstände respektieren und bewundern, damit wir uns den S&M-Lesben gegenüber als nicht-unterdrückerisch und fördernd erweisen: Dildos, Afterstöpsel, Ketten, Peitschen, Klammern für die Brustwarzen, »Paddles«, Knebel, Hundehalsbänder, Handschellen, Nazi-Uniformen, Pornographie, Make-up, Pfennigabsätze, Korsetts und von Männern entworfene Kleidung, in der Frauen wie Schlampen aussehen. Wer hat dieses S&M-»Spielzeug« erfunden, und wozu? Wer erfand Make-up, hohe Absätze und »Damenwäsche«, und zu welchem Zweck?

S&M ist ein extrem weit entwickelter Grad von Heterosexualität. Seine moderne Version ist Teil des männlichen Gegenschlags gegen die Frauenbefreiungs- und die Lesbenbewegung, ebenso wie das massive Wachstum der Pornoindustrie in den vergangenen zwei Jahrzehnten. S&M bietet eine Möglichkeit, dem Frauenhaß einen gewissen Schick zu verleihen. Die sogenannte »sexuelle Revolution« war die Art der Männer, sich von dem Spielchen »Liebe« zu befreien und zuzugeben, daß sie einfach nur so viele Frauen und Mädchen wie möglich ficken, vergewaltigen und mißbrauchen wollen. Unverhüllte Pornographie in der Werbung, im Fernsehen, im Kino und in Illustrierten gehört inzwischen in vielen Ländern zur Mainstream-Kultur, und die Pornographie hat zweifellos zum Wachstum der S&M-Trends in der Hetero- wie in der Lesbengesellschaft beigetragen. Nicht nur »Snuff«-Filme (die detailgetreu zeigen, wie Frauen zum Vergnügen der Männer ermordet werden) fördern die Gewalt gegen uns. Die alltägliche Darstellung von Frauen als willige Opfer oder Schlampen ist genauso gefährlich.

Einige Lesben bewundern das Bild der Medien von Frauen als Schlampen und eifern diesem Ideal nach, denn dadurch passen sie besser in die Welt der Heteros und haben weniger Unterdrückung für ihr Lesbischsein zu fürchten. Einer der Gründe für die zunehmende Beliebtheit von S&M bei Lesben besteht in der Verherrlichung eines vernachlässigten, schlampigen Frauentyps. Es beruht auf Selbsthaß und auf Lesbenhaß, wenn Lesben sich mit männlichen Frauenbildern identifizieren. Doch da so viele Lesben Lesben hassen, werten sie sich selbst und uns andere immer weiter ab, indem sie entsprechend dem Vormarsch der Hetero-Pornographie pornographische Vorstellungen schaffen. Pornographische Vorstellungen von Lesben werden Männern und Hetero-Frauen vorgeführt, und zwar nicht nur von Männern und Hetero-Frauen, sondern von *Lesben* in von Lesben geführten Buchhandlungen, Lokalen, Veröffentlichungen, ja selbst in ihren öffentlichen Auftritten.

»Lesbische« Pornographie ist immer heterosexistisch

Die folgende Annonce wurde uns (unaufgefordert) zusammen mit einem Lesben-Katalog zugesandt, der Platten, Bücher, Buttons und Schmuck »für Frauen« anpries. Die Annonce fand sich auf einer Seite, die T-Shirts mit dem Aufdruck »Amazon« und, ironischerweise, »Question Authority« (stelle Autorität in Frage) zeigte. (Diese Anzeigen stammten offenbar von anderen Gruppen, und wir wissen nicht, ob sie mit deren Abdruck in Verbindung mit dieser Annonce einverstanden waren.)
Sinngemäß warb die Annonce für:

> **Heiße Frauengespräche auf Tonband – Neu!**
> Für die abenteuerlustige Frau, die ultimative Ekstase.
> Von Frauen für Frauen: die besten im Handel erhältlichen Tonbandkassetten.
>
> Wählen Sie aus unserem heißen Angebot:
> 1. Sei meine Sklavin
> 2. Heiße Frauen zu mieten
> 3. Lesben in schwarzem Leder
> 4. Femmes mit Lippenstift und Mieder
> 5. Dawn will dich als ihre erste Frau
> 6. Komm, spiel mit uns – Christie & Lynn

Die in dieser Annonce dargestellten Frauen sind männliche pornographische Stereotypen von Lesben – zwei sehr feminine nackte junge Frauen mit langem Haar und Make-up, die einander umarmen, während sie mit offenem Mund und albern-verführerischem Ausdruck in die Kamera schauen. Prostitution und Weiblichkeitsstereotypen sind in S & M enthalten. Ist es möglich, daß eine Lesbe so etwas nicht widerwärtig findet?
Es ist kein Zufall, daß S&M-Lesben maßgeblich an der Herstellung und Förderung von Lesbenpornos beteiligt sind, einschließlich

»lesbischer« Strip-Shows. Lesben, die gegen diese Art der Prostitution von Lesben protestieren – die uns alle gefährdet und das Leben sämtlicher Lesben der männlichen Geilheit ausliefert –, werden behandelt, als seien sie irgendwie zu den Unterdrückerinnen geworden. Doch die Lesben, die mit den Männern kollaborieren, indem sie ihnen derartig intimen Zugang zu unserem Leben gewähren, sind die eigentlichen Reaktionärinnen. Diese Haltung ist vergleichbar mit der Art von männlichen Pornografen, sich als unerhört liberal darzustellen, während sie in Wirklichkeit Lesben gegenüber so reaktionär und gefährlich sind wie der rechte Flügel.

Im Trend liegen ist reaktionär

Die Hetero-Kultur erschafft im Trend liegende Subkulturen, die es Privilegierten ermöglichen, sich im Vergleich zu »gewöhnlichen« Menschen noch überlegener zu fühlen. Diese Szene betrachtet sich manchmal auch als denen überlegen, die ihnen gegenüber Machtpositionen innehaben oder -hatten, wie zum Beispiel ihre Eltern oder die herrschende Klasse. Auf diese Weise gewinnt sie ein besseres Selbstgefühl, ohne die existierenden Machtstrukturen direkt in Frage stellen zu müssen. Dabei schafft ihre Subkultur mit eigenem Frisuren- und Kleidungsstil einen neuen Markt für die Modeindustrie. Oftmals entscheiden die Hersteller selbst, welche neue Mode zum Stil der »Gegenkultur« erhoben wird. Dieses Spiel um die Frage, wer »in« und wer passé ist, hilft den Heteros über das Gefühl der Taubheit hinweg, denn das Hetero-Sein ist unglaublich langweilig.
Die beliebtesten Modeerscheinungen sind die, die »Rebellion« zum Ausdruck bringen. In der Vergangenheit hatten Rauchen und Alkoholkonsum diese Wirkung, doch beides ist inzwischen zum Bestandteil der dominierenden Mainstream-Kultur geworden. Obwohl Rauchen und Trinken in manchen Kreisen als passé gilt, und trotz der Gesundheitsgefährdung der Betroffenen wie auch ihrer Umgebung, halten viele Lesben doch noch daran fest, weil es ihnen einen Hauch von Schick verleiht. Illegale Drogen werden als echter Beweis der Zugehörigkeit zur Szene genommen – denn Eltern und die Polizei lehnen sie ab –, doch mittlerweile sind sie so verbreitet, daß sogar leitende Angestellte sie konsumieren. Ganz

gleich, was die Mode vorschreibt, der Drogen- oder Alkoholrausch ist im Grunde langweilig, wird aber dennoch als schick dargestellt, um unterdrückte Bevölkerungsgruppen an der Auflehnung zu hindern. Aus diesem Grunde sind Drogenabhängigkeit und Alkoholismus unter Lesben verbreitet wie eine Epidemie.
Der Schwindel um Tabak, Alkohol und Drogen ist vielen Lesben klar. Doch der Schwindel um S&M wird nicht gleichermaßen erkannt, ebensowenig wie andere Mainstream-Modeerscheinungen unter Lesben. Trendbewußte Lesben verhalten sich manchmal, als rebellierten sie immer noch gegen ihre Eltern, die nicht wollen, daß sie wie Schlampen aussehen – doch in Wirklichkeit verbünden sie sich mit der elterlichen Haltung, die es vorzieht, wenn eine Lesbe hetero oder »normal« aussieht, einschließlich punky, statt als Lesbe erkennbar zu sein. Extrem weibliches Aussehen ist ein wichtiger Bestandteil von S&M, obwohl das Schlampen-Image auch bei vielen Nicht-S&M-Lesben als sexy und aufregend gilt. Interessant ist, daß viele Lesben, die S&M ablehnen und Leder und Nieten an Lesben hassen, nichts gegen Make-up, Kleider und Stöckelschuhe einzuwenden haben, obwohl doch die von Männern geschaffenen »femininen« Kleider noch verabscheuungswürdiger sind. (Leder dient nicht unbedingt zur Identifizierung mit S&M. Es gehört zur traditionellen lesbischen Kleidung, und wir bedauern, daß es mittlerweile so stark mit S&M assoziiert wird.) Die konformistische, reaktionäre Politik, die das feminine Aussehen von Lesben propagiert, unterstützt gleichzeitig S&M.[3] Make-up, Stöckelschuhe, Korsetts und schlampige Kleidung, die nachahmen, was Hetero-Frauen tragen, um sich an Männer zu verkaufen, können nichts anderes sein als reaktionär. So wollen die Männer uns sehen – abgemagert und lächerlich. Die Mode, bläuliche Rougeflecke auf den Wangen zu tragen, wodurch Frauen aussehen, als wären sie geschlagen worden, fiel mit der wachsenden Beliebtheit von Hetero-S&M zusammen. Wer nicht weiß, wie stark S&M unter Heteros zur Modeerscheinung geworden ist, sieht offenbar niemals Heterosexuelle oder Reklame, geht nie in Plattenläden, schaut keine Mainstream-Magazine an und sieht nicht fern.
Einer der Gründe, warum diese Lesben so tun, als wehrten sie sich vehement gegen die elterliche Autorität, besteht vielleicht darin, daß sie sich früher aus Trotz gegen die Eltern schlampig gekleidet und verhalten haben, damals, als sie noch von Männern gefickt

wurden. Mütter setzen ihre Töchter gewöhnlich unter Druck, hetero zu sein, doch sie ziehen es vor, wenn sie es durch eine »respektable« Eheschließung unter Beweis stellen.

Einige Mütter versuchen, ihre Töchter vor dem Geficktwerden zu schützen, weil sie wissen, wie zerstörerisch es ist. Statt diese Haltung als Hilfe zu verstehen, rebellieren heterosexuelle Töchter (einschließlich der Töchter von lesbischen Müttern) oft, indem sie sich übertrieben hetero und schlampig geben. Die männliche »sexuelle Revolution« schlug Kapital aus diesem Verhalten – dieser günstigen Gelegenheit, so viele Frauen wie möglich zu ficken, indem sie den Frauen einredete, sie zeigten sich als unerhört rebellisch gegen überholte elterliche Werte und die verklemmte Gesellschaft. *Doch für eine Frau gibt es nichts, was aus alter Überlieferung konservativer, reaktionärer und zerstörerischer wäre, als gefickt zu werden.* Seit der »freie Fick« nicht mehr so aufregend ist wie früher einmal, forcieren Männer S & M, um mehr Aufregung aus der Degradierung von Frauen ziehen zu können. Lesben, die sich selbst voller Stolz als mutig betrachten, weil sie es wagen, S & M zu betreiben, folgen im Grunde nur einmal mehr einer männlichen, frauenverachtenden Modeerscheinung und tun, was Männer von Frauen erwarten. Solange Lesben noch hierarchische Spielchen untereinander treiben, stellen sie nur eine geringfügige Bedrohung für die Männerherrschaft dar. Und inzwischen haben die Männer die Welt selbst an den Rand der Zerstörung gebracht.

Lesben, die hetero aussehen, werden von anderen Lesben eher versorgt und beschützt als Lesben, die eindeutig und offensichtlich lesbisch sind. Das ist Teil der lesbischen Unterdrückung. Ironischerweise kann selbst eine S & M-Lesbe in Leder und Nieten, mit Handschellen am Gürtel, mit mehr Zuwendung rechnen, solange sie auch noch Make-up trägt. Lesben werden sie eher als »richtige« Frau behandeln, während die eindeutig erkennbare Lesbe mehr als »queer« betrachtet wird. Die Aufmachung als Hetero-Frau unterstützt S & M-Lesben eindeutig in ihrem Bemühen, andere Lesben von ihrem Unterdrücktsein zu überzeugen, zumal viele Lesben immer noch der Propaganda von Hetero-Frauen Glauben schenken, daß diese stärker unterdrückt seien als Lesben.

Wenn Lesben auf Lesbentreffen verkünden, daß sie S & M praktizieren, hören sie oft, wie mutig sie seien, ein Coming-out vor uns zu wagen – und das ist vergleichbar mit dem Willkommen, das

Frauen erfahren, wenn sie verkünden, daß sie wieder Männer ficken, aber trotzdem noch als Lesben akzeptiert sein wollen. Mittlerweile werden Nicht-S&M-Lesben behandelt, als seien sie die Unterdrückerinnen. Es erfordert keinen Mut, einer Lesbe, die du selbst unterdrückst, einzureden, sie würde dich unterdrücken. Dazu gehört lediglich Arroganz und Gefühllosigkeit.

»Was können zwei Mädchen miteinander schon machen ohne einen ...?«

S&M-Lesben und einige an Männern orientierte feministische Lesben beanspruchen das Wort »Ficken« für sich. Dahinter steht die Annahme, es sei sexuell revolutionär, einen männlichen Begriff für lesbische Sexualität und künstliche Schwänze zum »Ficken« von Lesben zu benutzen. »Ficken« bedeutet Eindringen und Degradieren. Es ist von Natur aus frauenverachtend. Männer bedienen sich des Wortes, um Frauen aller Altersstufen an ihre Vergewaltigungsabsichten zu erinnern sowie daran, daß sie bereits die meisten Mädchen und Frauen vergewaltigt haben. In jedem Moment unseres Lebens sind wir von Vergewaltigung bedroht, und selbst noch nach dem Tod. Vergewaltigung ist das, was Männer unserem Planeten antun.

»Ficken« ist kein für uns zurückgewinnbares Wort. Es ist ein Terminus für Geschlechtermord. Dennoch hören wir Lesben herausfordernd sagen: »Wir *ficken* gern Lesben.« Wer Einspruch zu erheben wagt, wird bezichtigt, »anti-sex« und prüde zu sein, und genauso behandeln Männer Frauen, die sich gegen das Ficken sträuben. Lesben, die davon reden, daß sie Lesben »ficken«, sagen gewöhnlich auch, daß sie früher Männer gefickt haben. Einige Lesben, die über das Tragen von angeschnallten Dildos zum »Ficken« von Lesben schreiben, geben auch zu, daß sie das Ficken mit Männern genossen haben. Doch hier gerät ihnen einiges durcheinander – nur Schwänze können ficken. Frauen werden gefickt.

Es gibt auch Lesben, die nie hetero waren und S&M praktizieren. Der Grund dafür kann internalisierte Lesbophobie sein. Das ist das gleiche Phänomen, wie wenn Lesben, die nie hetero waren, andere Lesben in ihrer Entscheidung zur Heterosexualität unterstützen oder Hetero-Frauen, die sich die »Freiheit«, hetero zu sein, bewahren wollen. Es besteht ein ungeheurer Druck, sich durch Selbsthaß und Lesbenhaß der Hetero-Kultur anzugleichen. Sich auf Lesben mit Hetero-Werten einzustellen, ist eine Möglichkeit, sich überzeugender als »normal« in die Gesellschaft einzufügen. Doch eine Lesbe, die nie hetero war, ist sogar noch größeren Gefahren durch S&M ausgesetzt als Lesben mit Hetero-Vergangenheit, denn sie verfügt über weniger Privilegien zu ihrem eigenen Schutz.

Die folgende Annonce stammt aus *Coming Up* (1985), einer Zeitung für »Lesben und Schwule« aus der Gegend von San Francisco Bay:

> **Was muß man tun, um in dieser Stadt gefickt zu werden?**
> Müde, herrische Frau will gefesselt und genommen werden. Stehe nicht auf feministische Teestunden und Vanilla-Sex. Ich will Handschellen, Ketten, Stricke, Unterordnung, Knebel und Züchtigung. Nur Frauen, die Manns genug sind, sollten sich bewerben.

Diese Lesbe kombiniert Weiblichkeit, S&M und Lesbenhaß und zieht das nicht-sado-masochistische Lesbentum ins Lächerliche. Offenbar will sie die Kontrolle haben, obwohl sie Masochistin ist, und sie behandelt potentielle Geliebte, als wären sie Männer. Lesbische Sadistinnen sind eher Femmes. Selbst wenn eine Femme die masochistische Rolle übernimmt und eine Butch (mit ansonsten ähnlichen Privilegien oder Unterdrückungsmöglichkeiten) die sadistische Rolle spielt, wird die Femme doch immer mehr Macht haben. Ironischerweise müssen Lesben, die seit Jahren versuchen, Heteros zu erklären, daß Lesben keine Männer sind, nun anderen Lesben erklären, daß Lesben keine Männer sind. Diese Art von lesbenhassendem Heterosexismus wirkt sich extrem zerstörerisch aus.

Ein weiterer männlicher Aspekt des S&M besteht in dem Wettstreit darum, wie weit man gehen kann. Es verleiht eindeutig Status, »heavy« S&M zu praktizieren und ein schwarzes Taschentuch in einer Gesäßtasche zu tragen und gleichzeitig Verachtung gegenüber nicht-sado-masochistischer lesbischer Liebe zu zeigen, die als langweilig, weniger intensiv und lächerlich betrachtet wird. Diese Haltung kommt in der herablassenden Bezeichnung »Vanilla-Sex« zum Ausdruck. S&M-Lesben reden uns ein, wir brauchten Spiele, Gerätschaften und Rollenspielszenen, um aufregend zu sein. Männer und Hetero-Frauen sagen über Lesben: »Was können zwei Mädchen überhaupt miteinander machen ohne einen Penis?« Die S&M-Version lautet: »Was können zwei Lesben miteinander machen ohne Dildo, Peitsche, Handschellen, Sklaven- und Vergewaltigungsspiele usw.?« Die Antwort lautet, daß unsere lesbische Intensität und unsere lesbischen Körper uns genügen – ohne Spielchen und ohne das Vortäuschen eines Schwanzes.

Der Kampf gegen S&M ist pro-lesbisch

Lesben, die S&M unterstützen, fragen: »Wenn Lesben S&M genießen, warum sollten sie sich verstecken?« Die Benutzung des Ausdrucks »verstecken« vergleicht S&M mit Lesbenunterdrückung, und dieser Vergleich trifft nicht zu. S&M ist schädlich für Lesben, und es ist ein positives Zeichen, wenn Lesben sich dagegen aussprechen. Nein, wir wollen nicht, daß Lesben ihr Tun verbergen, selbst wenn es sich um Auspeitschen und Verletzungen durch Messerstiche handelt, wenn die »Geliebte« zum Essen von Kot und Trinken von Urin genötigt wird oder wenn eine Lesbe beschließt, »sich wieder Männern zuzuwenden«. Das Wissen, auf welche Weise Lesben sich selbst und uns alle verkaufen, versetzt uns in die Lage, uns besser vor ihnen zu schützen.

Manche Lesben behaupten, der Hauptanreiz von S&M sei die Erlaubnis für Lesben, offen über Sex zu reden. Doch das ist auch möglich in einem Kontext, der nicht pro-S&M ist oder andere Lesben zu Objekten degradiert. Nach unserer Erfahrung reden viele Lesben offen untereinander über unsere Sexualität. Vielleicht wird alles, was nicht hetero-definiert ist, einfach nicht als »sexuell« gewertet?

Wir unterstützen Lesben, die S&M aufgegeben haben oder aufzuhören versuchen, und wir sind uns bewußt, daß sie womöglich von S&M-Lesben verunglimpft und von einigen Anti-S&M-Lesben als Sündenbock benutzt werden. Lesben, die sich offen zur Praxis von S&M bekennen und damit aufhören wollen, sollten genausowenig kritisiert werden wie Lesben, die zugeben, daß sie in anderen Bereichen Unterdrückung ausüben und das ändern wollen. Wir alle haben lesbenverachtende Gefühle in uns, und hin und wieder sind wir anderen Lesben gegenüber gefühllos und unterdrücken sie.

Jede von uns in dieser frauenverachtenden, lesbenhassenden Welt ist in gewissem Maße geschädigt. Wir sind emotional, geistig, psychisch und gewöhnlich auch körperlich brutalisiert, als Folge der entsetzlich sadistischen Familien oder Institutionen, in denen wir aufwachsen. Die Lesben, die sich an keinerlei Mißbrauch oder Mißhandlung in ihren frühen Jahren erinnern, wissen entweder nicht mehr, was ihnen angetan wurde, oder sie mißinterpretieren die Tatsachen. Einige wenige Lesben wuchsen in weniger zerstörerischen Familienverhältnissen auf, doch auch sie waren der Schule, den Medien und anderen Institutionen der patriarchalen Kultur ausgesetzt, die uns lehrt, uns selbst zu hassen. Für die meisten Frauen sind die frühesten Erfahrungen von Liebe, Intimität und Leidenschaft mit Abhängigkeit, Wut, Vergewaltigung, Mißbrauch/Mißhandlung und Bedrohung verbunden. Uns wird beigebracht, sowohl uns selbst zu hassen (masochistisch) als auch unseresgleichen (sadistisch). Wir werden vom Tag unserer Geburt an durch sadistische und masochistische Szenarien auf Selbstzerstörung trainiert. Dieses S&M-Training geht so vonstatten, daß wir unter keinen Umständen die herrschenden Machtstrukturen gefährden können. Unser gerechter Zorn wendet sich nach innen, so daß gelegentliche Selbstmordgedanken für die meisten Mädchen Teil ihrer Realität sind. Das brutale Vergewaltigungstraining innerhalb von Familie, Religion und unserer gesamten frauenfeindlichen Kultur verfolgt den Zweck, uns zu kontrollieren.

Die meisten Mädchen hassen sich selbst und andere Mädchen dermaßen, daß sie sich für die Heterosexualität entscheiden. Lesben kämpfen um das Recht, sich selbst und andere Frauen zu lieben, aber dennoch tragen wir eine Menge Selbsthaß mit uns herum. Lesben haben unweigerlich »masochistische« und »sadistische« Gefühle. Das heißt jedoch nicht, daß wir sie akzeptieren müssen, genausowenig wie wir den Haß und den Selbsthaß hinnehmen, den wir aufgrund der Unterdrückung von Lesben durch Sexismus, Heterosexismus, Rassismus, Antisemitismus, Ethnizismus, Imperialismus, Klassenunterschiede, Kompetenzstreit, Diskriminierung von dicken, alten und behinderten Menschen erfahren. Unsere Politik verleiht uns ein geschärftes Realitätsbewußtsein und die Kraft für den Kampf gegen alle feindseligen Angriffe und Lügen.

Das Erkennen unserer Gefühle von Selbsthaß und Haß auf unseresgleichen ist eine Sache. Eine andere ist es, diesen Haß zu

glorifizieren, zu propagieren und zu sexualisieren und darauf zu bestehen, daß er eine vernünftige politische Haltung sei. Wir müssen unseren berechtigten Haß gegen unsere Feinde und Unterdrücker richten, um unseres Überlebens willen und zur Erhaltung unserer Selbstachtung, statt diesen Haß nach innen zu kehren und zuzulassen, daß der Krieg der Männer gegen uns zum Erfolg führt.
Viele Lesben kämpfen gegen Ungerechtigkeit und Hierarchien, werden Separatistinnen, lehnen Männer und ihre Hetero-Kollaborateurinnen sowie männliche Werte ab. Das Erkennen von Heterosexismus unter Lesben und in unseren Gemeinschaften eröffnet einen Weg zu unserer Befreiung. Der Kampf gegen S&M gehört dazu. So wie Lesben alkohol- und drogenfreie Zonen nur für Lesben geschaffen haben, schaffen sie auch S&M-freie Zonen.[4] Der Widerstand gegen den Heterosexismus in all seinen Formen verbessert die Qualität des lesbischen Lebens und sämtlicher lesbischer Gemeinschaften.

Aus dem amerikanischen Englisch von Elisabeth Hartmann

Anmerkungen

1 SAMOIS: *Coming to Power: Writings and Graphics on Lesbian S/M,* Boston, 1981.
2 Irene Reti verfaßte 1986 einen hervorragenden Essay unter dem Titel: »Remember the Fire: Lesbian Sadomasochism in a Post-Nazi-Holocaust World«. Dieser Essay ist erneut veröffentlicht in Irene Reti: *Unleashing Feminism. A Critique of Lesbian Sadomasochism in the Gay Nineties* (zu beziehen über HerBooks, P.O. Box 7467, Santa Cruz, CA 95061, USA), 1992.
3 S&M-Veranstaltungen verknüpfen häufig Sado-Masochismus und Weiblichkeit. 1988 präsentierte »The Rack Productions« zum Beispiel eine »erotische Strip Show« für »Leder- und Wäsche-Lesben«.
4 Dies geschah in der »Dyke Separatist«-Zone beim Michigan Womyn's Music Festival und ist eine fortgesetzte Strategie auf der Annual Lesbian Separatist Conference in Wisconsin, USA.

Dieser Beitrag ist dem Buch *Dykes Loving Dykes. Dyke Separatist Politics – For Lesbians Only* von Bev Jo, Linda Strega und Ruston (Oakland, CA, 1990) entnommen.

Terrie A. Couch
Alkohol und Gewalt in lesbischen Gemeinschaften

Wer ist Alkoholikerin?

Lesbische Alkoholikerinnen sind wie andere AlkoholikerInnen: vielfältig.

- Einige lesbische Alkoholikerinnen trinken jeden Tag und jede Nacht, andere trinken nur sporadisch, wieder andere niemals vor 18.00 Uhr.
- Einige lesbische Alkoholikerinnen trinken Wein oder Bier, andere Schnaps, wieder andere trinken, was immer sie in die Hände bekommen.
- Einige lesbische Alkoholikerinnen fühlen sich glücklich, wenn sie trinken, andere werden depressiv, wieder andere aggressiv.
- Einige lesbische Alkoholikerinnen zerstören ihr eigenes Leben und das ihrer Geliebten, andere streiten ab, daß Alkohol ein Problem sei, und sind gleichzeitig besessen von der Frage, wann und wieviel sie das nächste Mal trinken können, wieder andere nennen ihre Sucht beim Namen und überwinden sie.
- Einige lesbische Alkoholikerinnen trinken heimlich, andere suchen nach Gründen und Entschuldigungen für ihr Trinken, wieder andere saufen, bis sie die Kontrolle verlieren und leben dann eine Weile abstinent.
- Einige lesbische Alkoholikerinnen verlieren jegliches Interesse an allem außer am Trinken, andere sind nur daran interessiert, auszugehen und in Gesellschaft zu sein, wo Trinken an der Tagesordnung ist, wieder andere erhalten sich ein funktionsfähiges Image, das den gesellschaftlichen Anforderungen entspricht.
- Einige lesbische Alkoholikerinnen haben Filmrisse vom übermäßigen Alkoholgenuß, andere zittern am nächsten Morgen, wieder andere leiden »nur« unter Gewissensbissen.
- Einige lesbische Alkoholikerinnen verlieren ihre Arbeit, andere ihre Geliebte, wieder andere »nur« ihre Selbstachtung.

- Einige lesbische Alkoholikerinnen geben das Trinken auf und gesunden an Leib und Seele, andere bekommen Hypoglykämie (Unterzuckerung), wieder andere sterben an Leberzirrhose.

Im Hinblick auf die oben aufgeführten physischen und verhaltensbezogenen Aspekte des Alkoholismus bestehen nur wenige Unterschiede zwischen Lesben und der übrigen Bevölkerung. Wie andere AlkoholikerInnen auch, haben Lesben jeden erdenklichen religiösen, ethnischen und kulturellen Hintergrund, kommen aus jeder Bevölkerungsschicht und jeder Altersgruppe, verfügen über unterschiedliche Intelligenz und Bildung. AlkoholikerInnen sind nun mal unterschiedlich: Das Stereotyp des arbeitslosen, obdachlosen Säufers mit roter Nase und zitternden Händen trifft nur auf einen geringen Prozentsatz von AlkoholikerInnen zu.

Dennoch gibt es Unterschiede. Alkohol hat auf Frauen eine andere Wirkung als auf Männer. »Bei Männern geht Alkoholismus dem Einsetzen von Depressionen in 78 Prozent der Fälle, in denen beide Störungen auftreten, voraus. Bei Frauen gehen Depressionen dem Einsetzen von Alkoholismus in 66 Prozent der Fälle, in denen beide Störungen auftreten, voraus.« (Windle & Searles 1990, mündliche Mitteilung). Das legt die Annahme nahe, daß Depressionen bei Frauen zu Alkoholismus führen, doch die größere Häufigkeit von Depressionen bei Frauen im allgemeinen und der Konsum von Antidepressiva bei Frauen läßt einen solchen Schluß nicht unbedingt zu.

»Frauen verfügen über geringere Mengen eines bestimmten Enzyms im Magen, das an der Verdauung von Alkohol, bevor er ins Blut übergeht, beteiligt ist. ... Zudem hemmt übermäßiger Alkoholgenuß auch noch die Produktion dieses Enzyms, so daß männliche Alkoholiker die Fähigkeit, Alkohol zu verdauen, in gewissem Ausmaß verlieren, doch Alkoholikerinnen bleibt praktisch nichts von diesem Enzym übrig« (Freeza u.a. 1990, zit. n. Renzetti 1992, S.63). Daraus ließe sich schließen, daß aufgrund dieses Unterschieds in der Chemie alle Frauen Gefahr laufen, Alkoholikerinnen zu werden, doch eine Studie von Nicoloff und Stiglitz (1987/1992) zeigt bei alleinstehenden heterosexuellen Frauen nur eine fünfprozentige Alkoholismus-Häufigkeit auf.

Im Gegensatz zu der Alkoholismus-Häufigkeit bei alleinstehenden heterosexuellen Frauen belegen Studien, daß 25 bis 35 Prozent

der Lesben Alkoholikerinnen sind. Schätzungsweise 10 Prozent der Gesamtbevölkerung sind AlkoholikerInnen. (Lewis, Saghir & Robins 1982, Fifield 1975, Diamond & Wilsnack 1978, Weathers 1980, Okun 1986, Nicoloff & Stiglitz 1987/1992). Natürlich ist es schwierig, eine repräsentative Stichprobe unter der lesbischen Bevölkerung durchzuführen, da zahlreiche Lesben sich als Heterosexuelle ausgeben und aus verschiedenen Gründen den Erhebungen nicht zugänglich sind. Wenn jedoch sechs verschiedene Studien in einer Zeitspanne von siebzehn Jahren sämtlich zu ähnlichen Schlußfolgerungen gelangen, wird klar, daß Lesben im Hinblick auf Alkoholismus eine Risikogruppe darstellen.
Alkoholismus wirkt sich nicht allein auf das Leben der AlkoholikerInnen aus. JoAnn Loulan stellte fest, daß »50 Prozent ihrer lesbischen Klientinnen 1. Abhängige im Gesundungsprozeß sind oder 2. erwachsene Kinder von AlkoholikerInnen oder 3. Frauen, die gerade ihre eigene Abhängigkeit entdecken oder 4. die ihrer Freundinnen.« (1984, S.179) Das Leben der meisten Lesben wurde/wird von Alkohol- und Drogenmißbrauch beeinflußt.

Alkoholismus – Ein individuelles Problem oder ein Problem der lesbischen Gemeinschaften?

Ist dir der Begriff »lesbische Alkoholikerin« jemals so geballt begegnet wie im ersten Absatz dieses Beitrags? Wie hast du das empfunden? Oder hast du deinen Verstand eingeschaltet? Hast du jeden Satzbeginn überflogen und gleichzeitig die Autorin wegen ihrer Redundanz kritisiert? Ich werde auf dieses Tabu wie auch auf das Wechselverhältnis zwischen Alkoholismus und Gewalt unter Lesben noch ausführlicher eingehen.
Wo liegt der Unterschied zwischen einer lesbischen Alkoholikerin und einer Lesbe, die eine Zeitlang Alkoholmißbrauch betreibt, weil ihre Geliebte sie verlassen hat, weil sie so leidet, weil …? Wer profitiert von einer klaren Unterscheidung zwischen Abhängigkeit und Mißbrauch von Alkohol? Die meisten SuchtspezialistInnen behaupten, daß die Betrachtung als Krankheit hilfreich für die Betroffenen sei. »Die neu aufkommenden Deutungsmuster [von Sucht] gingen davon aus, daß der Trinker trank, weil er mußte, und nicht, wie dies vorher allgemein gesehen wurde, weil er wollte.

Man sprach nicht mehr von Sünde, sondern von Krankheit – nicht mehr der Wille zum Rausch-Genuß, sondern seelischer Verdruß und individuelle Probleme im allgemeinen wurden und werden seitdem als Gründe angenommen«, schreibt Christa Appel und untersucht im weiteren die ökonomischen Hintergründe einer wachsenden »Suchtindustrie« (1992).

In den USA war es notwendig, Betroffene als »krank« zu bezeichnen, um staatliche Gelder erlangen zu können. In den USA, in Deutschland und auch bei der Weltgesundheitsorganisation (WHO) existieren zahlreiche Fragebögen, anhand derer du feststellen kannst, ob du AlkoholikerIn bist. Mindestens 95 Prozent der in Deutschland lebenden Bevölkerung wären diesen Fragebögen zufolge vermutlich als AlkoholikerInnen einzustufen. Diese Tests sind zweckgerichtet und vereinfachen zu stark. Sie betrachten weder soziologische noch psychologische Unterschiede zwischen Menschen. Sie beziehen sich ausschließlich auf ein medizinisches Krankheitsmodell des Alkoholismus und schließen Alkoholmißbrauch oft aus.

Viele lesbische Feministinnen kritisieren eine rein medizinische Definition von Alkoholismus. Abby Willowroot, Lesbe und »recovering«[1], erklärt in *Out From Under. Sober Dykes and Our Friends:* »Es wird allgemein angenommen, daß Alkoholismus eine Krankheit ist. Ich stimme dem nicht zu; meiner Meinung nach ist unsere Kultur die Krankheit, und Alkoholismus ist ein Symptom dieser Krankheit.« (zit. n. Swallow 1983, S.85)

Celinda Cantu ist hispanischer Herkunft, »recovering« und lesbisch. Sie arbeitet im Suchtbereich und schreibt: »Das, was dich letztendlich umbringen wird, sind Rassismus, Sexismus, Klassenvorurteile unter dem Deckmantel der Behandlung von Alkoholismus. ... Er [der Alkoholismus] bringt uns im Grunde schneller um und beraubt uns viel eher unserer Kultur als jeder rassistische Akt, den wir nicht überleben sollen. Wenn sie uns kriegen, sollen sie uns nüchtern antreffen, dann hinterlassen wir viel deutlichere Spuren.« (ebd., S.126f.)

Meiner Meinung nach ist Vorsicht geboten, bevor jemand als AlkoholikerIn abgestempelt wird. »Alkoholgebrauch kann zu verschiedenen Zeiten für verschiedene Personen unter verschiedenen Bedingungen und aus verschiedenen Gründen angenehm oder problematisch erlebt werden. Jeder Gebrauch und jeder Mißbrauch

von Alkohol bzw. Alkoholabhängigkeit ist also ein mehrfach determiniertes Phänomen.« (Appel 1992, S.11)
Doch ich habe auch viele Lesben, die sich als Alkoholikerinnen in Gesundung definierten, gekannt, die das Akzeptieren der Tatsache, daß sie unter einer Krankheit namens Alkoholismus leiden, als Erleichterung erlebt haben. Viele AlkoholikerInnen erfuhren während ihrer Gesundung paradoxerweise persönliche/spirituelle Macht, indem sie ihre Machtlosigkeit in bezug auf Alkohol eingestanden. Es liegt nicht in meiner Absicht, in diesem Beitrag die Grenze zwischen Alkoholmißbrauch und Abhängigkeit zu ziehen. Wem der Schuh paßt, die mag ihn sich anziehen. Wenn sich Fragen auftun, denkt darüber nach, redet darüber, lest über Auswirkungen von Alkoholgebrauch, -mißbrauch und -abhängigkeit auf Frauen.
Ich selbst wurde von Frauen »in recovery«, die von verschiedenen Formen der Abhängigkeit und der Gewalttätigkeit gesundeten, inspiriert. Sie haben tief in mein Leben eingegriffen, mir geholfen, meine persönliche Beschämung zu überwinden und meinen Geist und meine Kreativität zurückzugewinnen, die mich wiederum zu der Erkenntnis geführt haben, daß das, was in meinem Leben geschah, *nicht nur mein persönliches Problem ist, sondern auch ein Ergebnis der systemimmanenten gesellschaftlichen Unterdrückung.* Im Gedenken an diese Frauen und ihre Kraft werde ich in diesem Beitrag weiterhin die Bezeichnung »AlkoholikerIn« verwenden.
Ein wichtiger Faktor bei der Entstehung von Alkoholismus bei Lesben ist vermutlich die Homophobie, mit der wir täglich konfrontiert werden. Homophobie kann ein ebenso tödliches Instrument zur systematischen Propagierung von Selbsthaß sein wie Rassismus, Klassenvorurteile oder Sexismus. Der Begriff Homophobie wurde geprägt, »um die irrationale Angst, den Haß und die Intoleranz zu beschreiben, mit denen homosexuelle Frauen und Männer konfrontiert werden. ... Homophobie wirkt sowohl auf der gesellschaftlichen Ebene wie auch innerlich als Abwehrmechanismus. Es ist ein kulturelles Dogma, demzufolge Diskriminierung auf der Basis sexueller Orientierung gerechtfertigt sei. ... Die Akzeptanz dieser negativen Haltungen durch eine Lesbe oder einen Schwulen ist verinnerlichte Homophobie. (Margolies, Becker & Jackson-Brewer 1987/1992, S.194f.)

Abwehrmechanismen/Überlebensstrategien

Zusätzlich zu den primären Reaktionen auf verinnerlichte Homophobie und den Konsequenzen daraus, die sich häufig in Depressionen und Angst manifestieren, umreißen Dana Finnegan und Emily McNally (1987) die primären Abwehrmechanismen, mit denen Lesben ihrer verinnerlichten Homophobie begegnen können.

- Verleugnung: Aufgrund der real drohenden Gefahren, das heißt Arbeitsplatzverlust, Körperverletzung usw., kann es tatsächlich ein gangbarer Weg sein, das Lesbischsein zu verleugnen. Wenn dieses Abstreiten jedoch nicht mehr situationsgebunden ist und eine Lesbe ihre sexuelle Identität, einen Teil ihrer innersten Identität, fortwährend leugnet, eskaliert das Potential zur Selbstzerstörung.
- Reaktionsbildung bedeutet, sich mit dem Gegenteil zu identifizieren, sich dementsprechend zu verhalten oder zu werden. Dieser Abwehrmechanismus findet sich häufig bei Individuen oder Gruppen, die Lesben und Schwule angreifen, sei es physisch oder verbal, zum Beispiel durch Lesben- oder Schwulenwitze.
- Rationalisierung: »Angesichts der Erkenntnis, daß sie nicht akzeptiert werden (zum Beispiel als Homosexuelle), wird auf verstandes- oder vernunftmäßige Begründungen zurückgegriffen. Statt ein abgewertetes Selbstbild auf sich zu nehmen, wird die Wahrnehmung der Wirklichkeit verändert. Diese Rationalisierungen schließen unbewußte Vorstellungen ein wie 'Ich habe es nur getan, weil ich betrunken war.', 'Im Grunde bin ich bisexuell.', 'Das ist gar nicht meine Art. Es ist nicht meine Schuld – ich bin verführt worden.'. Eine solche Wahrnehmung läßt die Wirklichkeit weniger bedrohlich erscheinen. Rationalisierung bringt den ohnehin schon in ihrer sexuellen Identität Verunsicherten nur noch größere Verwirrung ein. Irgendwann wissen sie vielleicht nicht einmal mehr, was nun tatsächlich Wirklichkeit ist ... So hilft der Alkohol, Selbstbetrug und Illusionen aufrechtzuerhalten – und sie sogar zu intensivieren.« (Finnegan & McNally, S.48ff.)
- Feindseligkeit und Wut: »Wut über Ungerechtigkeiten ist sicherlich eine gesündere Reaktion auf Homophobie als Verzweiflung.

Doch wenn dieser Abwehrmechanismus sich zu einer automatischen und unkontrollierten Reaktion verhärtet, die andere fernhält, entstehen Probleme mit Intimität, Aufrichtigkeit und Vertrauen.« (ebd., S.49)

- Sich als heterosexuell ausgeben: Dies kann ebenso wie das Verleugnen eine gesunde, lebensrettende Möglichkeit für eine Lesbe sein. Gefährlich für die Selbstachtung ist dabei allerdings, daß »es Lesben durch die Homophobie der Gesellschaft aufgezwungen wird und daß die Notwendigkeit, sich gegen reale Angriffe zu schützen, den Preis des Coming-out stark erhöht.« (ebd., S.51)

Aus meiner Erfahrung mit Lesben in Coming-out-Gruppen, mit lesbischen Alkoholikerinnen vor und während ihrer Gesundung und mit Lesben in derzeitigen oder früheren gewalttätigen Beziehungen meine ich Parallelen zwischen diesen Abwehrmechanismen gegen Homophobie und Abwehrmechanismen zur Bagatellisierung von Alkohol- und Gewaltschäden zu erkennen.

- Verleugnen: Eine lesbische Alkoholikerin bestreitet häufig, daß sie Alkoholprobleme habe, oder behauptet, so schlimm sei ihr Alkoholproblem gar nicht. Lesben in gewalttätigen Beziehungen leugnen anfangs häufig den Einfluß von Gewalt in ihrem täglichen Leben – sei es in ihrer derzeitigen Beziehung oder in ihren Kindheitserfahrungen.
- Reaktionsbildung: Der Prozentsatz von AlkoholikerInnen mit einem alkoholsüchtigen Elternteil ist deutlich höher als der von AlkoholikerInnen in der Gesamtbevölkerung. »Statistiken in den USA zeigen, daß zwischen 40 und 60 Prozent der Alkoholikerinnen selbst in einem Alkoholikerhaus aufgewachsen sind.« (Wegschneider 1981, S.29) JoAnn Loulans Studie (1987) unter Lesben bestätigt dies: »57 Prozent der Frauen in meiner Studie, die in der Genesung von Drogen- oder Alkoholabhängigkeit begriffen waren, stammten aus einem Alkoholikerhaus. ... Von den in einem Alkoholikerhaus aufgewachsenen Frauen wurden 50 Prozent als Kind sexuell mißbraucht.« (S.136ff.) Der Anteil der GewalttäterInnen, die Mißhandlungen miterlebt und/oder selbst erfahren haben, kann zum Teil ebenfalls diesem Abwehrmechanismus zugeordnet werden. »Straus u.a. (1980) stellen in ihrer Studie fest, daß Männer und Frauen, die tätliche Angriffe

zwischen ihren Eltern erlebt hatten, dreimal eher zur Gewalttätigkeit ihren PartnerInnen gegenüber neigten als Männer und Frauen, die in einer gewaltfreien Familie aufwuchsen. Mit zunehmender Schärfe der Gewalt, derer sie ZeugInnen waren, wuchs auch die Wahrscheinlichkeit ihrer eigenen Gewalttätigkeit gegenüber ihren PartnerInnen. ... bei Töchtern von sehr gewalttätigen Eltern war die Wahrscheinlichkeit, daß sie ihre PartnerInnen mißhandelten, sechsmal höher als bei Töchtern von gewaltfreien Eltern.« (Renzetti 1992, S.68)

- Rationalisierung: Die Erkenntnis, womöglich AlkoholikerIn zu sein, ist ebenfalls nicht akzeptabel und führt zu ähnlichen verstandesmäßigen Begründungen, zum Beispiel: »Ich trinke nur, weil mein Leben so von Streß bestimmt ist.«, oder »Ich mißhandle meine(n) Geliebte(n) nur, wenn ich ...« Das eine ergibt sich aus dem anderen. Beide Verhaltensmuster verflechten sich so eng miteinander, daß eine lesbische Alkoholikerin, die vielleicht auch zur Gewalttätigkeit neigt, den Bezug zur Realität verlieren kann.

Ich bin der Meinung, daß Lesben, die sich durch Reaktionsbildung und/oder Feindseligkeit und Wut als vorrangige Abwehrmechanismen gegen verinnerlichte Homophobie mit Schwierigkeiten auseinandersetzen, anfälliger für Gewalttätigkeit gegenüber ihren Partnerinnen sind. Hier hat die Forschung noch einiges zu leisten. Außerdem ist es von äußerster Wichtigkeit für den Gesundungsprozeß sowohl lesbischer Alkoholikerinnen als auch von Lesben in gewalttätigen Beziehungen, sich der verinnerlichten Homophobie zu stellen.

- Sich als »normal« ausgeben: AlkoholikerInnen versuchen häufig, sich als GesellschaftstrinkerInnen auszugeben. Lesben in gewalttätigen Beziehungen versuchen, als »normal« zu gelten. Beide Verhaltensweisen sind mit dem Abwehrmechanismus des Leugnens verbunden. Dieser Abwehrmechanismus, wie auch die Rationalisierung, intensiviert sich bei einer Lesbe, die Alkoholikerin oder gewalttätig ist, und mehr noch bei einer gewalttätigen Lesbe, die gleichzeitig Alkoholikerin ist.

Das Bestreben, als heterosexuell zu gelten, ist mit dem Wunsch verknüpft, der Mainstream-Gesellschaft anzugehören, einer patriarchalen, unterdrückerischen Gesellschaft, die Selbsthaß und Selbstzerstörung für Minderheiten und Frauen propagiert. Hier verlassen wir die individuellen Aspekte von Homophobie, Alkoholismus und gewalttätigen Beziehungen und wenden uns wieder den systembedingten Einflüssen zu. Es sollte jedoch nicht vergessen werden, daß die Verantwortung für das Handeln eines Individuums bei ihm selbst liegt. Zwar stellt unsere Kultur Regeln auf, und unsere Familien, LehrerInnen und Geistlichen sorgen für ihre Vermittlung, doch dürfen wir dabei nicht vergessen, daß individuelle Heilung und Stärkung zu kollektiver Stärkung führen kann. Gemeinsam können wir patriarchale Werte und Normen verändern.

Gängige Fehlinformationen über Lesbischsein, Alkohol und Gewalttätigkeit

Wir alle erhalten von unserer Gesellschaft folgende Botschaften:

- Wir als Lesben sind wertlos.
- Wir als Frauen sind weniger wert als Männer.
- Alkoholkonsum ist eine angemessene Strategie im Umgang mit Streß, emotionalem Unbehagen usw. und darüber hinaus die beste Art zu feiern.
- Wir als Töchter, Ehefrauen, Geliebte, Mitarbeiterinnen werden nur geschätzt, wenn wir die Schwierigkeiten anderer infolge übermäßigen Trinkens vertuschen. Wir vertuschen sie, indem wir Geld verleihen, wegschauen und lachen, nicht über das Geschehene reden, Entschuldigungen anbringen, selbst die Verantwortung übernehmen, zum Beispiel: »Wenn ich nur geduldiger, liebevoller, selbstloser gewesen wäre, hätte sie/er nicht ...« Diese Taktik spiegelt eindeutig die von unserer Kultur geforderte stereotype weibliche Geschlechterrolle wider, die wir im Lauf unseres Lebens erworben haben.

Von unserer lesbischen Subkultur empfangen wir mehr oder weniger offen folgende Botschaften:

- Wir alle sind zu verachten. Komm, ich bestelle dir noch was zu trinken, dann leiden wir gemeinsam (bringen uns gemeinsam um).

- Wir sollten dankbar sein für dieses finstere, deprimierende Loch. Hier ist unser Versammlungsort, der einzige Ort, an dem wir uns treffen können.
- Wir müssen oft hierher kommen und eine Menge trinken. Das gibt uns die Kraft, unser schizophrenes Leben durchzuhalten.
- Wir können die Welt nicht verändern. Wir brauchen es gar nicht erst zu versuchen. Lieber keinen Wind machen.
- Es ist nicht leicht, eine Geliebte zu finden. Wenn du eine hast, halte sie fest. Keine Geliebte ist vollkommen. Wenn sie dich einmal in der Woche verprügelt, wirst du durch die übrigen sechs Tage entschädigt. Sie liebt dich wirklich. Sie wußte nicht, was sie tat. Sie war betrunken. Streng dich noch mehr an, damit es gutgeht.
- Seit deiner Entziehungskur bist du viel besser drauf. Jetzt hast du dein Problem im Griff. Es ist ganz o.k., daß du hierher kommst, mit deinesgleichen zusammen bist und dich amüsierst. Komm, ich bestell dir ein Bier.
- Wir lehnen das Patriarchat ab. Lesben sind besser als der Rest der Welt.
- Wenn du die Männer hinter dir läßt, wirst du im lesbischen Nirwana den Himmel auf Erden erleben.
- Frauen mißhandeln andere Frauen nicht. Wir verstehen einander besser als Männer es je könnten.
- Wir müssen den Unterdrücker bekämpfen, und der Unterdrücker ist das Patriarchat.
- Eine Therapie beraubt dich deiner Energie. Wenn du dich in dich selbst verkriechst, kannst du keine wertvolle Amazone in unseren Reihen sein.
- Ja, es gibt lesbische Alkoholikerinnen. Einige Lesben sind vielleicht sogar gewalttätig; wahrscheinlich, wenn sie betrunken sind. Doch keines von diesen Problemen hat besonderes Gewicht für Lesben; die Betroffenen sind nicht politisch aufgeklärt, sie sind anders als wir. Es ist ihre eigene Schuld. Sie sind einfach nur schwach, haben keine Willenskraft/haben sich nicht unter Kontrolle.
- Ich bin genauso wie alle anderen in der Gesellschaft, abgesehen davon, daß ich mit Frauen schlafe.
- Mit wem ich schlafe, ist meine persönliche Entscheidung. Das ist keine politische Angelegenheit.

- Meine Geliebte und ich haben einander und vielleicht ein paar gute Freundinnen. Wir leben abgeschieden (isoliert), und das ist uns recht so.
- Natürlich trinken wir viel, wenn wir uns treffen. Manchmal ist es peinlich, wenn ein Paar Streit hat. Das ist deren Privatangelegenheit. Wir mischen uns da nicht ein. Trinken und Streiten sind Teile des Lebens, alle Welt tut es. Warum sollten wir anders sein?

Keine dieser Botschaften ist hilfreich für lesbische Alkoholikerinnen oder für Lesben in gewalttätigen Beziehungen. All diese Botschaften – von seiten der Gesellschaft, von Bar-Lesben, von politischen Lesben und von Lesben außerhalb der »Szene« – bestärken die kulturbedingte Unterdrückung, die akzeptierte Machtlosigkeit sowie weitverbreitete Mythen und Tabus. Die Literatur bezieht sich mancherorts auf diese systembedingte Bestärkung als »Co-Abhängigkeit«, besonders im Hinblick auf die Aspekte des »Vertuschens«.

Tabus: Alkoholismus, Gewalt und Co-Abhängigkeit

Jede lesbische Subkultur trägt zu dem Tabu bei, die Probleme, mit denen wir als Lesben konfrontiert sind, beim Namen zu nennen, entweder durch schweigende Zustimmung bzw. Hinnahme von Alkoholismus und Mißhandlung unter Lesben als »normal« oder durch Leugnen, daß diese Probleme unter Lesben mehr als Randerscheinungen sind. Mindy Benowitz (1986) stellte in Zusammenarbeit mit der Minneapolis/St. Paul Sondereinheit für Gewalt in lesbischen Beziehungen fest, daß Homophobie das Tabu, Mißhandlung unter Lesben einzugestehen und anzusprechen, bestärkt. »Wir als Lesben kämpfen individuell und kollektiv darum, uns selbst die Schönheit der Liebe zwischen Frauen zu bestätigen. Um die Selbstannahme zu fördern, meinen viele von uns, Lesben seien besser als andere Menschen. Das ist eine gängige Reaktion auf die Unterdrückung wegen unseres 'Andersseins'. Wir sagen, wir brauchen uns nicht mit Machtfragen herumzuschlagen, wir wissen, wie egalitäre Beziehungen aussehen ... Vielleicht neigen wir dazu, für Lesben höhere Maßstäbe als für andere anzulegen. Wir gestehen uns höchst widerwillig ein, daß unsere Beziehungen vielleicht nicht so viel besser sind als heterosexuelle Beziehungen. In der Überzeugung von der Überlegenheit der Lesben schwingt ein Unterton der Rechtfertigung unserer Existenz als Reaktion auf eine homophobe und feindselige Welt mit. So führt unsere Homophobie dazu, daß wir Mißhandlungen unter Lesben als nicht existent oder minimal betrachten.« (zit. n. Lobel 1986, S.199ff.) Die Auswirkungen lesbischer Homophobie auf die Leugnung von Mißhandlungen unter Lesben sind vergleichbar mit den homophoben Einflüssen auf die Leugnung von Alkoholismus als Problem innerhalb der lesbischen Gemeinschaften. Scham ist der gemeinsame Nenner.

Solange wir das Problem nicht als das unsere beim Namen nennen und als Teil unserer selbst beanspruchen, können wir als Individuen wie auch als Gruppe nicht gesunden. Frauen sind lediglich in der Lage, Gelegenheiten zu ergreifen, die sich heute bieten, weil die erste und zweite Generation von Feministinnen Probleme benannt, sich gegen sie ausgesprochen und auf diese Weise zahlreiche Tabus gebrochen hat. Schweigen ist eine Form von Mittäterschaft. Jede Lesbe ist entweder Teil des Problems oder Teil seiner Lösung, unabhängig von ihrer individuellen Betroffenheit. *Zusätzlich zu der individuellen Verantwortung für das eigene Handeln gibt es auch die kollektive Verantwortung, offene, ehrliche Gruppennormen aufzustellen, Normen, die uns sowohl mit den Unterdrückenden in uns selbst wie auch mit der Unterdrückung durch die Gesellschaft konfrontieren.* Nur mit Hilfe der Kooperation der Mehrheit der Lesben werden wir in der Lage sein, die Amazone (Artemis) in uns selbst zu behaupten und unsere Selbstachtung, unsere Macht zurückzugewinnen.

Die Beziehung zwischen Alkohol und Gewalt

Ich habe bereits umrissen, welche Stereotype über AlkoholikerInnen bestehen, wie Homophobie mit Alkoholismus unter Lesben verknüpft ist und den Mythos der ausschließlich individuellen Verantwortung für die vom System gestützte destruktive Dynamik unterdrückter Minderheiten beschrieben. Im folgenden komme ich auf die Mythen der Beziehung zwischen Alkoholismus und Gewalttätigkeit zu sprechen.

1. Die Kausaltheorie: Alkoholmißbrauch bewirkt Gewalttätigkeit. Nach Alkoholentzug fällt auch die Mißhandlung weg.

Die Meinung, Alkoholmißbrauch bewirke Gewalttätigkeit innerhalb der Familie, ist immer noch weit verbreitet, und gewisse Forschungsergebnisse tragen dazu bei, daß dieser Mythos fortbesteht.
»Manchmal (wenn der/die Mißhandelnde aufhört zu trinken) setzt die Gewalttätigkeit aus, wenngleich Frauen in einigen Fällen berichten, daß die Gewalttätigkeit sich nach der Alkoholabstinenz noch steigert.« (Okun 1986, S.57ff.)
Es gibt wenig Beweismaterial dafür, daß gewalttätiges Verhalten durch Alkoholgenuß freigesetzt wird. »Der beste Beweis gegen diese Theorie entstammt kulturübergreifenden Studien über das Trinkverhalten. ... In einigen Kulturen neigen die Menschen, die trinken, eher zur Gewalttätigkeit, in anderen Kulturen reagieren sie eher passiv. Natürlich unterscheidet sich das Verhalten einzelner Individuen auch innerhalb einer Kultur.« (Rainbolt & Greene 1990, S.9ff.)
Es trifft zu, daß Mißhandlungen in lesbischen Beziehungen größtenteils dann stattfinden, wenn eine der Betroffenen betrunken ist, doch nur einige, längst nicht alle AlkoholikerInnen werden gewalttätig.

2. Die Enthemmungstheorie: Eine Mißhandelnde ist nicht verantwortlich für ihre Gewalttätigkeit, weil sie betrunken war und nicht wußte, was sie tat.

Rainbolt und Greene stellten fest: »Es bestehen weitreichende Belege dafür, daß gewalttätige Männer wissen, was sie tun – häufig planen sie die Mißhandlung und verletzen Körperstellen, die von Haar oder Kleidung bedeckt werden können. Viele Mißhandelnde sind sich bewußt, daß sie die in der Gesellschaft festgeschriebene Leugnung der Verantwortung gewalttätiger Alkoholiker für ihr Tun nutzen können, wenn sie sich betrinken oder betrunken sind.« (1990, S.9) Das in der Kultur begründete Alibi wird benutzt, um sich der individuellen Verantwortung zu entziehen. Wenn die Gesellschaft als Ganzes und Lesben als Subkultur diese Ausrede nicht mehr gelten ließen, dann wäre sie vermutlich nicht mehr wirksam.
Es ist eine Tatsache, daß Alkoholmißbrauch und Gewalttätigkeit zusammenhängen, doch eine kausale Beziehung anzunehmen, ignoriert

soziologische und psychische Faktoren wie zum Beispiel Unterdrückung, Homophobie und Abwehrmechanismen gegen Homophobie. Eine Studie von Diamond und Wilsnack (1978) analysiert die Verbindung von Alkoholmißbrauch und Mißhandlung in lesbischen Beziehungen. Die Autorinnen »erforschten die Gründe für das Trinken von Frauen und verglichen, wie Frauen sich im nüchternen und im betrunkenen Zustand selbst wahrnahmen. Die Studie ergab, daß Lesben im nüchternen Zustand ein geringes Selbstwertgefühl hatten, das sich jedoch steigerte, wenn sie tranken. Sie zeigten auch einen hohen Grad von Abhängigkeit, wenn sie nüchtern waren, obwohl das Trinken offenbar ihr Trinkbedürfnis nicht befriedigte. Statt dessen wurde das Trinken vielmehr mit machtbezogenen Verhaltensweisen assoziiert: Durchsetzungsvermögen, sexuelle Annäherung und verbale und physische Aggression.« (zit. n. Renzetti 1992, S.63) Ein Faktor, der diesen Ergebnissen zugrundeliegt, ist der Einfluß patriarchaler Geschlechterrollen-Stereotypen und das Bestreben von Lesben, sich daraus zu befreien und unabhängig zu werden. Mindy Benowitz (1986) sieht einen ähnlichen Zusammenhang bei gewalttätigen Lesben. »Die Wurzeln der Homophobie in stereotypen Geschlechterrollen bereiten Lesben im Umgang mit Gewalttätigkeit weitere Schwierigkeiten. Es gibt zum Beispiel den Mythos, daß Lesben keine richtigen Frauen seien und Männer sein wollten. Lesben wehren sich dagegen, 'wie ein Mann' oder 'wie eine stereotype Frau' zu sein, während sie gleichzeitig gegen den Makel kämpfen, in einer heterosexistischen Welt anders zu sein. Unsere unrealistischen Maßstäbe machen es schwer, zuzugeben, daß es Gewalt unter Lesben gibt. Wir verurteilen uns, weil wir womöglich gewalttätig 'wie ein Mann' sind oder uns 'wie eine heterosexuelle Frau' viktimisieren lassen.« (S.199) Zusammenfassend ist festzustellen, daß diese Mythen eine von der Gesellschaft akzeptierte Zurückweisung der Verantwortung für das eigene Verhalten und eine stark vereinfachte kausale Erklärung fortführen, die Gewalttätigkeit als individuelle Verirrung ohne Bezug zur Unterdrückung durch die Gesellschaft darstellt. Forschungen lassen vermuten, daß zwischen verinnerlichter Homophobie und lesbischen Alkoholikerinnen ebenso wie zwischen verinnerlichter Homophobie und gewalttätigen Lesben ein Zusammenhang besteht. Diese Mythen schaden uns Lesben als Individuen, den lesbischen Gemeinschaften und behindern den Gesundungsprozeß.

Lesbenspezifische Fragen der Behandlung bzw. des Gesundungsprozesses

Aufgrund der gesellschaftlichen Unterdrückung, aufgrund von Homophobic einschließlich verinnerlichter Homophobie, aufgrund von Mythen um Alkoholismus und Gewalttätigkeit im allgemeinen wie auch als lesbenspezifische Dynamiken innerhalb unserer Subkulturen stellen sich lesbenspezifische Fragen hinsichtlich des Gesundungsprozesses von lesbischen Alkoholikerinnen. Diese Fragen betreffen außerdem lesbische Alkoholikerinnen in gewalttätigen Beziehungen.

Wichtigste Voraussetzung für die Gesundung ist, daß die Lesbe die Verleugnungsstrategie aufgibt und die Tatsache akzeptiert, daß sie ein Alkoholproblem hat, daß sie womöglich Alkoholikerin ist. (In den USA besteht die Tendenz, die Selbstbezichtigung als Alkoholikerin vorauszusetzen, um den Genesungsprozeß zu ermöglichen. In Deutschland wie auch in anderen europäischen Ländern ist diese Tendenz weniger vorherrschend.) Lesben in gewalttätigen Beziehungen müssen zugeben, daß ihr Verhalten ihnen selbst und ihren Partnerinnen schadet und nicht akzeptabel ist.

Der nächste Schritt zur Gesundung ist umstritten. ExpertInnen auf dem Gebiet des Alkolmißbrauchs behaupten, der zweite bedeutende Schritt bestehe darin, den Alkoholkonsum aufzugeben. In Selbsthilfegruppen, in der Gruppen- oder Einzeltherapie muß vertraglich beschlossen werden, daß die TeilnehmerInnen bzw. KlientInnen für die Dauer der Therapie bzw. Selbsthilfe nicht trinken (oder Psychopharmaka nehmen). Kerry Lobel (1986) stellt dagegen fest: »Vielen LeserInnen dieser Geschichten [Berichte von Lesben in gewalttätigen Beziehungen] stellen sich Fragen über den Zusammenhang zwischen Gewalttätigkeit und Abhängigkeit von chemischen Drogen, Mißhandlung/sexuellem Mißbrauch in der Kindheit, Homophobie und verinnerlichter Homophobie. Diese Fragen dürfen uns nicht von den Tatsachen ablenken, die sich aus den persönlichen Berichten ergeben – daß emotionale und physische Gewalt als wirksame Macht- und Kontrollinstrumente benutzt werden und daß der/die Mißhandelnde sich für die Gewaltanwendung entscheidet. Nur wenn die Gewalttätigkeit aufhört, können diese anderen Fragen im vollen Umfang erforscht und beantwortet werden.« (S.5) Ich bin der Meinung, daß diese Entweder/Oder-

Konstrukte für lesbische Alkoholikerinnen in gewalttätigen Beziehungen nicht hilfreich sind. Beide Aspekte sind gleichermaßen wichtig. Es gibt kein einziges Bild, das auf alle AlkoholikerInnen zutrifft, kein einheitliches Bild, das zu allen Mißhandelnden paßt. Zwischen beiden besteht eine Verbindung. Wie diese beiden Fragen verknüpft sind, kann nur auf individueller Basis geklärt werden. Einige Lesben müssen ihr Augenmerk hauptsächlich auf den Alkoholmißbrauch richten, andere auf die Gewalttätigkeit und wieder andere gleichzeitig auf beides. *In allen Fällen muß jedoch die Sicherheit jedes Individuums umgehend gewährleistet sein.*
Alkoholverzicht ist für viele lesbische Alkoholikerinnen eine extrem schwierige Angelegenheit. In den meisten deutschen Städten existieren keine lesbischen Selbsthilfe- oder Therapiegruppen, die sich mit Alkoholismus und/oder Gewalttätigkeit befassen. Therapien werden, wenn überhaupt, gewöhnlich auf wöchentlicher Basis angeboten. Ein Treffen pro Woche in einer lesbischen Therapie- oder Selbsthilfegruppe reicht als Unterstützung oft nicht aus. Der Drang zu trinken kann überwältigend werden. Er kann tage-, wochen- oder monatelang alles andere beherrschen. Die Anonymen Alkoholiker treffen sich in den meisten größeren Städten Deutschlands allabendlich. Da es kaum eine Alternative gibt, empfehle ich die AA all jenen Lesben, die Schwierigkeiten mit der Alkoholabstinenz haben und Hilfe brauchen, um nüchtern bleiben zu können.
Ich schränke meine Empfehlung zur aktiven Teilnahme bei den AA deshalb ein, weil ihre Treffen, wie die anderer Mainstream-Gruppen, sexistisch und heterosexistisch geprägt sein können. Manche Lesben mögen sich bei AA-Treffen für Schwule und Lesben aufgehoben fühlen. Im Jahr 1992 gab es jedoch nur acht Städte in Deutschland, die Treffen »auch für homosexuelle Männer und Frauen« anboten: Berlin, Bremen, Hannover, Bielefeld, Köln, Frankfurt, Stuttgart und München. Die meisten dieser Städte bieten ein Treffen pro Woche an. Ich empfehle AA *nicht* als hinreichende Hilfe zur völligen Gesundung für lesbische AlkoholikerInnen. Um zugrundeliegende Probleme ansprechen zu können, ist es jedoch unumgänglich, auf Alkohol zu verzichten. Wenn die Abstinenz Schwierigkeiten bereitet, können die Anonymen Alkoholiker helfen.
Der dritte Schritt besteht im Erkennen und Ansprechen anderer zugrundeliegender Probleme wie beispielsweise verinnerlichte

Homophobie, emotionale und körperliche Mißhandlung, sexueller Mißbrauch und Vernachlässigung im Kindesalter, ein negatives Selbstbild, selbstzerstörerische Tendenzen oder Aggression gegen andere. Dies muß in einer von Sexismus und Homophobie relativ freien Atmosphäre geschehen. Alkohol wird häufig als Puffer benutzt. Offenbar dient der Alkoholkonsum oft dazu, »Dampf abzulassen« sowie Streß und Angstgefühle zu mindern. Er verstärkt die Leugnung anderer Probleme. In traumatischen Situationen und andauernden Streßperioden ist diese Leugnung oftmals notwendig. Beim Alkoholverzicht treten diese anderen Probleme nicht selten deutlicher zutage. »Manchmal kommen beim Sauber/ Trocken-Werden – das kann auch erst zwei oder drei Jahre nach Beendigung des Suchtmittelmißbrauchs sein – Erinnerungen an sexuellen Mißbrauch hoch.« (Loulan 1987/1992, S.267) Im Zuge meiner Begleitung des Gesundungsprozesses von alkoholsüchtigen Frauen wurde mir eine Vielzahl ihrer psychischen, emotionalen, körperlichen und seelischen Verletzungen bewußt. Viele Frauen meinten, daß sie ihre Verletzungen nicht länger leugnen müßten, um überleben zu können, sobald sie stabil genug waren, um sich mit ihrem Mißbrauch oder ihrer Mißhandlung auseinandersetzen zu können. Zu Anfang kann die Bewußtwerdung früherer Mißhandlung oder früheren Mißbrauchs emotional überwältigend sein. Die Verarbeitung dieser Gefühle und Erfahrungen bewirkt Veränderungen in der Frau, und zwar nicht nur in ihrem Verhalten, das heißt ihrem Hang zur Gewalttätigkeit oder zur Sucht.

Für Lesben auf dem Weg zur Genesung vom Alkoholismus stellen sich zudem häufig Probleme mit ihrer Sexualität: »95 Prozent der 274 von mir befragten [lesbischen] Alkoholikerinnen/Abhängigen gaben an, daß sich ihr Sexualleben geändert hätte, nachdem sie suchtfrei geworden waren. ... Beim Sauber/Trocken-Werden haben Abhängige oft schreckliche Angst vor Sex, weil sie noch nie Sex hatten, ohne auf Drogen gleich welcher Art zu sein. Sex nüchtern zu erleben weckt ungeheure Ängste. Ängste vor Inkompetenz, Unzulänglichkeit, Intimität und Verlust der Kontrolle sind üblich und setzen sich häufig das ganze erste Jahr hindurch fort. Die Angst vor dem Verlust der Partnerin, dem Verlust der Nüchternheit oder davor, die fehlende sexuelle Lust niemals wiederzufinden, bleibt unter Umständen konstant. Die veränderte Dynamik der Macht in Beziehungen, die die Nüchternheit mit sich bringt, kann

verwirren und Angst erzeugen.« (Loulan 1984, S.179ff.) Darauf ist womöglich die Eskalation von Gewalt bei manchen Paaren nach Alkoholabstinenz zurückzuführen.
Loulan fährt fort: »Häufig berichten seit kurzem abstinente Frauen, frustriert von den Schwierigkeiten in ihrem nüchternen Sexleben, von angenehmen und aufregenden sexuellen Erlebnissen zu der Zeit, als sie noch unter Drogen (einschließlich Alkohol) standen. Doch auf die Aufforderung, ihre sexuellen Erfahrungen während jener Zeit genauer zu betrachten, sahen sie sich oft nicht in der Lage, sich an Einzelheiten zu erinnern. Das, woran sie sich erinnerten, war häufig unangenehm oder unbefriedigend. Ungeachtet kultureller Mythen ist der gewohnheitsmäßige Konsum von Drogen einfach nicht mit voller Erlebnisfähigkeit zu vereinbaren. ... In nüchternem Zustand sind Erinnerungen an frühere Erlebnisse von Inzest, sexueller Nötigung und Vergewaltigung gewöhnlich wach. Angesichts dieses Schmerzes entscheiden einige sich vielleicht bewußt oder unbewußt gegen ein Sexleben überhaupt. ... Viele seit kurzer Zeit abstinente Frauen übertragen ihr Suchtverhalten auf andere Bereiche. Eine der verbreitetsten Verhaltensweisen ist ein zwanghaftes Sexualverhalten. ... Lesben auf dem Weg der Gesundung müssen persönliche Erfahrungen auf dem Gebiet der Sexualität sammeln, die andere bereits als Heranwachsende gemacht haben. Mißbrauch (von Drogen und Alkohol) hat sie jahrelang von sexuellen Erfahrungen ausgeschlossen.« (ebd., S.179ff.) Für viele Lesben ist die Sexualität ein wesentlicher Teil ihrer Identität: lebenswichtiger Bestandteil ihres Selbstwertgefühls. Wichtig ist es, langsam vorzugehen, geduldig und liebevoll mit sich selbst umzugehen, wenn im Laufe des Gesundungsprozesses sexuelle Probleme auftauchen. JoAnn Loulans Buch *Lesbian Sex* (1984), das bislang jedoch nur in der amerikanischen Originalausgabe erhältlich ist, bietet hierzu viele hilfreiche Übungen an.
Bei den Anonymen Alkoholikern stellt sich oft das Problem, daß eine Lesbe, die sexuellen Mißbrauch in der Kindheit, Gewalttätigkeit in ihrer derzeitigen Beziehung oder Schwierigkeiten mit ihrer Sexualität zur Sprache bringt, von anderen Gruppenmitgliedern direkt oder indirekt angegriffen wird. Das Verbot von Wechselgesprächen verhindert eine direkte Reaktion auf den Angriff, und es gibt keine Diskussionsleitung, die eingreifen könnte. Ich habe selbst Treffen der Anonymen Alkoholiker miterlebt, auf denen so

etwas geschah. Einmal berichtete eine Frau, daß ihre Erinnerungen an Inzest sowohl in ihren Träumen als auch im Wachzustand lebhafter geworden seien. Die Erinnerungen seien äußerst schmerzhaft. Ich schloß aus ihren Worten auch, daß sie in Erwägung zog, wieder zu trinken, um den Schmerz zu betäuben. Ein Mann meldete sich zu Wort und stellte fest, daß es bei den Anonymen Alkoholikern um Alkohol gehe und nicht um Inzest. Wenn sie über Inzest sprechen wolle, solle sie sich eine andere Gruppe suchen. Im Grunde verlangte er damit, daß die Frau nicht in die Gruppe integriert werden sollte, daß sie ihr Ich aufspalten müsse. Auf einem anderen Treffen erlebte ich, wie eine Frau, die sich auf ihre »höhere Macht« (bei den AA eine Umschreibung für Gott) als weiblich bezog, ausgelacht wurde. Ich war auch Zeugin homophober Reaktionen auf Lesben, die Probleme in ihrer Beziehung oder mit ihrer Sexualität ansprachen. Da viele genesende Lesben mit alkoholsüchtigen Vätern, die sie mißbrauchten, aufgewachsen sind, werden ihre Verzweiflung, Angst und Wut an irgendeinem Punkt während des Gesundungsprozesses wahrscheinlich zum Ausbruch kommen. Wann und wie das geschieht, entzieht sich der Kontrolle. Diese Gefühle in der Gegenwart genesender Männer noch einmal zu durchleben, die ebenfalls sexuellen Mißbrauch begingen oder noch begehen und dies gewöhnlich abstreiten oder bagatellisieren, kann für die Frau zu einer gefahrenträchtigen Situation werden. Die Anonymen Alkoholiker bieten nicht immer ein sicheres Umfeld. Für den Umgang mit Fragen, die das Leben von lesbischen Alkoholikerinnen im Gesundungsprozeß betreffen, ist eine sichere Umgebung jedoch von äußerster Wichtigkeit.
Diese wird in rein lesbischen/schwulen Gruppen eher geboten. In den USA sind die »Gay AA inzwischen die größte Interessentengruppe innerhalb der weltweiten Gemeinschaft der Anonymen Alkoholiker.« (Israelstam 1986, S.443) »Die Gay/Lesbian AAs veranstalten in den verschiedensten Städten größere Wochenendtreffen. Eine dieser Veranstaltungen ist zum Beispiel 'Living sober' – was übersetzt 'nüchtern leben' heißt. Diese Treffen sind von der Zahl der TeilnehmerInnen her mittlerweile bei 4000 und mehr Lesben und Schwulen angelangt. Bei der jährlichen *Gay Day Parade* sind die *Sober Dykes on Bykes* (etwa: Nüchterne Motorrad-Lesben) immer eine besonders attraktive und große Gruppe, insgesamt stellen die *Clean and Sober Dykes and Gays* den bei weitem

größten Block. Kürzlich habe ich mich mit zwei Lesben unterhalten, die für ein Jahr in San Francisco lebten. Sie haben geradezu geschwärmt von der Unterstützung, die sich Frauen innerhalb der *clean and sober* AA-Szene, muß man in dem dortigen Fall schon sagen, bieten – und sie sind, obwohl selbst nicht alkoholabhängig, besonders gerne zu den *clean and sober dances* gegangen, einfach weil die Stimmung dort so gut ist.« (Appel 1990) Appel hat durchaus einige kritische Anmerkungen zu dieser optimistischen Schilderung, meint aber dennoch, »es gäbe mehr Lesben, die die Chance austesten würden, ohne ihren Stoff Alkohol zu leben, wenn es auch nur die Anfänge einer solchen *clean and sober subculture* hier bei uns gäbe.« (ebd.)

Die Erfahrung, ohne Alkoholkonsum zu feiern oder die Freizeit zu gestalten, ist nicht auf AA-Veranstaltungen begrenzt. In den USA gibt es viele alkohol- und drogenfreie Cafés und Treffpunkte für Frauen und Lesben. Viele der großen Musik-Festivals für Frauen und Lesben haben drogenfreie Bereiche, in denen häufig die besten Plätze sind. Der Besuch einer drogenfreien Veranstaltung ist keineswegs mit einem Stigma verbunden. In Deutschland hingegen gibt es meines Wissens bislang nur einen alkohol- und drogenfreien Treffpunkt für Frauen und Lesben: das Café Extra Dry in Berlin. Ich habe mit Frauen und Lesben gesprochen, die im Extra Dry sowie auf drogenfreien Veranstaltungen in der Lesben-Szene in den USA gewesen waren: Keine von ihnen hatte ein Suchtproblem, alle genossen die drogenfreie Atmosphäre in der US-amerikanischen Lesbenszene, empfanden jedoch eine Stigmatisierung im Extra Dry.

Ich selbst lebe seit über zehn Jahren in Frankfurt/Main und bin in der lesbischen Subkultur aktiv: Ich engagiere mich politisch, besuche Veranstaltungen und Feste. Ich bin in all der Zeit nur zu einer einzigen alkoholfreien Party eingeladen gewesen. Ich selbst habe mich entschlossen, auf meinen Festen keinen Alkohol auszuschenken. Auf jeder dieser Parties regt die Abwesenheit von Alkohol Gespräche über das Thema Alkohol und Frauen/Lesben an. Ich höre oft Bemerkungen wie diese: »Dies ist das erste Mal, daß ich auf einem Fest bin, wo kein Alkohol ausgeschenkt wird ... anfangs ein bißchen komisch, aber jetzt genieße ich es.« Es ist fast ein Zwang, Alkohol anzubieten, und viele Frauen haben Angst, es nicht zu tun. (»Was mache ich, wenn die Frauen alle gleich wieder gehen?«) Für mich sind diese Gespräche, diese Bewußtwerdung kleine, aber wesentliche Schritte, das Schweigen um Alkohol und Lesben/Frauen zu brechen und alternative Strukturen in unseren lesbischen Gemeinschaften aufzubauen.

Empfehlungen

Forschung in Deutschland ist von höchster Wichtigkeit. Niemandem ist damit gedient, wenn Forschungsergebnisse aus den USA vorbehaltlos akzeptiert und auf Lesben in Deutschland übertragen werden. Dadurch werden Erfahrungen aus der eigenen Kultur negiert. Glauben wir wirklich, daß es für alle das beste ist, Lesben mit Alkoholproblemen in erster Linie an die Anonymen Alkoholiker zu verweisen? Sollten wir nicht lieber feministische Alternativen schaffen? Forschung liefert zudem die Basis, von der aus staatliche Hilfen für soziale Dienste eingefordert werden können. Forschung ist notwendig, um auszuloten, wie weit verbreitet die Probleme von Alkoholismus, Alkoholmißbrauch und Gewalttätigkeit sind, um die Wechselbeziehungen zwischen diesen Fragen zu untersuchen, um die gemeinsamen zugrundeliegenden Probleme zu analysieren wie Alkoholismus und/oder Mißbrauch und Mißhandlung im Elternhaus, den Grad der Homophobie und dergleichen, um die Wirksamkeit der bisherigen sozialen Einrichtungen in der Lesbenarbeit einschätzen und auf der Grundlage dieser Ergebnisse konkrete Empfehlungen formulieren zu können. Meine Erfahrungen in beiden Ländern bestärken mich in der Annahme, daß es vielerlei Allgemeingültiges in der Häufigkeit und der Dynamik zwischen diesen Problemen gibt, doch auch große Unterschiede, wenn es beispielsweise um soziale Einrichtungen für Lesben geht. Forschungsergebnisse aus den USA können zur Strukturierung der Forschung in Deutschland nützlich sein.
Auf der Grundlage der Forschung in den USA biete ich folgende Empfehlungen an: Lokale, von kompetenten Lesben geführte Anlaufstellen für alle Lesben sind vonnöten. Es ist durchaus möglich, in einem einzigen Projekt Dienstleistung und Fortbildung anzubieten, die sowohl die Probleme Alkoholismus und Gewalttätigkeit als auch die beiden gemeinsamen zugrundeliegenden Probleme abdecken. Während der Supervision der *Gay and Lesbian Community*

Services besprachen meine KollegInnen und ich viele Fälle von Lesben, die von den sozialen Diensten sowohl in Beratungsstellen für AlkoholikerInnen als auch in Frauenhäusern mangelhaft beraten und/oder gar mißhandelt wurden. Frauen sagten, ihre TherapeutInnen behaupteten, sie seien aufgrund ihrer Mißbrauchserfahrung lesbisch geworden. In Frauenhäusern herrschte Verwirrung über die Frage, wer in einer gewalttätigen lesbischen Beziehung die Mißhandelnde ist, und der Mißhandelnden wurde Zutritt gewährt. Frauen berichteten, daß in Beratungsstellen für AlkoholikerInnen die Geliebte einer Lesbe höchst widerwillig in die Therapie und die Nachsorge einbezogen werde. Die Einbeziehung »signifikanter anderer« (Geliebter, enger FreundInnen und/oder Familie) ist ein grundlegender Bestandteil der Therapie in den meisten Beratungsstellen. Diese Bezugspersonen benötigen Informationen über Alkoholismus und die in der Abstinenz zu erwartenden Veränderungen. Außerdem müssen sie ihre häufig überholten Strategien für den Umgang mit AlkoholikerInnen überdenken und neue Möglichkeiten zur Unterstützung der Alkoholikerin sowie zum eigenen Schutz suchen.

Bundesweite Vernetzung von Beratungsstellen und Betroffenen zum Informations- und Erfahrungsaustausch ist vonnöten. Dadurch kann die Qualität der Beratung und die berufliche Qualifikation gefördert und die Isolation der von Gewalttätigkeit und Alkoholismus betroffenen Lesben gemildert werden. Die Erkenntnis, wie das Patriarchat direkt und indirekt die Zerstörung von Lesben unterstützt, hebt die Selbstachtung und das Gefühl der persönlichen Macht. Der Austausch über persönliche Probleme, die bisher tabu waren, durchbricht die Isolation aufgrund des Andersseins, des Gefühls unsagbarer Wertlosigkeit und ungeheurer Scham. In der Gruppe wird die Isolation, die andere erleben, wenn sie ihre Erfahrungen unter dem Deckmantel eines gesellschaftlichen Tabus geheimhalten, automatisch durchbrochen. »Manchmal glaube ich, die größte Heilwirkung können die ersten fünf Minuten in einer Gruppe haben, wenn eine Frau den Raum betritt, andere Frauen sieht und erkennt, daß sie ebenfalls Überlebende sind und trotzdem völlig ‘normal’ aussehen. In der Gruppe erfahren Frauen emotionale Unterstützung, entwickeln neue Freundschaften, probieren neue Fähigkeiten aus und lachen und weinen sich bis zur Gesundheit.« (McEnvoy 1990, S.63) Die Heilwirkung einer

Gruppe trifft auch auf kleine, sowohl auf Selbsthilfe- wie auch auf Therapiegruppen zu. Die heilende Energie beim Zusammentreffen vieler kleiner Gruppen ist enorm. Eine Frau erfährt, daß sie nicht die einzige ist. Die Kleingruppe erfährt, daß sie nicht die einzige ist. Die große Gruppe spürt die endemische Natur der Folgen einer homophoben und frauenhassenden Gesellschaft. Gemeinsam können Frauen die Eigenverantwortung für zerstörerische Entscheidungen übernehmen, die sie (bewußt oder unbewußt) getroffen haben, um mit der Unterdrückung durch das Patriarchat umgehen zu können. Gemeinsam können Frauen ihre Wut, ihre Inspiration und Kreativität auf die Durchsetzung von Veränderungen in lesbischen Gemeinschaften, Frauengemeinschaften und Gesellschaftsstrukturen konzentrieren.

Ausbildung der professionellen HelferInnen ist vonnöten. Soziale Dienste für und von Lesben schießen nicht über Nacht aus dem Boden, und je mehr das Tabu gelockert wird, desto häufiger werden Lesben dort Hilfe suchen, statt in Scham und Selbstbeschuldigung zu leben. Dana Finnegan und Emily McNally (1986) haben eine Erhebung ausgewertet, die die administrativen Aspekte von sozialen Diensten im Hinblick auf die Beratung drogenabhängiger Schwuler und Lesben einschätzt. Die Erhebung umfaßt u.a. Arbeitsbeschaffung, das organisatorische Umfeld der MitarbeiterInnen, berufliche Qualifizierung und die Bereitstellung von Beratungsleistungen. Sie bieten professionellen HelferInnen zudem grundlegende Informationen zur Beratungsarbeit. Als schwulen-/lesbenspezifische Fragen zu Alkoholismus, die besondere Aufmerksamkeit erfordern, nennen sie: Vielfalt innerhalb der lesbischen Bevölkerung, Geselligkeit und Sex ohne Alkoholkonsum, Probleme im Hinblick auf Bezugspersonen und die Familie, Eltern oder Kinder von Lesben, Schuldgefühle aufgrund von religiöser Überzeugung, Vertrauen, AIDS und mehrfache Stigmatisierung. Suzanne Pharr (in Lobel 1986) veröffentlichte zwei Workshop-Konzepte über Homophobie. Die Workshops behandelten: Verinnerlichte Homophobie/Unterdrückung, Macht und Privileg, Mythen und Klischees, Wie Lesben mißhandelt werden/Warum Lesben in der Bewegung mißhandelter Frauen sind, Lesbenhetze, Problemlösung und nicht-lesbische Unterstützung von Lesben. Zur Information vor der Entwicklung von Programmen für und von deutschen Lesben in Deutschland sind diese beiden Quellen zu empfehlen.[2]

Aufklärung für Lesben wird unsere Herzen, unsere Seelen und unseren Kampfgeist stärken. Es ist notwendig, daß die Tabus, sich innerhalb lesbischer Gemeinschaften offen über Alkoholismus und Gewalt zu äußern, gebrochen werden. Gezielte Bemühungen zur Verbreitung von Informationen unter Nutzung aller vorhandenen Strukturen in unseren Gemeinschaften sind vonnöten: in Kneipen, Discos, Sportvereinen, auf Festen, in Kultur- und Frauenzentren, um nur einige zu nennen.

Zusammenfassung

- Im Hinblick auf Alkoholismus und Gewalt innerhalb unserer Kultur im allgemeinen wie auch innerhalb der lesbischen Subkultur existieren zahlreiche Mythen und Stereotypen.
- Beide Problembereiche sind in den lesbischen Gemeinschaften hochgradig tabuisiert.
- Sowohl Alkoholismus als auch Gewalt unter Lesben sind mit Homophobie und anderen patriarchalischen Konstrukten verknüpft.
- Verantwortungsbewußtsein für das eigene Handeln ist notwendig. Das Erkennen der sozialen Konstrukte, die Kraft, Stolz, Kreativität usw. von Lesben zerstören, fördert die Fähigkeit des Individuums, Eigenverantwortung zu übernehmen. Das trifft auf alle unterdrückten Minderheiten zu.
- Zwischen Alkoholismus und Gewalt besteht eine Wechselbeziehung, die in ihrer Komplexität erforscht werden muß. Die Häufigkeit der Erfahrung von Kindesmißhandlung/sexuellem Mißbrauch unter lesbischen Alkoholikerinnen und Lesben in gewalttätigen Beziehungen ist erschreckend und muß zur Sprache gebracht werden. Die Heilung des »Kindes im Inneren« (siehe Loulan u.a. (Hg.) 1992) ist hilfreich für Frauen mit diesen Problemen.

Nicht nur in lesbischen Gemeinschaften, sondern in der Gesellschaft allgemein überwiegen restriktive und stark vereinfachende Konzepte zum Umgang mit Alkoholismus und Gewalt. Es besteht die Tendenz, für jedes Problem ein getrenntes Projekt anzubieten. Das zwingt die Frau, die mit mehr als nur einem Problem zu kämpfen hat, zum Beispiel mit Alkohol und Gewalt oder Alkohol und Inzest, Mißhandlung in der Kindheit und Alkohol usw., ihr Ich aufzuspalten, was dem Gesundungsprozeß zuwiderläuft. Ich habe kaum jemals, wenn überhaupt, eine Frau auf dem Weg der Gesundung kennengelernt, die nur ein Hauptproblem aufwies. Die meisten bestehenden Projekte sind Lesben nicht sehr dienlich. Institutionalisierte Homophobie wie auch institutionalisierter Rassismus wurden bisher nicht aufgegriffen und abgebaut. Aufgrund der Verknüpfung all dieser Probleme untereinander empfehle ich ein Lesbenprojekt, das sowohl Gewalt, Alkoholismus und Alkoholmißbrauch als auch all die zugrundeliegenden Probleme in Verbindung mit Homophobie und Mißbrauch/Mißhandlung in der Kindheit in ihrer Wechselbeziehung einbezieht. Ein solches Projekt wäre ein neuer Ansatz, Lesben in ausgewogener Form bei der Gesundung an Geist, Leib und Seele zu helfen. Ein solches Projekt würde Macht und Selbstwertgefühl nicht nur des Individuums, sondern auch der lesbischen Gemeinschaften stärken. Eine gesunde lesbische Gemeinschaft trägt zur Minimalisierung/Beseitigung der Zerstörung durch das Patriarchat in künftigen Generationen von Lesben bei. Darüber hinaus könnte ein holistischer Ansatz zur Heilung von sich wechselseitig bedingenden Problemen als Modell für andere unterdrückte Minderheiten, die ebenfalls Risikogruppen in der Bevölkerung darstellen, dienen.

Anmerkungen

1 »Recovery« ist ein schwer zu übersetzendes Wort und hat in den USA mehrere Bedeutungen. Ich verwende in diesem Beitrag das Wort »Genesung« in der traditionellen Bedeutung wie bei den Anonymen Alkoholikern und im medizinischen Modell von Alkoholismus. Ich verwende »Gesundung« oder »Gesundungsprozeß«, um die Idee eines inneren Heilungsprozesses zu vermitteln, der sich nicht auf die Heilung von medizinischen Symptomen beschränkt. Schließlich verwende ich den Begriff »recovering« als positive Selbstdefinition, der auch die politischen Aspekte der inneren Heilung und Herausforderung des Patriarchats einbezieht.
2 Nützliche Adressen zur Informationsbeschaffung speziell für Lesben: National Association of Lesbian and Gay Alcoholism Professionals, 1208 East State Blvd., Fort Wayne, Indiana 46805 und The National Coalition Against Domestic Violence Lesbian Task Force, 2401 Virginia Ave., N.W. Suite 306, Washington, D.C. 20037.

Literatur

Appel, Christa: »Lesben und Sucht«, Vortrag in der Frankfurter Frauenschule, 1990
dies.: »Einmal süchtig, immer süchtig, alle(s) süchtig?!«, in: Verein Sozialwissenschaftliche Forschung und Bildung für Frauen (Hg.): *Drogenkonsum und Kontrolle,* 1992
Benowitz, Mindy: »How Homophobia Affects Lesbians' Response to Violence in Lesbian Relationships«, in: Lobel (Hg.), 1986
Boston Lesbian Psychologies Collective (Hg.): *Lesbian Psychologies. Explorations & Challenges,* Urbana und Chicago, 1987
Diamond, D.L. und S.C. Wilsnack: »Alcohol Abuse Among Lesbians: A Descriptive Study«, in: *Journal of Homosexuality 4* (1978), S.123-142
Fifield, L.: *On My Way to Nowhere: Alienated, Isolated, Drunk,* Los Angeles, 1975
Finnegan, Dana und Emily McNally: *Dual Identities. Counselling Chemically Dependent Gay Men and Lesbians,* Hazelden, 1987
Israelstam, S.: »Alcohol an Drug Problems of Gay Males and Lesbians: Therapy, Counselling and Prevention Issues«, in: *Drug Issues 16,* 1986, S.443-461
Lewis, C.E., M.T. Saghir und E. Robins: »Drinking Patterns in Homosexual and Heterosexual Women«, in: *Journal of Clinical Psychiatry 43(7),* 1982, S.277-279
Lobel, Kerry.: *Naming the Violence. Speaking out about Lesbian Battering,* Seal Press, 1986
Loulan, JoAnn: *Lesbian Sex,* San Francisco, 1984
dies.: *Lesbian Passion. Loving Ourselves and Each Other,* San Francisco, 1987
dies., Margaret Nichols, Monica Streit u.a. (Hg.): *Lesben Liebe Leidenschaft. Texte zur feministischen Psychologie,* Berlin, 1992
Margolies, Liz, Martha Becker und Karla Jackson-Brewer: »Verinnerlichte Homophobie«, in: JoAnn Loulan u.a. (Hg.), 1992, S.194-210
McEnvoy, Maureen: »Feminist Approaches to Therapy with Women«, in: Laidlaw und Malmo (Hg.): *Healing Voices,* Jossey Press, 1990
Nicoloff, Lee K. und Eloise A. Stiglitz: »Alkoholismus bei Lesben«, in: JoAnn Loulan u.a. (Hg.), 1992, S.244-257
Okun, Lewis: *Women Abuse: Facts Replacing Myths,* New York, 1986
Rainbolt, Beverly und Michael Greene: *Behind the Veil of Silence. Family Violence and Alcohol Abuse,* Hazelden, 1990
Renzetti, Claire M.: *Violent Betrayal. Partner Abuse in Lesbian Relationships,* Newbury Park/London/New Dehli, 1992
Swallow, Jean: *Out from Under. Sober Dykes and Our Friends,* San Francisco, 1983
Wheaters, Brenda: »Alcoholism And the Lesbian Community«, in: N. Gottlieb (Hg.): *Alternative Services for Women,* New York, 1980, S.158-169
Weinberg, Martin: *Homosexuals, Their Problems and Adaptions,* New York (zit. n. Finnegan & McNally)
Wegschneider, Sharon: *Another Chance,* Palo Alto, 1981

Constance Ohms
Sexueller Mißbrauch und Reviktimisierung

Jährlich werden in Deutschland etwa 200 000 bis 300 000 Kinder sexuell mißbraucht.[1] 80 Prozent der betroffenen Kinder sind Mädchen, 98 Prozent der Täter Männer, davon 50 bis 70 Prozent Väter oder Stiefväter.[2] Jedes dritte Mädchen muß bis zu ihrem achtzehnten Lebensjahr damit rechnen, sexuell mißbraucht zu werden.[3] So ist es sehr wahrscheinlich, daß eine Lesbe irgendwann auf eine Partnerin trifft, die in ihrer Kindheit sexuell mißbraucht worden ist.
Sexueller Mißbrauch ist kein zufälliges »Vergehen«, keine durch den »unkontrollierbaren männlichen Trieb« ausgelöste Tat, sondern sie ist geplant mit dem Ziel, Macht und Kontrolle zu erlangen oder zu behalten, und zwar mittels der Ausübung von Gewalt. Männer befriedigen ihr Bedürfnis nach Macht und Kontrolle, indem sie Gewalt sexualisieren und auf dieser Ebene Mädchen und Frauen demütigen, erniedrigen und sowohl psychisch als auch physisch verletzen.[4] Sexueller Mißbrauch wirkt sich auf das Leben eines Mädchens und einer Lesbe/Frau erheblich aus, der Weg von einer »Betroffenen« bis hin zu einer »Überlebenden«[5] ist mühsam: Es kann oft Jahre dauern, bis die Opfer von sexuellem Mißbrauch erkennen, daß sie mißbraucht wurden. Verdrängung als Überlebensstrategie hat viele Gesichter, so kann es das totale Vergessen sein, aber auch das vage Erinnern, daß irgend etwas passiert ist, »… aber es war nicht so schlimm«, bis hin zu der Erkenntnis, daß es doch sehr schlimm war, »… aber mein Leben nicht so sehr beeinflußt hat«. Ein Verdrängungsmechanismus dient vor allem dazu, die eigene Funktionsfähigkeit aufrechtzuerhalten: Wir müssen arbeiten, essen, wollen eine Beziehung leben und vor allem nicht aus dem Rahmen fallen. So bleibt kein Raum für unseren Schmerz und unsere Ängste.
Die Langzeitfolgen von sexuellem Mißbrauch in der Kindheit sind häufig schwerwiegend, so leiden viele Lesben und andere Frauen später noch an Scham- und Schuldgefühlen, das heißt sie glauben, für den Mißbrauch selbst verantwortlich zu sein, oder sie haben ein geringes Selbstwertgefühl, sie fühlen sich beschmutzt, gedemütigt

und erniedrigt. Einige von ihnen leiden unter Depressionen, Schlaflosigkeit, Alpträumen oder bekommen plötzliche und auf den ersten Blick völlig unmotivierte Angstzustände. Auch können körperliche Folgewirkungen auftreten; so klagen viele Frauen über Unterleibsbeschwerden, die möglicherweise aus einer Ablehnung ihres Unterleibes hervorgerufen werden oder aber auch eine direkte Folge des Gewaltaktes sein können, sowie über Migräneanfälle, Allergien und sogar Lähmungserscheinungen.[6]
Seele und Körper schreien vor Schmerzen, die tief in uns begraben sind. Der erste und wichtigste Schritt, den Überlebende für eine Heilung gehen müssen, besteht darin, sich einzugestehen, sexuell mißbraucht worden zu sein. In einem zweiten Schritt lernen sie, mit ihrem Mißbrauchserlebnis umzugehen und in Situationen, die ihnen potentiell gefährlich erscheinen, nein zu sagen. Lernen, nein zu sagen bedeutet, eigene Grenzen wahrzunehmen und auch zu setzen. 27 Prozent der Lesben und anderen Frauen, die Opfer sexuellen Mißbrauchs wurden, werden als Erwachsene erneut Opfer sexueller Gewalt.[7] Es findet eine »Reviktimisierung« statt, denn viele Erwachsene behandeln sich selbst so, wie sie als Kinder behandelt wurden: Sie wurden zu Opfern und werden es erneut. Dieser Mechanismus muß unterbrochen werden. Eine »Überlebende« schließlich ist diejenige, die das Zentrum ihrer Kraft in sich gefunden hat, mit sich Frieden geschlossen hat (nicht unbedingt mit den anderen) und in Verbindung mit ihrer Energie steht: Sie hat sich gefunden.
Dieser Heilungsprozeß kann Jahre dauern und beschränkt sich nicht nur auf das Faktum des sexuellen Mißbrauchs, sondern beeinflußt auch jeden anderen Lebensbereich des Opfers. Die Folgen sexuellen Mißbrauchs betreffen auch das Zusammenleben in einer Beziehung: Der Überlebenden fällt es oft sehr schwer, zu einem Partner oder einer Partnerin Vertrauen zu fassen und Nähe zuzulassen. Dies ist keine ungewöhnliche Reaktion, denn schließlich erlebte sie Gewalt von einer Person, der sie vertraute, die sie liebte und von der sie geliebt werden wollte. Die Zerstörung dieses kindlichen »Urvertrauens« kann nicht ohne Folgen bleiben und wirkt sich häufig in vielen Beziehungen aus.
Durch die erlebte Sexualisierung von Gewalt verändert sich auch im Bereich der Sexualität der betroffenen Frau vieles: Es war ihr nicht möglich, Sexualität ihrer Entwicklung gemäß frei und in

einem gewaltfreien Raum zu erleben, zu erforschen und zu erfahren. Im Gegenteil, das Mädchen erlebte Sexualität als einen Bereich, in dem Macht und Kontrolle ausgeübt werden, der brutal, demütigend und erniedrigend für sie ist. Der Weg, Sexualität mit Freude genießen zu können, bedarf vieler kleiner Heilungsprozesse. Viele der betroffenen Frauen können später lange Zeit keine eigene Sexualität mehr leben, das heißt, sie haben den positiven Bezug zu ihrem Körper verloren, zu ihrer Lust, zu der Freude, Sexualität zu erleben. Intimität, sei es nun sexuelle oder nichtsexuelle, das Zulassen von Nähe, erfordert Vertrauen. Da bei den meisten Überlebenden dieses Vertrauen zerbrochen ist, lassen viele Intimität nur so weit zu, als sie die Kontrolle über das Geschehen haben. Es kann passieren, daß sie in dem Moment, in dem sie die Kontrolle aufgeben und Vertrauen haben müßten, nicht bereit sind, dieses zu tun. Deshalb haben viele Überlebende Sexualität entweder völlig aus ihrem Leben ausgeschlossen oder sie haben mit großen sexuellen Problemen zu kämpfen – so zum Beispiel einen Orgasmus zu erleben – oder sie stehen während der sexuellen Handlungen »neben sich«, sie flüchten aus ihrem Körper, so wie sie flüchteten, als sie mißbraucht wurden.

Um die Vergangenheit und/oder die daraus resultierenden Probleme zu verdrängen, flüchten viele Frauen auch in den Konsum von Drogen, sie werden alkohol-, tabletten- oder drogenabhängig. So wird die Zahl der von sexuellem Mißbrauch betroffenen alkohol- und drogenabhängigen Frauen auf 75 Prozent geschätzt.[8] Sucht kann zu einer Überlebensstrategie werden.

Eine Beziehung mit einer Überlebenden ist für die Partnerin nicht immer leicht: Schließlich hat sie eigene Verletzungen, eigene Bedürfnisse nach Intimität, Nähe und Sexualität, die ihren Raum beanspruchen und die ebenso wichtig genommen werden müssen wie der Heilungsprozeß der Überlebenden.[9]

Lesbische Frauen sind von sexuellem Mißbrauch ebenso betroffen wie heterosexuelle Frauen und leiden unter ähnlichen Folgen. Allerdings ist die Chance, daß eine Lesbe auf eine Lesbe trifft, die sexuell mißbraucht worden ist, größer als die Wahrscheinlichkeit, daß eine heterosexuelle Frau auf einen Mann trifft, der das Opfer sexuellen Mißbrauchs wurde. Während im allgemein-gesellschaftlichen und im feministischen Bereich das Thema »sexueller Mißbrauch« seit Jahren diskutiert wird, befindet sich die Diskussion in lesbischen

Kreisen erst am Anfang. Ich erinnere mich an ein Treffen von Lesben zum Thema »Gewalt«, in der eine Lesbe den Mut fand zu fragen, ob nicht andere Lesben mit ihr eine Gruppe zum Thema »sexueller Mißbrauch« gründen wollten. Es herrschte betroffenes Schweigen im Raum, sie hatte ein Tabu angesprochen. Die von vielen Lesben internalisierte gesellschaftliche Annahme der Homosexualität als sexuelle Devianz läßt bei dem Thema des sexuellen Mißbrauchs recht schnell die Assoziation eines Kausalzusammenhangs entstehen: Viele Lesben haben Angst, daß sie auf das Gleis geschoben werden, »die ist nur lesbisch, weil sie sexuell mißbraucht worden ist«. Dieser Ansatz schließt viel zu viele Bereiche aus, die durch eine lesbische Lebensweise betroffen sind, er spiegelt nur die sexualisierte Ausrichtung einer männlichen Denkweise wider. Es mag sein, daß es Lesben gibt, die aufgrund ihrer Erfahrungen mit gewalttätigen Männern lesbisch geworden sind, jedoch läßt sich bei Lesben kein höherer Prozentsatz an sexuellem Mißbrauch als bei heterosexuellen Frauen nachweisen.[10]

In ihrem Heilungsprozeß von sexuellem Mißbrauch müssen sich lesbische Frauen und Mädchen ganzheitlich erfahren. Dies bedeutet zum einen, eine positive Einstellung zum eigenen Lesbischsein zu entwickeln, und zum anderen, diesen wichtigen Aspekt ihres Lebens nicht länger aus dem Heilungsprozeß auszuklammern. Eine lesbische Lebensweise stellt weder eine Krankheit noch eine sexuelle Devianz, noch eine Perversität dar. Derartige gesellschaftliche Vorurteile dienen allein dem Fortbestand der heterosexistischen Gesellschaftsordnung.

Gewalt in lesbischen Beziehungen: Das Grundprinzip der Eigenverantwortlichkeit

Das Prinzip der Eigenverantwortlichkeit bedeutet nichts anderes, als daß wir für unser Handeln oder Nicht-Handeln selbst verantwortlich sind. Auch im Bereich der Gewalt haben wir immer die *Wahl:* als Täterin – üben wir Gewalt aus oder nicht?, als (erwachsenes) Opfer – ertragen wir Gewalt oder nicht? Wir können uns weder als Täterin noch als Opfer von der Eigenverantwortlichkeit entbinden und ausschließlich externe Faktoren zur Verantwortung ziehen. Den ersten Schritt aus einer solchen Beziehung muß die

Mißhandelte selbst gehen; Hilfe von außen ist nur dann wirkungsvoll, wenn sie bereit ist, diese anzunehmen. Das setzt jedoch die eigene Motivation und Entschlossenheit voraus.

Die Interviews in diesem Band zeigen, daß sexueller Mißbrauch als Argument herangezogen wird, um zum einen eine Begründung dafür zu finden, Gewalt jahrelang ertragen zu haben – »Ich mußte funktionieren, so wie damals bei meinem Vater, der mich sexuell mißbrauchte, mußte ich jetzt bei ihr funktionieren« –, und zum anderen, um eine »rationale« Begründung für das Verhalten der Partnerin zu finden: »Meine Partnerin hatte eine extrem schlimme Kindheit, sie erlebte die Gewalt des Vaters bis hin zum sexuellen Mißbrauch. (…) So war ich immer im Zwiespalt, die Gewalt, die sie an mir verübte, nicht auf mich zu beziehen, sondern sie als Folge dieser Kindheit zu erachten«. Sexueller Mißbrauch in der Kindheit kann dazu führen, daß es zu einer erneuten »Viktimisierung« kommt, das heißt, das in der Kindheit erlernte Opferverhalten wird in die Erwachsenenbeziehung getragen. Ebenso mag es Fälle geben, wo eine Identifikation mit dem Täter stattfindet, so daß sexuell mißbrauchte Lesben/Frauen in ihrer späteren Beziehung Gewalt ausüben.

Die eigene sexuelle Gewalterfahrung darf keinesfalls als Rechtfertigung oder Entschuldigung für die Ausübung von Gewalt und sexuellem Mißbrauch dienen. Bei dieser Form der *Rechtfertigung* wird nicht berücksichtigt, daß die Täterin und auch das Opfer die *Wahl* haben, zu schlagen oder nicht zu schlagen, bzw. zu bleiben oder zu gehen. Die Angst vor einer weiteren Eskalation der Gewalt, eine enge emotionale Bindung an die Mißhandlerin oder die Hoffnung, ihr helfen zu können, mögen die Freiheit der Wahl zu gehen vorerst einschränken.[11] Dennoch besteht sie zu jedem Zeitpunkt der Beziehung. Auch die Ausübung von Gewalt ist keine zwingende Re-Aktion auf beispielsweise »Provokation« oder Folge eigener Gewalterfahrungen als Kind. Gewalt ist ein bewußt gewähltes und zielgerichtetes Mittel, über die Partnerin Macht und Kontrolle zu erlangen und auszuüben, um sie zu zwingen, ihren eigenen Willen aufzugeben. Diejenige, die Gewalt ausübt, hat zu jedem Zeitpunkt die Wahl, dies auch zu unterlassen. Hier setzt das Prinzip der *Eigenverantwortlichkeit* ein: Es bedeutet zum einen, die Täterin für ihre Handlungen verantwortlich zu machen und nicht die Schuld bei sich selbst zu suchen, und zum anderen, sich nach den eigenen Bedürfnissen und Wünschen zu fragen, diese für sich zu formulieren und in die Tat umzusetzen, eventuell auch mit der Konsequenz, *so,* das heißt mit dieser Beziehung, nicht länger leben zu wollen.

Sexueller Mißbrauch kann niemals eine Legitimation sein, Gewalt zu ertragen oder auszuüben. So lange wir *andere* (zum Beispiel Menschen, die uns mißbraucht haben) für unser Handeln oder Nicht-Handeln verantwortlich machen, sind wir nicht fähig, verändernd auf einen Prozeß einzuwirken, denn auf diese Weise entzieht er sich unserem Einfluß. Erst wenn wir bereit sind, die Partnerin für ihr gewalttätiges Handeln verantwortlich zu machen und uns fragen, was wir selbst wollen, können wir den Prozeß stoppen.

Anmerkungen

1. Rosemarie Steinhage: *Sexueller Mißbrauch an Mädchen. Ein Handbuch für Beratung und Therapie,* Reinbek 1989, S.13. Die Höhe der Schätzungen ist u.a. jedoch davon abhängig, wie »sexueller Mißbrauch« jeweils definiert wird.
2. Ebd.
3. Ellen Bass und Laura Davis: *Trotz allem. Wege zur Selbstheilung für sexuell mißbrauchte Frauen,* Berlin 1990.
4. Rosemarie Steinhage, 1988.
5. Der Begriff der »Überlebenden« wurde u.a. von Ellen Bass und Laura Davis geprägt und wird vor allem im psychotherapeutischen und Selbsthilfebereich verwendet. Er schließt jedoch all diejenigen Lesben und Frauen aus, die sexuelle Gewalt nicht überlebt haben, die ermordet wurden oder sich später selbst töteten. Deshalb sollte der Begriff der »Überlebenden« nicht ohne weiteres generell verwendet werden.
6. Rosemarie Steinhage: »Auswirkungen von sexuellem Mißbrauch im Leben der Mädchen und Frauen«, in: Neue Materialien vorgestellt auf der Fachtagung im Wannseeheim für Jugendarbeit Berlin, 12.-16. Oktober 1985, *Sexueller Mißbrauch von Mädchen. Strategien zur Befreiung.* Berlin 1985; Steinhage 1989.
7. So werden 28 Prozent derjenigen Frauen, die als Mädchen sexuell mißbraucht wurden, als Erwachsene erneut Opfer von Vergewaltigung. Demgegenüber stehen lediglich 8 Prozent der Frauen, die keinen sexuellen Mißbrauch erlebten. Siehe JoAnn Loulan: »Sexueller Mißbrauch und die Folgen«, in: JoAnn Loulan, Margaret Nichols, Monika Streit u.a. (Hg.): *Lesben Liebe Leidenschaft. Texte zur feministischen Psychologie,* Berlin 1992.
8. Marion Mebes: »Hauptsache überleben ... Zum Verständnis von sexuellem Mißbrauch in der Lebensgeschichte süchtiger Frauen«, in: Marion Mebes und Gabi Jeuck: *Schriftenreihe Sexueller Mißbrauch, Band. 2, Sucht,* Berlin 1990, S.30.
9. Siehe JoAnn Loulan: »Partnerinnen von Frauen mit Mißbrauchserfahrungen«, in: JoAnn Loulan, Margaret Nichols, Monika Streit u.a. (Hg.): *Lesben Liebe Leidenschaft,* Berlin 1992.
10. JoAnn Loulan: »Sexueller Mißbrauch und die Folgen«, a.a.O.
11. Siehe N. Hammond: »Lesbian victims of relationship violence«, in: *Women and Therapy 8,* S.89-105.

Constance Ohms
Befreiung aus Gewaltbeziehungen

Gewalt in lesbischen Beziehungen ist kein individuelles Problem, sondern hat seine Wurzeln in der patriarchal-heterosexistischen gesellschaftlichen Organisationsstruktur. Eine Befreiung aus Gewaltbeziehungen muß deshalb sowohl auf der individuellen Ebene als auch auf einer gemeinschaftlichen Ebene und letztendlich auf der gesamtgesellschaftlichen Ebene erfolgen. Eine Individualisierung des Problems führt nur zur Isolation mit dem Resultat, daß jedes Opfer allein mit ihrer Situation fertigwerden muß. Dies kann jedoch nicht das Ziel sein: Die Frage, wie wir miteinander umgehen, betrifft uns alle, und als Gemeinschaft sind wir dafür verantwortlich, inwieweit wir Gewalt unter uns tolerieren oder nicht, sie ignorieren oder eindeutig dagegen Stellung beziehen. Eine Individualisierung des Problems bedeutet letztendlich nichts anderes, als sich aus der Verantwortung zu stehlen. Es muß eine lesbisch-feministische Analyse der Gewalt in lesbischen Beziehungen erfolgen, die nicht nur den Betroffenen aktive Hilfe bietet, sondern auch ihre lesbische Existenzweise in einem heterosexistischen Umfeld in die Analyse miteinbezieht. Eine umfassende Befreiung aus Gewaltverhältnissen kann nur dann erfolgen, wenn innerhalb der lesbischen Gemeinschaft ein Bewußtsein für das Vorhandensein von Gewalt unter Lesben geschaffen und diese nicht länger toleriert wird.

Die Mißhandlerin

Eine Beziehung bedeutet zum einen die Suche nach Nähe, Intimität und Bindung mit der Partnerin und zum anderen den Versuch, die eigene Autonomie und Selbständigkeit zu wahren. Es erfordert Einfühlungsvermögen, das entsprechende Maß auszubalancieren, und so wundert es kaum, daß das Streben nach diesen auf den ersten Blick scheinbaren Gegensätzen zu Konflikten führt.
Gerade lesbische Beziehungen neigen eher zu einer Symbiose als zur Autonomie.[1] Autonomie kann sogar eine Gefahr darstellen, denn gerade eine symbiotische dyadische Beziehung stellt ein

geschlossenes System dar und bietet so einen Schutz gegen die homophobe und heterosexistische Umwelt. Diese Ausrichtung auf eine doch recht traditionelle Lebensweise führt zu einer engen emotionalen Bindung, die jedoch gleichzeitig Unsicherheit hervorrufen kann, da keine Autonomie mehr möglich scheint.[2] So entstehen Verlustängste, oder der Versuch der Partnerin, den FreundInnenkreis aufrechtzuerhalten, kann als Zurückweisung empfunden werden. Abhängigkeit, sei sie nun ökonomischer, physischer oder emotionaler Art, wird gefürchtet, weil sie eng mit dem patriarchalen heterosexistischen Bild der Frau verknüpft ist. Lesbischer Feminismus fördert die Unabhängigkeit, Autonomie und Selbstbestimmung der Frau. Dadurch wird das Bedürfnis nach Abhängigkeit in Form von Intimität, Nähe oder Bindung oder reale Abhängigkeit in Form von beispielsweise ökonomischer Abhängigkeit als Nachteil oder Schwäche empfunden. Die Angst vor zu großer Abhängigkeit kann zum einen durch den Konsum von Alkohol oder Drogen kompensiert werden, zum anderen jedoch auch durch die Ausübung von Gewalt. Auf diese Weise wird die Grenze zwischen Abhängigkeit, »ich brauche dich«, und der Ausübung von Macht und Kontrolle, »ich will nicht, daß du dich mit deinen Freundinnen triffst«, überschritten.

Eine weitere wesentliche Quelle für Konflikte in Beziehungen bildet die Eifersucht. Eifersucht ist letztlich ein Resultat von Abhängigkeit, und so stehen beide auch in enger Verbindung zueinander. So berichtet Claire M. Renzetti (1992), daß die Mißhandlerinnen in 84 Prozent der Fälle von ihren Partnerinnen als sehr besitzergreifend charakterisiert wurden und in 70 Prozent der Fälle Eifersucht zu Konflikten führte.[3]

Ein weiteres Spannungsmoment bildet ein empfundenes Machtungleichgewicht, wobei es jedoch irrelevant zu sein scheint, wie das Ungleichgewicht auf die Partnerinnen verteilt ist.[4] Dieses empfundene Ungleichgewicht kann zu Unzufriedenheit führen und damit das Potential für eine Gewaltausübung verstärken.

Vallerie Coleman (1992) weist jedoch noch auf einen weiteren Faktor hin, der das Risiko für die Ausübung und/oder Zunahme von Gewalt fördert: die Statusinkonsistenz. Dies bedeutet, daß es einen Unterschied gibt zwischen dem angenommenen und dem tatsächlichen Status einer Person. So erwartet beispielsweise niemand, daß eine Universitätsabsolventin in einem Warenhaus als Verkäuferin

arbeitet. Diese Inkonsistenz kann zu einer niedrigeren Selbstwertschätzung und verstärktem Streß führen. Das entstehende Gefühl von Unzulänglichkeit kann durch Alkohol- oder Drogenkonsum oder durch die Ausübung von Gewalt kompensiert werden.[5]
E. Leeder (1988) ordnet Mißhandlerinnen tendenziell folgende Merkmale zu, die unabhängig von ethnischer oder sozialer Herkunft sind. Die Mißhandlerin weise ein unterentwickeltes Selbstwertgefühl auf, trete nach außen sehr couragiert auf, überdecke damit jedoch eher ihr labiles Ego und habe Angst vor Verlust und Verlassenwerden. E. Leeder stellte bei ihren Studien ebenso fest, daß viele Mißhandlerinnen Gewalt als Mittel der Auseinandersetzung von ihren eigenen Familien kennen und daß diese Familien oft autoritäre Strukturen aufweisen. Zudem verfüge die Mißhandlerin über eingeschränkte verbale Fähigkeiten und habe Probleme, ihre Gefühle auszudrücken. Nicht zuletzt griffe sie eher zu Alkohol und Drogen, um ihr mangelndes Selbstwertgefühl zu kaschieren.[6]
Der Konflikt zwischen Abhängigkeit und Autonomie, Eifersucht, ein empfundenes Machtungleichgewicht innerhalb der Beziehung und die von E. Leeder aufgeführten Merkmale einer Mißhandlerin können das Potential für die Ausübung von Gewalt fördern, sie sind jedoch keinesfalls deren *Ursachen*. Gewalt ist und bleibt ein bewußt eingesetztes zielgerichtetes Mittel, Macht und Kontrolle über die Partnerin auszuüben.

Die Verantwortlichkeit der Mißhandlerin

Sich der Verantwortung für eine Handlung, von der wir genau wissen, daß sie falsch ist, zu entziehen, ist ein typischer Mechanismus in Mißhandlungsbeziehungen. »Nicht ich bin es, die dich schlägt, sondern meine Faust«, »Ich wußte nicht mehr, was ich tat«, oder »Ich war betrunken« sind gängige Sätze, die jede mißhandelte Lesbe und andere Frauen schon einmal gehört haben. Die Mißhandlerin wird so zu einem »Opfer« äußerer Umstände, die sich ihrer Kontrolle entziehen. Vergewaltiger benutzen häufig eine vergleichbare Argumentation; sie behaupten, »Opfer« ihrer »unkontrollierbaren Triebe« geworden zu sein.
Zum einen findet hier eine Deformierung des Opfer-Begriffs statt, die es der Täterin erlaubt, selbst zum »Opfer« zu werden und ihr so

die Möglichkeit bietet, sich der Verantwortung zu entziehen. Zum anderen widerspricht diese »Hypothese von äußeren, für die Mißhandlerin nicht kontrollierbaren Einflüssen« vollkommen der eigentlichen Motivation der Ausübung oder Androhung von Gewalt, nämlich Macht und Kontrolle auszuüben.

Eine weitere Möglichkeit, sich der Verantwortung zu entziehen, besteht darin, das tatsächliche Opfer für die Ausübung der Gewalt verantwortlich zu machen: die These der Provokation. »Sie wußte genau, wie sie mich zur Weißglut bringt«, »Sie hat es provoziert, sie wollte es ja nicht anders«. Das Resultat ist, daß sich die Mißhandelte für die Gewalt verantwortlich fühlt und versucht, ihr Verhalten zu ändern. Die Mißhandlerin kann sich so geschickt der Verantwortung entziehen, und das Opfer wird zum zweiten Mal Opfer, indem sie nicht nur die Mißhandlungen erträgt, sondern die Last der Schuld auf ihren Schultern ruht. Dem ist aber nicht so! Tatsächlich »provozieren« viele Opfer den eigentlichen Ausbruch der Gewalt, denn sie ertragen die sich vorher aufbauende Spannung nicht länger; sie wissen genau, was sie erwartet und versuchen, die Spannung zu lösen, indem sie »es« hinter sich bringen. Dieser Mechanismus kann auf keinen Fall als echte »Provokation« oder als Schuldbeweis betrachtet werden. Auch die Verdrehung von Tatsachen, die das Opfer erneut viktimisieren, ist Gewaltausübung.

Die Mißhandlerin besitzt jedoch Verantwortlichkeit: gegenüber dem Opfer, gegenüber sich selbst und auch gegenüber der lesbischen Gemeinschaft. Die Mißhandlerin muß begreifen, daß sie allein für ihre Handlungen verantwortlich ist. Dies kann nur durch eine entsprechende Sensibilisierung anhand von Information und Aufklärung erreicht werden. Es muß deutlich werden, daß Mißhandlungen keine Form der Auseinandersetzung sind, sondern Gewalt, die erhebliche Auswirkungen auf die Mißhandelte hat und sie oft für Jahre traumatisiert. Zur posttraumatischen Streßsymptomatik gehören unter anderem Schlafstörungen, Alpträume, Sich-Zurückziehen, emotionales Abstandhalten, Schuldgefühle, Angst, Mißtrauen, erhöhte Wachsamkeit gegenüber Gefahren usw.[7]

Zudem sollte sich die Mißhandlerin fragen, welche Auswirkungen die Ausübung von Gewalt auf sie selbst hat, auf ihr Selbstwertgefühl und ihre Selbstachtung. Sie sollte ihre eigenen Verletzbarkeiten und Unsicherheiten, die unabhängig von ihrer Beziehung oder ihrer Partnerin vorhanden sind, erkennen und sich fragen, welchen Einfluß diese auf ihr Leben nehmen. An den Punkt zu kommen, sich diese Fragen zu stellen, setzt natürlich voraus, daß zum einen bei der Mißhandlerin die Bereitschaft besteht, sich mit ihrem Verhalten auseinanderzusetzen, und daß ihr zum anderen die Möglichkeit geboten wird, über ihr Verhalten und ihre Unsicherheiten zu sprechen. Dazu müßten Beratungsstellen eingerichtet werden, die Mißhandlerinnen in aller Deutlichkeit vermitteln, daß *sie* diejenigen sind, die ihr Verhalten ändern müssen und nicht die mißhandelten Partnerinnen. Eigenverantwortlichkeit bedeutet letztendlich auch, zu dem eigenen gewalttätigen Verhalten zu stehen, ohne das Ausmaß, die Häufigkeit und die Schwere der Verletzungen zu leugnen oder zu bagatellisieren. Verantwortlichkeit heißt weiterhin, dem Opfer und indirekt Betroffenen (Co-Opfern) Wiedergutmachung zum Beispiel in Form einer finanziellen Entschädigung für entstandenen Sachschaden und Arbeitsausfall zu leisten oder die Kosten für therapeutische Hilfe für die Mißhandelte zu übernehmen. Wiedergutmachung zu leisten beinhaltet einen Sinneswandel der Mißhandlerin. Dieser kann aber nur erreicht werden, wenn ihr von der Partnerin und vor allem von der lesbischen Gemeinschaft Grenzen gesetzt werden: Wir dürfen Gewalt in unseren Reihen nicht länger dulden und müssen uns mit aller Vehemenz dagegen wehren. Solange die lesbische Gemeinschaft schweigt, kann jede Mißhandlerin sich der Verantwortung entziehen und ihr gewalttätiges Verhalten fortsetzen. Menschen ändern ihr Verhalten oftmals weniger durch Einsicht als durch das Setzen klarer Grenzen. Deshalb muß von der lesbischen Gemeinschaft ein deutliches Signal gesetzt werden, daß wir nicht länger bereit sind, Mißhandlerinnen zu tolerieren und ihnen Raum zu geben. Für Freundinnen kann dies bedeuten, sich von der Mißhandlerin zurückzuziehen oder sie nicht mehr auf Feste einzuladen, zu denen auch die Mißhandelte geladen ist. Dies bedeutet unter anderem auch, daß der Mißhandelten Schutz und Raum geboten wird, neues Selbstvertrauen und Selbstbewußtsein in einem vertrauten Freundinnenkreis zu erlangen. Die Bedürfnisse und Ängste der Mißhandelten sollten bei Entscheidungen im Vordergrund stehen. Die Mißhandlerin muß lernen, die ihr gesetzten Grenzen zu akzeptieren, auch eine mögliche Trennung. Es ist schwer, einer Mißhandlerin erneut zu vertrauen, sei es von Freundinnen oder aber auch von einer zukünftigen neuen Partnerin. Da die Mißhandlerin gelernt hat, Gewalt als ein mögliches Mittel der Kommunikation einzusetzen, ist die Wahrscheinlichkeit, daß dies für sie ein grundlegendes Konzept darstellt, recht groß. Dies bedeutet, daß die Mißhandlungsbeziehung ohne eine grundlegende Änderung des Verhaltens der Mißhandlerin nicht die einzige bleiben wird. Um mißhandelte Lesben und potentielle zukünftige Partnerinnen zu schützen, ist es notwendig, einen derart hohen Anspruch auf eine grundlegende Verhaltensänderung an die Mißhandlerin zu richten. Dies kann jedoch meist nur mit Hilfe von außen erreicht werden. Es müssen Beratungsstellen eingerichtet werden und Informationszentren, die lesbische Therapeutinnen, die auf diesem Gebiet arbeiten, vermitteln.

Das Opfer

Es gibt keine Patentrezepte für den Weg der Befreiung, nichts, was sich ad hoc verallgemeinern ließe und jeder zu raten wäre. Dafür sind die einzelnen Beziehungen, deren Gewaltstrukturen, Abhängigkeiten und Mechanismen einfach zu komplex und zu individuell ausgerichtet. Folglich hat jede betroffene Lesbe ihre eigene Geschichte der Befreiung, angefangen bei den ersten kleinen und oft indirekten, latenten Formen des Widerstandes über den offenen Widerstand bis hin zum letzten Schritt, der Trennung. Jede Form des Widerstandes ist immer mit der Gefahr verbunden, weitere Gewalt zu »provozieren« und auf sich zu ziehen. Die Erwartung eines erneuten Gewaltausbruchs oder gar einer Eskalation der Gewalt kann viele mißhandelte Lesben davon abhalten, sich zu wehren. Aber keine mißhandelte Lesbe darf vergessen, daß dies ein Kampf ist, den sie um ihrer selbst willen führt, und viele Mißhandlungen lassen sich durch ein klares Nein abwehren. So erzählte C., daß sie sich in ihrer Mißhandlungsbeziehung einmal gewehrt hätte, indem sie zu ihrer Partnerin sagte, jetzt sei Schluß und sie solle ins Bett gehen, um ihren Rausch auszuschlafen. Zu ihrer großen Überraschung tat ihre Partnerin dies auch, und es kam nicht zu der üblichen Prügelszene. Natürlich funktioniert das nicht immer – so hat die Partnerin von B. beispielsweise jede ihr gesetzte Grenze einfach ignoriert. Die Chance jedoch, aus derartigen Situationen

und Beziehungen so unbeschadet wie möglich herauszukommen, erhöht sich wesentlich, wenn wir uns wehren. Am Anfang vielleicht leiser und mit wachsendem Selbstvertrauen dann lauter, aber wichtig ist die Tatsache, daß mißhandelte Lesben sich wehren.
Der grundlegende Schritt für den »Weg hinaus« ist die bewußte oder zunächst unbewußte Erkenntnis, daß es dich selbst noch gibt: Die Opfer von Mißhandlungen haben in der Beziehung oft das Gefühl für sich selbst verloren und identifizieren sich ausschließlich über die Partnerin. Doch an einem bestimmten Punkt, der variabel und individuell ist, taucht nach langer Zeit zum ersten Mal wieder das Wort »Ich« auf. Hier beginnt der Widerstand.
Die Phase des latenten Widerstandes wird von den Mißhandelten oft nicht bewußt registriert und in den meisten Erzählungen auch nicht erwähnt; dennoch gibt es sie. Es sind die ersten kleinen Schritte hinaus, der Test, was geschieht, wenn ich etwas Bestimmtes nicht mache, zum Beispiel »vergesse«, einen Brief aufzugeben oder Dinge zu erledigen, die für die Partnerin wichtig sind. Es ist schwierig zu sagen, wodurch diese Phase des latenten Widerstandes letztendlich ausgelöst wird, es kann der berühmte Tropfen sein, der das Faß zum Überlaufen brachte, oder einfach eine Art Überlebenswille, der uns irgendwann an unser »Ich« erinnert. Vielleicht ist es die Hoffnung auf ein bißchen Glück, die Sehnsucht nach einer anderen Form von Liebe und Nähe als der bisher gelebten. Das auslösende Moment ist ebenso individuell wie die Formen des Widerstandes. Auf die Frage: »Warum wehre ich mich (erst) jetzt und nicht früher?« werden wir niemals eine befriedigende Antwort finden.
Die Phase des latenten Widerstandes ist eine, in der das Selbst-Bewußtsein genährt und Kraft für den darauf folgenden offenen Widerstand gesammelt wird: Hier beginnen Mißhandelte *bewußt und offen*, sich gegen die ihnen oktroyierte Rolle zu wehren. B. versuchte aus akuten gewalttätigen Situationen herauszukommen, indem sie aus ihrer Wohnung flüchtete, C. immatrikulierte sich an der Universität, S. schnitt sich die Haare ab und verweigerte ihrer Partnerin für sie wesentliche Dinge, so zum Beispiel die tägliche warme Mahlzeit.
Der schmerzlichste Teil der Befreiung ist die Erkenntnis, daß sie schließlich immer die Trennung von der Mißhandlerin erfordert. Es läßt sich langfristig keine Beziehung aufrechterhalten, die

durch eine gewalttätige Struktur geprägt ist; auch nicht, wenn die Partnerin/Mißhandlerin die Absicht und den festen Willen äußert, sich tatsächlich zu ändern. Die Wahrscheinlichkeit, in alte Strukturen und Rollen zu verfallen, ist größer als die Wahrscheinlichkeit, in dieser Beziehung eine dauerhafte positive Änderung zu bewirken. Dies bedeutet nicht, daß die Mißhandlerin sich nicht ändern und andere Beziehungen tatsächlich gewaltfrei leben kann. Die Praxis jedoch zeigt, daß es in der bestehenden Mißhandlungsbeziehung fast unmöglich ist, neue Strukturen zu leben.

Der Weg vom offenen Widerstand bis hin zur endgültigen Trennung kann dennoch lang sein, denn da ist noch das verbindende Gefühl von Liebe, die Angst vor dem Alleinsein, Angst vor einer neuen Selbständigkeit und schließlich das Gefühl, für die Partnerin/Mißhandlerin in gewisser Weise verantwortlich zu sein. Letzteres ist typisch für eine Gewaltbeziehung: Das Opfer der Mißhandlungen fühlt sich für die Mißhandlerin verantwortlich, sie kann diese in ihrer desolaten Lage nicht alleinlassen und möchte ihr helfen. Das Problem des »Helferinnensyndroms« besteht darin, daß die meisten Lesben/Frauen versuchen, *sich* zu ändern, damit es der anderen besser geht. In letzter Konsequenz kann ein derartiges Verhalten bis zur völligen Selbstaufgabe führen, das eigene Sein wird nur noch im Spiegel der Partnerin und Mißhandlerin gesehen. Wir helfen der anderen jedoch am wenigsten dadurch, daß wir uns ihr noch mehr anpassen. *Sie* muß sich ändern, es ist *ihr* Verhalten, das uns und möglicherweise unsere Kinder bedroht und nicht akzeptabel ist. Das Gefühl der *Eigen*verantwortlichkeit ist bei den Opfern von Mißhandlungen auf ein Minimum reduziert; damit ist das eigentliche Ziel der Gewaltausübung erreicht, die Mißhandlerin besitzt vollständige Macht und Kontrolle über die Partnerin.

Die Ausübung von Gewalt ist durch komplexe Strukturen gekennzeichnet. So findet nicht nur physische oder psychische oder emotionale Gewalt statt, sondern meist sind diese drei miteinander verflochten. Dieses komplexe Geflecht schafft auch komplexe Abhängigkeits- und Machtstrukturen, aus denen es sich zu befreien gilt. Faden für Faden muß durchtrennt werden. Einige Frauen können dies mit einem Schnitt, für andere ist es ein jahrelanger Trennungsprozeß. Mißhandelte Lesben dürfen jedoch nicht zu viel von sich erwarten, jede geht ihren Weg auf ihre Art und Weise, sowohl in zeitlicher Hinsicht wie in der Wahl der Widerstandsformen. Sind die Erwartungen an sich selbst zu hoch, gibt es kaum eine Möglichkeit, diese zur eigenen Zufriedenheit zu erfüllen. So kann es durchaus vorkommen, daß auch nach einer Trennung noch weitere (sexuelle) Kontakte zur Mißhandlerin bestehen, weil eine endgültige Loslösung aus dem von Gewalt charakterisierten Beziehungsgeflecht noch nicht erfolgt ist. Auch ist die Tatsache, jahrelang in einer derartigen Beziehung gelebt und Gewalt erduldet zu haben, kein Grund, sich dies vorzuwerfen und sich nicht zu verzeihen. Diejenigen, die behaupten, sie würden gewalttätige Handlungen der Partnerin niemals erdulden und die Beziehung sofort beenden, werden den komplexen Strukturen von Gewalt nicht gerecht. Zu gehen ist nicht einfach. Es ist wichtig, dies zu wissen – und die Tatsache, daß es noch andere Lesben gibt, denen es ähnlich ergangen ist. Jedoch gibt es keinen allgemeingültigen und standardisierten Weg hinaus, jede muß tatsächlich ihren eigenen finden. Das bedeutet vor allem, *Eigenverantwortlichkeit* zu entwickeln, denn sie ist die Grundvoraussetzung für eine Befreiung und Heilung.

Eigenverantwortlichkeit bedeutet für die Opfer von Mißhandlungen zu erkennen, in welchen Situationen sie sich selbst immer »klein« machen, und zu lernen, sich selbst in ihren Handlungen zu bestärken. Es ist wichtig zu begreifen, daß sie in einer gewalttätigen Beziehung leben oder lebten und daraus Wunden davongetragen haben. Eigenverantwortlichkeit bedeutet, sich selbst Fürsorge angedeihen zu lassen und das eigene Gefühl von Selbst-Achtung und Selbst-Wertschätzung zu nähren, damit diese Wunden heilen können. Mißhandelte Lesben müssen sich ihrer eigenen Handlungsfähigkeit bewußt werden; das bedeutet, sie müssen lernen, daß sie für ihr Handeln und Nicht-Handeln verantwortlich sind: Jede ist nur so lange Opfer, wie sie es zuläßt. Widerstand bedeutet, nicht länger Opfer sein zu wollen, Gewalt nicht länger als Beziehungskonzept zu erdulden. Um einem Mißverständnis vorzubeugen, sei hier noch einmal deutlich gesagt: Es geht nicht darum, das Opfer von Mißhandlungen verantwortlich zu machen nach dem Motto »Du bist selbst schuld, weil du dir das hast gefallen lassen«. Für ihre Gewalt ist *immer* die Mißhandlerin verantwortlich zu machen. Mit dem Begriff der Eigenverantwortlichkeit meine ich, daß wir uns fragen müssen: »Was will ich?«, wir müssen

lernen, Grenzen zu setzen, und zwar zu einem wesentlich früheren Zeitpunkt. Eigenverantwortlichkeit bedeutet, sich selbst etwas wert zu sein, sich und die eigenen Gefühle ernst zu nehmen.
Es ist sehr wichtig, daß Betroffene in ihrer Notlage auch bereit sind, Hilfe von anderen zu suchen und zu fordern. Es ist notwendig, daß sie zu den von ihnen ertragenen Mißhandlungen stehen und ihre Erfahrungen in lesbischen Kreisen offen kundtun. Denn nur durch Information kann das Bewußtsein geschaffen werden, daß es Gewalt in lesbischen Beziehungen gibt, und nur indem betroffene Lesben nicht länger schweigen, sondern das Recht einfordern, gehört zu werden, kann dieses Thema nicht länger ignoriert werden.

Die Arbeit der Frauenhäuser

Mißhandelte Lesben können nur in einem sehr geringen Maße auf Institutionen zurückgreifen, die ihnen Hilfe und Schutz bieten. Die Öffentlichkeitsarbeit der staatlichen/kirchlichen und autonomen Frauenhäuser konzentriert sich auf heterosexuelle Frauen als Opfer und Männer als Täter. Durch diesen engen Blickwinkel wird eine Lebensform ausgeschlossen, die die gleiche Existenzberechtigung hat wie der heterosexuelle Lebensentwurf: die lesbische Lebensweise. In lesbischen Beziehungen jedoch können Frauen sowohl Opfer als auch Ausübende von Gewalt sein. Die heterozentristische Ausrichtung der Frauenhäuser ist symptomatisch für die gesamte Gewaltdiskussion und trägt dazu bei, daß lesbische Opfer sich weiterhin isoliert fühlen und lesbische Mißhandlerinnen ebenso weiterhin unbeachtet Gewalt ausüben können. Da es jedoch Ziel der Frauenhäuser sein sollte, *allen* Frauen und Lesben Schutz und Hilfe zu bieten, müssen sie sich der Diskussion stellen und sich nach ihrem eigenen Heterosexismus fragen. Es ist dringend nötig, für mißhandelte Lesben eine Atmosphäre des Vertrauens zu schaffen, in der sie ihr Lesbischsein offen leben können und in der sie mit der Tatsache fertigwerden können, von ihrer Partnerin mißhandelt worden zu sein.
Die Realität ist, daß heute nur sehr wenige Lesben als Lesben Schutz in Frauenhäusern suchen. Viele werden vermutlich unter dem Erscheinungsbild der heterosexuellen Frau Hilfe suchen; ein

leichtes Unterfangen, da dies eine der stillschweigend angenommenen Prämissen ist. Offen lebende Lesben müssen in den Frauenhäusern mit weiteren Schwierigkeiten rechnen: Die Frauenhaus-Mitarbeiterinnen sind nicht auf diesen Problembereich vorbereitet, sie verfangen sich in ihrer eigenen Homophobie, zum Beispiel, indem sie die Gewalt in lesbischen Beziehungen bagatellisieren und so die mißhandelte Lesbe in ihrer Not nicht ernst nehmen. Es bedarf eines großen Einfühlungsvermögens, um der mißhandelten Lesbe ein Gefühl von »Aufatmen-können« zu vermitteln. Dies setzt voraus, daß sich Frauenhaus-Mitarbeiterinnen mit ihren eigenen Vorurteilen, Mythen und Ängsten gegenüber einer lesbischen Lebensweise auseinandersetzen und so eine Atmosphäre schaffen, in der sich eine Lesbe sicher fühlt, Vertrauen faßt und ihre tatsächlichen Erfahrungen benennt.

Die Grundfrage, die sich alle Frauenhaus-Mitarbeiterinnen stellen sollten, lautet: »*Sind wir ehrlich bereit, auf mißhandelte Lesben zuzugehen und sie aufzunehmen?*

Um diese Frage zu beantworten, könnten zum Beispiel folgende Punkte überprüft werden:

- Sind Lesben Mitarbeiterinnen im Frauenhaus?
- Reden wir regelmäßig in den Supervisionen über unsere Homophobie?
- Sprechen wir in und mit unserer Öffentlichkeitsarbeit bewußt und gezielt Lesben an? Formulieren wir eindeutig, daß uns jede Frau, unabhängig von sozialer, ethnischer, religiöser oder kultureller Herkunft, Ausrichtung des Lebensentwurfs und körperlichen Eigenschaften willkommen ist?
- Ist die Umgebung des Frauenhauses heterosexistisch? Sind die Bücher, Poster, Bilder usw. ausschließlich heterosexuellen Inhalts?
- Sind die Aufnahmeformulare in dem Sinne heterosexistisch, daß sie unterstellen, der Täter sei ein Mann?
- Wird beim Notruf automatisch davon ausgegangen, daß der Täter ein Mann ist?
- Ist der Sprachgebrauch heterosexistisch? Wird angenommen, jede sei heterosexuell?
- Wie gehen wir mit homophoben Frauenhausbewohnerinnen um?

- Wie gehen wir mit gesellschaftlicher Homophobie um, die letztendlich auch zum Entzug oder der Drohung des Entzugs von Geldern führen kann?
- Wie gehen wir mit dem Ruf um, »sowieso alle bloß lesbisch zu sein«?

Es ist Aufgabe der Frauenhaus-Mitarbeiterinnen, eine Atmosphäre des Vertrauens zu schaffen; dies kann ihnen jedoch nur dann gelingen, wenn sie bewußt auf die vielfältigen Lebensentwürfe von Lesben und anderen Frauen eingehen.

Vorschläge für die Arbeit mit mißhandelten Lesben

- Die Frauenhaus-Mitarbeiterin sollte nicht davon ausgehen, daß der Täter ein Mann ist. Eine geschlechtsneutrale Fragestellung, zum Beispiel: »Mißhandelt dich dein Partner oder deine Partnerin?«, ist weitaus sinnvoller als die Frage: »Ist es dein Freund oder dein Ehemann?« oder »Tut er ...?«. Durch eine geschlechtsneutrale Fragestellung wird der Lesbe ermöglicht, ihre Situation offen darzulegen und sich als Lesbe zu erkennen zu geben, falls sie es möchte.
- Die Mitarbeiterin sollte sensibel darauf reagieren, wenn eine Frau in geschlechtslosen Formulierungen über ihre Beziehung spricht. Vermeidet die Frau beispielsweise den Gebrauch von Personalpronomen oder spricht von »dieser Person«, kann dies ein Indiz dafür sein, daß die betroffene Frau eine Lesbe ist. Hier besteht nun die Möglichkeit, sich ebenfalls auf die geschlechtslose Sprache einzulassen oder, besser noch, zu signalisieren, daß auch eine weibliche Partnerin akzeptiert wird, indem die Frauenhaus-Mitarbeiterin eine geschlechtsneutrale Formulierung, beispielsweise »Ist er oder sie ...?«, benutzt.
- Sollte sich eine Gruppe mißhandelter Lesben finden, müssen Vorkehrungen getroffen werden, um sicherzustellen, daß die Mißhandlerin nicht an dieser Gruppe teilnimmt. Da sowohl das Opfer als auch die Mißhandlerin Frauen sind, kann nicht auf den ersten Blick festgestellt werden, wer nun wer ist. Deshalb sollten innerhalb dieser Gruppe möglichst viele Informationen über Namen, Aussehen und so weiter ausgetauscht werden, um so zu vermeiden, daß die Mißhandlerin an der Gruppe teilnimmt.

Gemischte Gruppen, also Gruppen, in denen sich sowohl Mißhandlerinnen als auch die Opfer von Mißhandlungen befinden, sind nicht zu empfehlen, da sich die Anwesenheit der Mißhandlerin oft negativ auf das Selbstwertgefühl des Opfers auswirkt: Ihr bleibt kein Raum für ihre Ängste und Traumata, geschweige denn eine Möglichkeit, diese zu verarbeiten und sich zu heilen.

Frauenhäuser wurden ursprünglich gegründet, um Frauen Schutz vor männlicher Gewalt zu bieten. Sich dem Thema der Gewalt in lesbischen Beziehungen zu öffnen, bedeutet letztlich ein Umdenken in der Tradition der Frauenhäuser. Gewalt in lesbischen Beziehungen hat einen patriarchalen Ursprung, sie dient dazu, Macht und Kontrolle über die Partnerin auszuüben. Gewalt ist ein Mittel, das Lesben und andere Frauen von Männern übernommen haben, ebenso wie Dominanz und Unterordnung. Gewalt in lesbischen Beziehungen ist kein rein lesbisches Problem, sondern hat ihre Wurzeln in jener Gesellschaft, deren Strukturen die Frauenhaus-Bewegung anprangert.

Wegen der dringenden Notwendigkeit einer sofortigen Hilfe sollte es mißhandelten Lesben möglich sein, in einem schon bestehenden Netzwerk Schutz zu finden. Eine Zusammenarbeit von Frauenhäusern und ortsansässigen Lesbengruppen könnte sich als sehr fruchtbar erweisen, um bei den Frauenhaus-Mitarbeiterinnen eine Sensibilisierung für lesbische Sichtweisen und Probleme von Lesben zu erlangen.

Die lesbische Gemeinschaft

Auch die lesbische Gemeinschaft trägt eine Verantwortung gegenüber den Opfern von Mißhandlungen: Sie muß den Opfern zuhören und darf ihre Erzählungen nicht in Frage stellen. Lesben dürfen Gewalt in lesbischen Beziehungen nicht länger ignorieren, verleugnen oder bagatellisieren und sich nicht länger mit der Mißhandlerin, beziehungsweise mit ihrer vorgeblichen »Stärke«, solidarisieren. Die Taten der Mißhandlerinnen dürfen nicht länger legitimiert werden, indem Lesben schweigen oder sich gar mit den Mißhandelnden solidarisieren. Es ist dringend notwendig, sich mit dem Thema auseinanderzusetzen und eindeutig Position zu beziehen.

Eine wesentliche Aufgabe besteht darin, aufklärend zu wirken, das heißt, qualifiziert zu informieren und praktische Hilfe zu leisten: Lesbische Organisationen sollten sich mit Frauenhäusern in Verbindung setzen oder eigene Möglichkeiten schaffen, den Opfern Hilfe und Schutz zu bieten. Lesbische Therapeutinnen müssen sich mit diesem Thema auseinandersetzen und es in ihren Therapieansätzen berücksichtigen. Lesbische Rechtsanwältinnen können beispielsweise bei einer Haushaltsauflösung oder bei dem Versuch einer Lesbe, sich vor der Mißhandlerin zu schützen, rechtliche Unterstützung leisten, lesbische Ärztinnen könnten therapieunterstützend auf ihre Patientin einwirken. Es gibt unzählige Möglichkeiten, den Opfern unsere Unterstützung und Hilfe anzubieten, wenn wir uns nicht länger der Tatsache verschließen, daß es Gewalt in lesbischen Beziehungen gibt.

Die lesbische Gemeinschaft muß sich oft den Vorwurf gefallen lassen, gegenüber Lesben anderer sozialer, ethnischer und/oder kultureller Herkunft als der der weißen, deutschen, christlichen Mittelschicht äußerst ignorant zu sein. Weder Schwarze noch jüdische, islamische, nicht-europäische, alte, sehr junge oder behinderte Lesben finden in unserer Gemeinschaft einen Platz und ziehen sich häufig enttäuscht zurück. Ignorieren wir die Gewalt in unserer Gemeinschaft und bieten den Opfern von Mißhandlungen keinen Schutz, schließen wir diese Lesben ebenso aus. Wir können aber nur dann eine starke und selbstbewußte Gemeinschaft werden, wenn wir Grenzen überschreiten und uns mit unserem Rassismus, unserem Antisemitismus, unserer Ausländerfeindlichkeit, unserer Diskriminierung von alten und behinderten Lesben und der Gewalt in unseren Reihen auseinandersetzen. Die lesbische Gemeinschaft muß *allen* Lesben Raum und Schutz bieten und eindeutig gegen Gewalt in all ihren Erscheinungsformen Stellung beziehen. Nur so kann sie eine Quelle der Kraft, der Selbstbestimmung, des Selbstbewußtseins und der Befreiung sein.

Setzen weiße deutsche Feministinnen beispielsweise Rassismus mit Sexismus gleich oder behaupten, daß mehr Frauen von Gewalt bedroht seien als von Rassismus,[8] grenzen sie Schwarze Frauen aus – und damit drei Viertel der weiblichen Weltbevölkerung. (Lesbischer) Feminismus verpufft, wenn er von Ignoranz und Scheuklappen geprägt ist. Durch derartige Argumente reproduzieren wir gesellschaftliche Gewaltverhältnisse und tragen sie in unsere Mitte. Es genügt nicht, sich mit der Gewalt gegen Frauen auseinanderzusetzen, sondern wir müssen unseren Blick auf allgemeine gesellschaftliche Gewaltverhältnisse richten und untersuchen, welchen Einfluß diese auf unser Leben miteinander haben. (Lesbischer) Feminismus, lesbisch-feministische Theoriebildung und eine lesbisch-feministische Ethik haben nur dann einen Sinn, wenn sie möglichst *vielen* Lesben und anderen Frauen Raum bieten, Grenzen überschreiten, Unterschiede wahrnehmen und auch annehmen können.

Gesellschaftliche Zusammenhänge

In einer lesbisch-feministischen Gesellschaftsanalyse muß berücksichtigt werden, inwieweit gesellschaftlich sanktionierte Gewaltausübung, vertikale Differenzierung, das heißt die Schaffung von Hierarchien, patriarchal-weibliche Sozialisation, (internalisierte) Homophobie usw. Einfluß auf lesbische Beziehungen haben. Im Gegensatz zu heterosexuellen Beziehungen haben Lesben die *Wahl,* ihre Beziehungen in Gleichheit, gegenseitiger Achtung und Gleichberechtigung zu leben oder aber patriarchale Macht- und Herrschaftsstrukturen in ihre Beziehungen einzubringen. In lesbischen Beziehungen muß nicht zwangsläufig von vornherein von unterschiedlichen Machtstrukturen und Herrschaftsverhältnissen ausgegangen werden, denn das sogenannte Geschlechterverhältnis in seiner traditionellen Form entfällt. Hier ist ein Potential für Kreativität, Ideale, Wünsche, Hoffnungen und Träume gegeben, das Potential, Beziehungen anders zu leben und zu gestalten. Die lesbische Lebensweise bedeutet eine Chance, die aber nicht von jeder wahrgenommen werden muß oder kann. Der gesellschaftliche Druck auf Lesben ist derart groß, daß viele den Schritt in ein lesbisches Leben gar nicht erst wagen oder aber doch »Normalität« wenigstens so weit wie möglich leben wollen und das Geschlechterverhältnis mit all seinen Schattenseiten reproduzieren.
Rassismus, Sexismus und Heterozentrismus sind wesentliche Stützpfeiler des Patriarchats. Das Wort »Patriarchat« heißt wörtlich »Herrschaft der Väter«, doch »heute geht männliche Herrschaft über diese 'Herrschaft der Väter' hinaus und schließt die Herrschaft von Ehemännern, von männlichen Vorgesetzten, von leitenden Männern

in den meisten gesellschaftlichen Institutionen, in Politik und Wirtschaft mit ein, kurz alles, was der 'Männerbund' oder das 'Männerhaus' genannt worden ist. [...] Darüber hinaus bezeichnet der Begriff 'Patriarchat' die historische und gesellschaftliche Dimension der Ausbeutung und Unterdrückung von Frauen und ist so weniger offen für biologische Deutung, im Gegensatz zum Begriff der 'männlichen Herrschaft'.«[9]

Rassismus schränkt den Kreis herrschender Männer noch einmal auf weiße Männer ein. Um diese Herrschaft zu sichern, werden Unterschiede zwischen Menschen, sei es ihre Hautfarbe oder ihr Geschlecht, genutzt und in ein Bewertungssystem gezwängt, dessen Grundlage die vertikale Differenzierung bildet: Anhand einer Bewertungsskala werden Hierarchien geschaffen und Menschen eingeordnet. Der biologische Unterschied zwischen den Geschlechtern muß nicht *zwangsläufig* zu einer unterschiedlichen Bewertung führen, deren Ziel darin besteht, Frauen (von Lesben ganz abgesehen) schlechter als Männer zu bewerten und Männer über Frauen zu stellen. Frauen werden Männern zu- und untergeordnet, und ein ausgeklügeltes System von moralischen, ethischen, kulturellen und ökonomischen Bedingungen und Werten zwingt viele Frauen, an der Seite des Mannes zu bleiben.

Um das Funktionieren dieses Systems zu gewährleisten, ist es in dieser Gesellschaft legitim, Gewalt gegen Frauen auf den unterschiedlichsten Ebenen auszuüben: Die am tiefsten wirkende Form der Gewaltausübung ist nicht durch direkte physische Gewalt gekennzeichnet, sondern liegt in der weiblichen Sozialisation, in der Internalisierung und Reproduktion von gesellschaftlichen Werten, Normen und Regeln, die Frauen zum Nachteil gereichen. So zum Beispiel die männliche Definition dessen, was »Frausein«, beziehungsweise »Weiblichkeit« bedeutet, oder das Dogma, daß eine Frau nur mit einem Mann glücklich sein kann: Frauen ohne Männer sind entweder »unattraktiv«, »unglücklich«, »frigide«, »Männerhasserinnen« oder gar »lesbisch«. Am schlimmsten jedoch sind »männerhassende Lesben«: Die Assoziation von »Männerhaß« und »Lesbe« wird bewußt von Männern gefördert und ist eine Variante des Heterosexismus. Diese Assoziation stellt ein ungeheures Machtmittel dar, denn sie spaltet das Lager der Feministinnen in heterosexuelle Feministinnen, die keinesfalls als »männerhassend« kategorisiert werden möchten, und in lesbische Feministinnen, die viel Zeit damit verbringen zu beweisen, daß sie keine »Männerhasserinnen« sind. Auf diese Art und Weise wird, wie so oft, Energie und Kraft vergeudet, indem Feministinnen aller Couleur sich wieder einmal mit Männern beschäftigen – anstatt ihre Energie für eigene Kreativität und Produktivität zu nutzen! Im übrigen sei am Rande bemerkt, daß es oft heterosexuelle Frauen sind, die Männer »hassen«: Mütter von Kindern, die von ihren Vätern mißbraucht wurden, geschlagene Ehefrauen, Frauen, die tagtäglich die Gewalt der Männer zu spüren bekommen, sei es im Berufs- oder im Privatleben – oder Frauen, die von Männern ganz einfach nur zu Tode gelangweilt sind! Wenn Lesben Männer ablehnen oder hassen, ist das häufig die Folge der gewalttätigen und frauenverachtenden Erfahrungen, die Lesben als Frauen mit Männern gemacht haben, und liegt keineswegs in ihrem Lesbischsein begründet. Die meisten Lesben interessieren sich für Männer nur in gesellschaftspolitischen Zusammenhängen, das heißt beispielsweise in bezug auf die Unterdrückung von Lesben und anderen Frauen durch das patriarchale System mit dem männlichen Geschlecht als direkt legalisiertem »Stellvertreter«. Ansonsten zeichnen sich die meisten Lesben eher durch ein tiefgreifendes Desinteresse an Männern aus. Es besteht kein Kausalzusammenhang zwischen »Männerhaß« und einer »lesbischen Lebensweise«; diese Assoziation ist eher auf das männliche Prinzip »Wer nicht für mich ist, muß zwangsläufig gegen mich sein« zurückzuführen. Zudem kann die Existenz der lesbischen Lebensweise Männer hinsichtlich ihrer Identität und ihres Selbstbildes stark verunsichern, was schließlich zu einem Rivalitäts- und Konkurrenzverhalten, bzw. zu einer völligen Ablehnung von Lesben führen kann.

Mittels der weiblichen Sozialisation lernen wir Lesben und andere Frauen, uns für weniger wertvoll zu halten als Männer und daß Heterosexualität die einzig lebbare Lebensform sei. Das Resultat ist oft Selbsthaß und verinnerlichte Homophobie, zwei äußerst destruktive Komponenten, deren gewalttätige Auswirkungen wir an uns selbst durch Alkohol-, Drogen- und/oder Tablettenmißbrauch, durch S/M-Praktiken oder andere selbstzerstörerische Mechanismen erfahren, oder die wir an Menschen, die uns nahe sind, auslassen.

Neben der weiblichen Sozialisation werden weitere Techniken angewandt, so das schlichte Verleugnen anderer Lebensweisen oder das Schaffen von Vorurteilen und Mythen, die Lesben als

»krank«, »männerhassend«, »häßlich«, »frigide« oder »maskulin«, das heißt, »so sein zu wollen wie ein Mann«, abstempeln. Diese Vorurteile und Mythen dienen dazu, die Realität zu verleugnen und zu verschleiern, um so den Zugang zu Alternativen zu verwehren und Frauen wahl-los zu halten. Das pure Verschweigen und die Schaffung von Mythen und Vorurteilen sind die wirkungsvollsten Methoden, die das Patriarchat gegen Lesben anwendet, denn sie setzen sich im Kopf, im Herzen und »im Bauch« aller Menschen fest (»Lesbophobie«). Es bedeutet immer einen enormen Kraftaufwand, gegen eigene internalisierte Vorurteile und Mythen zu kämpfen, sich bei anderen Gehör zu verschaffen sowie gegen deren Vorurteile ankämpfen zu müssen.

Neben diesen strukturellen Gewaltformen gibt es noch die direkte physische Gewalt, um Lesben zum Schweigen zu bringen: Unter den verbrannten Hexen waren viele Lesben,[10] sie wurden als »Asoziale« in Konzentrationslager verschleppt,[11] sie dien(t)en als Versuchsobjekte für medizinische Experimente,[12] wurden in psychiatrische Kliniken eingewiesen;[13] vor Lesbenlokalen finden Ausweiskontrollen statt, Lesben werden auf der Straße bedroht, beleidigt, zusammengeschlagen und vergewaltigt – weil sie lesbisch sind. Adrienne Rich bezeichnet diesen Mechanismus, dessen Ziel darin besteht, Männern den Zugang zu Frauen zu sichern, als »Zwangsheterosexualität«.[14] Frauen wird eine eigene Sexualität abgesprochen und die Sexualität des Mannes aufgezwungen. Männer bestimmen über die Arbeit von Frauen und beuten diese aus. Männer schränken die Bewegungsfreiheit von Frauen ein, ersticken ihre Kreativität und enthalten ihnen Wissen vor. Heterosexualität und die Diskriminierung von Lesben sind gesellschaftlich institutionalisiert und sanktioniert.

Aus dieser Perspektive kristallisiert sich »Zwangsheterosexualität« als eines der zentralen lesbisch-feministischen Themen heraus, denn sie beinhaltet die bewußte Zu- und Unterordnung der Frau zu einem Mann. Heterosexualität ist nicht nur eine »sexuelle Orientierung«, sondern eine gesellschaftliche Organisationsstruktur.

Bis heute hat die Frauenbewegung zu dem Thema »Zwangsheterosexualität« beziehungsweise »Heterosexismus« nur in vereinzelten Fällen Stellung genommen, obwohl schon 1976 beim Brüsseler »Tribunal gegen Verbrechen an Frauen« Zwangsheterosexualität als eines der Verbrechen aufgeführt wurde.[15] Das, was Männer

Lesben antun, ist letztlich ein Zeichen für ihre *allgemeine* verachtende Haltung gegenüber Frauen.
Die Ausübung von physischer Gewalt ist in rassistischen und heterosexistischen Gesellschaften auch in anderen Bereichen ein zulässiges Mittel, Interessen durchzusetzen, zum Beispiel gegen bestimmte Gruppen von Menschen wie ausländische MitbürgerInnen, Kinder und Frauen. So führt das Inbrandsetzen von Wohnheimen für asylsuchende Menschen nicht zu einer intensiveren Strafverfolgung der TäterInnen, sondern zu einer verschärften Diskussion über die Opfer dieser Gewalt. Allerdings steht nicht ihr Opferstatus im Mittelpunkt – debattiert wird über ihr Recht auf Asyl, ihren Status als AsylbewerberInnen. Eltern haben das erzieherische Recht, ihre Kinder zu »züchtigen«, wobei eine erschreckend hohe Anzahl von Kindern Knochenbrüche, Quetschungen, Prellungen, innere Verletzungen und schwere psychische Schäden erleiden. In der Ehe hat (noch) jeder Mann das Recht, seine sexuelle Befriedigung einzufordern und durchzusetzen, sei es auch mittels Gewaltanwendung. Vergewaltigung in der Ehe ist in unserer Gesellschaft (noch) kein strafbares Delikt. Kommunikationsprobleme werden oft im kleinen wie im großen Rahmen durch Anwendung von Gewalt »gelöst«, verbale Auseinandersetzungen werden durch eine Ohrfeige oder andere Formen physischer Gewalt beendet beziehungsweise »verkürzt«. Gewalt ist also ein legales Mittel der Interessendurchsetzung, deren Rahmen jedoch von denen abhängig ist, die die Macht haben, ihn zu bestimmen – und das sind keinesfalls Frauen. Die Macht zu definieren befindet sich noch immer in der Hand der Männer.
Institutionalisierte Formen von Gewalt, wie Rassismus und Heterosexismus, dienen der Herrschaftssicherung einer bestimmten Gruppe von Menschen – weißen Männern – und werden als kulturelle Gegebenheit angesehen und kaum hinterfragt. Individualisierte Formen von Gewalt werden unabhängig von Hautfarbe, Geschlecht, kulturellem Hintergrund, sozialem Status (Klasse), Alter oder körperlichen Eigenschaften zur Durchsetzung von Herrschaftsinteressen eingesetzt. Beide Ebenen der Gewalt sind miteinander verwoben, denn die Ausübung individueller Gewalt stützt sich auf gesellschaftliche Akzeptanz, ebenso wie institutionelle Gewalt in Form von Rassismus oder Heterosexismus den Weg für Mißhandlungen und Tötungen von AusländerInnen, Kindern

und Frauen ebnet. Die Ausübung oder Androhung von Gewalt ist kein Problem, das nur bestimmte soziale Gruppen betrifft, sondern findet sich in der ganzen Gesellschaft.
Lesben, die versteckt oder offen in Frauenbeziehungen leben, durchbrechen das System der Zwangsheterosexualität und stellen so eine Gefahr für das bestehende System dar, indem sie ihre Kooperation aufkündigen und durch ihre Lebensweise Alternativen aufzeigen. Jedoch bedeutet dies nicht, daß Lesben deshalb frei von Heterosexismus sind, das heißt, frei von Hierarchiedenken, vertikaler Differenzierung, internalisiertem Selbsthaß, der Geringschätzung der eigenen Lebensweise oder von Rollenverhalten. Heterosexismus herrscht auch in lesbischen Köpfen, in unseren Gedanken, in unserem Handeln und in unserem Herzen. Weibliche Sozialisation und patriarchale Werte machen auch vor Lesben nicht halt.

Lesbische Ethik

Es bleibt nicht aus, daß dieser gesamtgesellschaftliche Hintergrund auch Einfluß auf lesbische Beziehungen hat. Das Comingout in einem System, das die lesbische Lebensweise unterdrückt, bedeutet für viele Frauen die erste bewußte Entscheidung für das eigene Ich. Diese Entscheidung muß aber nicht notwendigerweise mit einer feministisch-lesbischen Analyse von bestehenden gesellschaftlichen Zusammenhängen verknüpft sein. Gesellschaftliche Werte werden oft nicht in Frage gestellt, sondern auch in lesbischen Beziehungen kritiklos akzeptiert: »… wir [haben] zwar *die patriarchale Politik* bekämpft, uns viele *patriarchale Werte* jedoch *zu eigen* gemacht […], vor allem die patriarchale Ethik«.[16] Aber »das Erbe des Patriarchats ist eine Ethik der Angst, der Beherrschung, des Ressentiments, der Großspurigkeit, des Zwanges, der Pflicht, der Unterdrückung und der Zerstörung«.[17]
Wir als lesbische Gemeinschaft verfügen über kein kollektives Wertesystem, an dem wir uns orientieren könnten. Statt dessen orientieren wir uns an einer Ethik, deren wesentliche Bestandteile Herrschaft, Unterordnung und Kontrolle sind. Diese Werte sind darauf angelegt, Hierarchien zu erzeugen und Menschen darin

einzuordnen und zu bewerten. Sie prägen unseren Umgang untereinander und mit anderen und schränken unsere Fähigkeit ein, aufeinander zuzugehen und das Anderssein anderer Lesben und Frauen anzuerkennen. Sie hindern uns daran, Grenzen zu überschreiten und uns in unserer Vielfalt als Schwarze Lesben, jüdische Lesben, moslemische Lesben, weiße Lesben, alte oder junge Lesben, behinderte Lesben, dicke oder dünne Lesben – und überhaupt als Lesben zu sehen. Die traditionelle patriarchale Ethik fördert Herrschaft und Unterordnung, und damit Gewaltverhältnisse, die wir nicht nur auf der gesamtgesellschaftlichen Ebene finden, sondern die auch unseren direkten Umgang miteinander beeinflussen. Eine feministische Ethik »wiederum kann sich aber nicht ausschließlich an den gesellschaftlichen Verhältnissen orientieren, denn dann wäre Handeln immer nur Reflex auf gesellschaftliche Verhältnisse, für das gar keine Verantwortung übernommen werden kann. Nach dem Prinzip des dialektischen Determinismus handeln Menschen weder völlig unabhängig von den gesellschaftlichen Verhältnissen noch völlig abhängig von diesen Bedingungen. Innerhalb der gegebenen Bedingungen können Menschen in Übereinstimmung mit bestimmten gesellschaftlichen Bedürfnissen und Notwendigkeiten handeln oder im Widerspruch zu ihnen.«[18]

Wir leben innerhalb einer bestimmten Gesellschaftsstruktur, der wir uns nicht einfach entziehen können. Wir können aber entscheiden, welche Werte wir für uns übernehmen wollen und welche wir ablehnen. Wir haben schon einmal in unserem Leben nein zu einem essentiellen Bestandteil dieser Gesellschaft gesagt – zur Heterosexualität. Wir haben das *Potential,* auch zu anderen Werten nein zu sagen und eigene Standpunkte zu entwickeln. Dies ist vor allem da nötig, wo lesbische Lebensbereiche berührt werden, so zum Beispiel in der Diskussion um lesbische Ehe, lesbische Mutterschaft, um Reproduktionstechnologien, um selektiven Schwangerschaftsabbruch, um Rassismus, Antisemitismus, Diskriminierung von Behinderten usw. Eine lesbisch-feministische Ethik sollte Grenzen öffnen und die Möglichkeit bieten, unseren Blick sowohl nach außen als auch nach innen zu richten. Sie muß uns die Möglichkeit bieten, uns zum einen als Lesben zu sehen, zum anderen aber auch als Schwarze Lesben, Krüppel-Lesben, jüdische Lesben usw. Unser Blick richtet sich nach außen, auf Rassismus, Antisemitismus, sexualisierte Gewalt gegen Frauen etc., und nach innen,

auf die Gewalt in unserer Mitte, auf unseren Alkoholismus und/
oder Drogenmißbrauch, unsere erlebte sexuelle Gewalt, unsere
S/M-Praktiken usw.

Eine lesbische Ethik kann nicht präskriptiv sein, sondern wir
erschaffen sie durch unser Tun in Form von Gedanken und Handlungen und geben ihr somit erst einen Sinn. Eine lesbische Ethik,
die das Individuum in der Gemeinschaft, die eigene Handlungsfähigkeit und Integrität fördert,[19] erwacht erst in unserem Handeln
zum Leben. Wir können für uns Lebensräume schaffen, wenn wir
lernen, in Achtung, Respekt und Liebe aufeinander zuzugehen.

Anmerkungen

1 Siehe Monika Streit: »Auf der Suche nach dem Mysterium. Symbiotische Beziehungen zwischen Frauen«, in: JoAnn Loulan, Margaret Nichols, Monika Streit u.a. (Hg.): *Lesben Liebe Leidenschaft. Texte zur feministischen Psychologie*, Berlin 1992, S.10-32.
2 Vera Ray: »An Investigation of Violence in Lesbian Dyadic Relationships«, in: *Journal of Australian Lesbian Feminist Studies 1*, Vol.1, Juni 1991.
3 Claire M. Renzetti: *Violent Betrayal. Partner Abuse in Lesbian Relationships*, Newbury Park, CA, 1992, S.39, 41.
4 Ebd., S.54.
5 Vallerie Coleman: »Violence between lesbian couples: A between groups comparison«. Unveröffentlichte Dissertation. Zitiert in Renzetti (1992), S.60.
6 E. Leeder: »Enmeshed in Pain: Counselling the Lesbian Battering Couple«, in: *Women and Therapy 1*, Vol.78, 1988, S.81-98.
7 Vera Ray, ebd.
8 Kommentar einer Zuhörerin zu einem Vortrag von Ika Hügel und Dagmar Schultz an der Universität Amhurst, Massachusetts, auf der »Women in Germany«-Konferenz, Oktober 1992.
9 Maria Mies: *Patriarchat und Kapital. Frauen in der internationalen Arbeitsteilung*, Zürich 1988, S.55.
10 Siehe Monika Barz, Herta Leistner und Ute Wild: *Hättest du gedacht, daß wir so viele sind? Lesbische Frauen in der Kirche*, Stuttgart 1987, S.181f.
11 Siehe Ilse Kokula: *Jahre des Glücks, Jahre des Leids. Gespräche mit älteren lesbischen Frauen*, Kiel 1990, S.8 und S.71.
12 Lesben und Schwule dienen beispielsweise in der Hormonforschung als Versuchsobjekte. Siehe Ursula Linnhoff: *Weibliche Homosexualität. Zwischen Anpassung und Emanzipation*, Köln 1976, S.14.
13 Siehe zur weiblichen Homosexualität als »Geisteskrankheit« unter vielen anderen Ulrike Hänsch: »Von der Strafe zum Schweigen: Aspekte lesbischer Geschichte« und Barbara Gissrau: »Wurzelsuche: Psychoanalytische Überlegungen zur lesbischen und heterosexuellen Identitätsbildung. Ein Vergleich«, beide in: *beiträge zur feministischen theorie und praxis 25/26*. »Nirgendwo und überall – Lesben«, Köln 1989, S.11-17 und S.133-146.

14 Adrienne Rich: »Zwangsheterosexualität und lesbische Existenz«, in: Dagmar Schultz (Hg.): *Macht und Sinnlichkeit. Ausgewählte Texte von Audre Lorde und Adrienne Rich,* Berlin 1986, S.138-168.
15 Ebd., S.163.
16 Siehe Sarah Lucia Hoagland: *Die Revolution der Moral. Neue lesbisch-feministische Perspektiven,* Berlin 1991, S.242.
17 Ebd., S.244.
18 Theresia Degener: »Weibliche Selbstbestimmung zwischen feministischem Anspruch und 'Alltagseugenik'«, in: Theresia Degener und Swantje Köbsell: *Hauptsache, es ist gesund? Weibliche Selbstbestimmung unter humangenetischer Kontrolle.* Hamburg 1992, S.83.
19 Siehe hierzu Sarah Lucia Hoagland: *Die Revolution der Moral. Neue lesbisch-feministische Perspektiven,* Berlin 1991.

Vera Schwenk
Psychosoziale Beratung von Lesben in gewalttätigen Beziehungen

Wenn von lesbischen Beziehungen geredet oder geschrieben wird, wird meist vergessen, daß es eine große Vielfalt von »Beziehungen« gibt. Ausgegangen wird von einer Zweier-Beziehung unter dem Grundsatz sexueller Ausschließlichkeit. Darüber hinaus wird häufig erwartet, daß sich diese beiden auch in allen anderen Lebensbereichen aufeinander beziehen. In dieser Definition von Beziehung, wie sie in unserer Gesellschaft vorherrscht, liegt per se schon Gewalt, denn es ist eine heterosexistische, heterosoziale Definition, die an der aktuellen Lebensrealität vorbeigeht.
Wir haben als Lesben wenige – gelebte – Modelle als Alternativen. In der therapeutischen Arbeit mit Lesben müssen wir diesen Teil der weiblichen Sozialisation – *den* einen Mann suchen, in *ihm* aufgehen, *ihm* treu sein, etc. – immer präsent haben. Wie tief dieser Dressurakt in unserem Inneren verankert ist, vergessen auch die frauenbewegten Frauen nur allzu gern. Geduldet, ja sogar »respektiert« werden Lesben, wenn sie möglichst unauffällig, angepaßt, still und versteckt leben. Das heißt unter anderem, sich nicht in der »Hetero-Öffentlichkeit« küssen, anfassen, umarmen; nicht dem Feminismus »huldigen« und durch regen Kontakt zur »normalen« Männergesellschaft bezeugen, daß wir nicht etwa männerfeindlich sind. Dies bedeutet, daß wir als Lesben keinen Versuch machen sollen, neue, andere, nämlich unsere eigenen Lebenskonzepte zu entwerfen oder gar zu verwirklichen.
In dieser von der Gesellschaft – zu der Lesben trotz horrender Besteuerung (Lesben sind als unverheiratete Frauen immer in der höchsten Steuerklasse) und erheblicher sozialer Arbeit (zum Beispiel als Krankenschwestern, Sozialarbeiterinnen, Lehrerinnen oder in Form von ehrenamtlicher Arbeit) nicht gezählt werden – geforderten Nicht-Sichtbarmachung von lesbischem Leben, liegt ein, wenn nicht *der* Grundstein zur Gewalt zwischen Lesben. Erst die Sichtbarmachung von Lesben in der Öffentlichkeit ermöglicht eine Aufarbeitung auch dieses Kapitels unserer Geschichte.

Die vehementesten Kämpferinnen in der Frauenbewegung waren und sind Lesben: Sie gründeten Projekte und waren bzw. sind maßgeblich an deren Erhalt beteiligt. Aber sie erfahren einen sehr geringen Dank für ihre Arbeit: Verschwiegen, mißachtet, rausgeekelt – das ist die Geschichte vieler Lesben in Frauenprojekten. Spätestens an dem Punkt, an dem Lesben Unterstützung für *ihre* Ziele und Belange fordern, wendet sich die Hetera-Frauenbewegung, oft sehr angstvoll, ab. So ist die Frauenbewegung in dieser Hinsicht Spiegel unserer Gesellschaft: Wir Lesben sollen als Lesben unsichtbar bleiben. Es bereitet anderen Frauen noch immer Angst (zumindest Unbehagen), als Lesbe »diffamiert« zu werden. Als Frauen wird uns eine eigenständige Sexualität abgesprochen bzw. verboten. Bekennen wir uns öffentlich als Lesbe, werden wir häufig auf unsere (Homo-)Sexualität reduziert. Wir werden als eine Art »Sex-Bestien« definiert, die »unschuldige« Frauen »verführen« wollen. Diese Widersprüche, diese Verneinung unserer Existenz, die Ignoranz gegenüber unseren Bedürfnissen – auch seitens der Frauenbewegung – erzeugt eine Spannung in der einzelnen Lesbe sowie in der Lesbenszene.

In der Lesbenbewegung entsteht langsam ein Bewußtsein für das Problem der Gewalt zwischen Lesben. Doch genau wie die Arbeit mit Opfern von Männergewalt erst durch die Thematisierung des Problems durch die Frauenbewegung möglich wurde, so ist ein allgemeines »Coming-out«, eine Lesbenbewegung notwendig, die Lesben in das Alltags-Bewußtsein der Gesellschaft holt, um es lesbischen Frauen zu ermöglichen, an ihren Gewalterfahrungen durch Lesben zu arbeiten. In diesem Punkt sind uns die US-amerikanischen Lesben um mehr als zehn Jahre voraus.

Therapeutische/beratende Arbeit mit Lesben zum Thema Gewalt

Eine effektive therapeutische oder beratende Arbeit mit Lesben ist meines Erachtens ausschließlich mit einem feministischen Hintergrund der Therapeutin bzw. Beraterin möglich. Im Unterschied zu konventionellen, das heißt patriarchalen Therapie- und Beratungskonzepten, sieht der feministische Ansatz eine Einbeziehung der Sozialisation, des persönlichen Umfeldes sowie der kollektiven

Geschichte von Frauen vor. Gewalt zwischen Lesben zu thematisieren und an diesem Problem zu arbeiten, bedeutet eine Auseinandersetzung mit der Diskriminierung lesbischen Lebens, lesbischen Alltags. Es bedeutet für jede Therapeutin/Beraterin, sich mit eigenen lesbischen sowie lesbenfeindlichen bzw. homophoben Anteilen zu beschäftigen. Eine Beraterin/Therapeutin, die Lesben nicht als gleichwertig anerkennt, die sie nicht akzeptiert oder – wie in analytischen Methoden (Freud) – Lesben als pubertär betrachtet und die davon überzeugt ist, daß die Klientin bei ihrer »Gesundung« eine »reife Hetera« werden wird – diese Beraterinnen/Therapeutinnen sollten auf gar keinen Fall mit Lesben oder Frauen »auf dem Weg« (im Coming-out) arbeiten. Da es wichtig ist, das Coming-out so früh wie möglich zu unterstützen, sollte eine homophobe Therapeutin/Beraterin überhaupt nicht mit Frauen arbeiten. Bei der Wahl einer Therapeutin/Beraterin sollten wir diesen Aspekt sorgfältig bedenken und vielleicht andere Lesben nach ihren Erfahrungen befragen, um zu vermeiden, daß Lesben, wenn sie Hilfe suchen, noch mehr Gewalt angetan wird.

Wie entsteht Gewalt in lesbischen Beziehungen? Ein Erklärungsversuch

Gewalt ist eine Bedrohung, mit der Frauen all-täglich leben müssen, da wir in einer patriarchalen Gesellschaft leben. Wie Frauen mit Männergewalt umgehen können, hängt unter anderem von den jeweiligen kulturellen Gegebenheiten ab. Ein typisches Beispiel für Gewalt gegen Lesben durch Diskriminierung bzw. Nicht-Wahrnehmen wird im § 175 offenkundig: Hier finden Lesben nicht deshalb keine Erwähnung, weil Lesbischsein anerkannt und »erlaubt« wäre, sondern weil es der »Fortpflanzung des deutschen Volkes nicht entgegensteht«, denn wir können ja jederzeit zwangsweise (durch Vergewaltigung) geschwängert und zur Austragung einer Schwangerschaft gebracht werden (siehe Kokula 1989). Auch Sprüche wie »Da muß bloß mal der Rechte kommen!« oder »Die muß mal ordentlich durchgevögelt werden!« kennt jede Lesbe, und sie kommen auch aus angeblich fortschrittlichen Kreisen. Eine weitere gesellschaftliche Diskriminierung liegt beispielsweise in der Weigerung, Lesben die Teilnahme an gesellschaftlichen Ereignissen

und Aktivitäten zu gestatten, wenn sie sich dort als Lesben zu erkennen geben: in Tanzschulen, »gemischten« Vereinen oder bei kirchlichen Veranstaltungen. Auch haben wir keinerlei Möglichkeit, gleiche Rechte wie heterosexuelle Paare wahrzunehmen (Heirat, Adoption, Erbrecht, Steuerbegünstigungen). Und noch heute werden Lesben von ihren Familien in psychiatrische Kliniken eingewiesen, wo sie von Psychiatern, meist Analytikern, medikamentös und »therapeutisch« »geheilt« werden sollen; bis heute werden an Lesben und Schwulen medizinische Versuche gemacht, um beispielsweise die Theorie einer zugrundeliegenden Hormonstörung zu belegen.
Gesellschaftliche Diskriminierungen basieren unter anderem auf einer ausgeprägten Homophobie. Hauptsächlich Männer haben Angst, Angst vor Machtverlust, und greifen zu Gewalt, deren mildeste Form Diskriminierung durch Nichtbeachtung ist, und deren schlimmste Formen Vergewaltigung und Mord sind. Leider funktioniert die Sozialisation von Mädchen gewöhnlich so gut, daß die Homophobie auch von Lesben verinnerlicht wird. Dies spielt sich auf einer weiten Spanne der Bewußtseinsskala ab: »Frauen gelten wenig bis nichts in dieser Gesellschaft, also gelte ich nichts, also kann mich niemand lieben; wenn mich eine liebt, kann die nicht viel wert sein; wenn ich eine Frau liebe, stimmt etwas nicht mit mir, da ich eine liebe, die nichts wert ist ...«
Durch den Druck von Familie und Gesellschaft sowie die verinnerlichte gesellschaftliche Homophobie geraten Lesben in ein emotionales Strudeln und transportieren ihre Gefühle, die sie gegen sich selbst *und* gegen die potentielle Geliebte sowie gegen alle Lesben richten, und es kann ein Klima von latenter bis offener Aggressivität aufkommen, da jede Lesbe jeder anderen die eigenen Diskriminierungsmechanismen spiegelt bzw. vorführt. Diese latente Aggressivität bildet in Verbindung mit Gefühlen der Unzulänglichkeit, Wut, Trauer und Hoffnungslosigkeit sowie Isolation eine Basis für vielerlei Formen der Gewalt, die oftmals als Gewalt in lesbischen Beziehungen auftaucht. Die Erkenntnis, daß es eine gesellschaftlich erzeugte Gewalt ist, darf jedoch nicht dazu verleiten, die Verantwortung für die selbst ausgeübte Gewalt zu leugnen. Jede Lesbe hat die Möglichkeit, an sich zu arbeiten und sich zu entscheiden, wie sie mit sich und anderen umgeht. An der Geliebten die täglich erlebten wie auch die verinnerlichten Diskriminierungen abzureagieren ist

Gewalt, die als solche benannt werden muß. Egal, welcher Art sie ist, sie entsteht niemals aus Stärke.

Beratung, Therapie, Krisenintervention

Therapeutische bzw. beratende Arbeit bedeutet in diesem Zusammenhang Arbeit und damit Auseinandersetzung mit Opfern *und* Täterinnen. Es ist wichtig, der Lesbe zu ermöglichen, in einem geschützten Rahmen herauszufinden, wo sie Opfer war/ist, bzw. wo sie Täterin war/ist und ihre eigene Verantwortlichkeit zu finden. In der Gruppenarbeit ist es deshalb meines Erachtens unbedingt notwendig, homogene Gruppen zu bilden, das heißt, *nicht* mit Opfern *und* Täterinnen in einer Gruppe zu arbeiten. Gemischte Gruppen würden die Opfer zu sehr belasten.
Es ist ein häufig auftauchendes Phänomen, daß sich Täterinnen als Opfer fühlen und Opfer als Täterinnen, also als die eigentlich Verantwortlichen. Diese Sichtweise spiegelt die weibliche Sozialisation – Frauen als Opfer sind Täterinnen, sie haben provoziert (vgl. Vergewaltigungsprozesse) – wider. Die Erklärungen der Täterinnen (»Ich konnte nicht anders, sie hat es so gewollt!«) werden von Lesben (analog zur Heterowelt) bereitwillig übernommen. Während Heteros die Gewalt unter Lesben als Bestandteil ihrer »kriminellen Energie« bzw. ihrer »Unnatürlichkeit« ansehen, schieben Lesben die »Schuld« gern ausschließlich auf die Gesellschaft. Beiden Reaktionen gemein ist die Ansicht, Gewalt unter – vermeintlich – Gleichen erfordere keine Intervention von außen.
In der Therapie/Beratung parteilich, aber nicht wertend zu sein, ist hier so wichtig wie bei jedem anderen Thema. Nicht zu urteilen oder zu werten ist jedoch nicht gleichbedeutend mit entschuldigen. Wichtig für jede Lesbe, ob als Opfer oder Täterin, ist es, ihr eigenes Handeln und Verhalten zu verstehen, die Verantwortung dafür zu übernehmen und, Schritt für Schritt, den Kreislauf der Gewalt zu durchbrechen. Spätestens an diesem Punkt zeigt sich, daß die Themen »Gewalt« und »Gewalterfahrung« nicht aus dem Gesamtkontext herauszulösen sind. Oft ziehen sich diese Themen wie ein roter Faden durch das Leben der einzelnen. Ich versuche, durch die Benennung dessen, was die Klientin mir verbal und non-verbal mitteilt, zu vermitteln, daß ich sie wahrnehme und ernstnehme.

Ich erkenne das, was sie mir mitteilt, fühlt und erlebt als ihre Realität an. Um mit der Problematik »Gewalt in lesbischen Beziehungen« arbeiten zu können, muß ich Gewalttätigkeit als eine der möglichen Interaktionsformen unter Lesben annehmen.

Das Thema »Gewalt unter Lesben« ist bei uns noch immer mit einem großen Tabu belegt. Gewalt unter Lesben nagt an dem Traum eines besseren Lebens, an der Illusion einer »heilen Welt« in Frauenzusammenhängen. Gewalt in jeglicher Form wollen wir nur in der heterosexuellen Welt erkennen, denn da ist das »Feindbild« klar. Doch wir können die Zusammenhänge zwischen dem patriarchalen Machtsystem und der weiblichen Sozialisation nicht ignorieren. Wir müssen uns – auch als Therapeutinnen/Beraterinnen – mit der Machtausübung in privaten Beziehungen wie auch in der Arbeit und mit dem eigenen Gewaltpotential auseinandersetzen. Therapeutinnen und Beraterinnen sind gefordert, durch Eigenarbeit wie zum Beispiel Supervision und Fortbildung ihre Kompetenz zu erweitern (wenngleich es zu vielen lesbenspezifischen Themen noch kaum Fortbildung gibt).

Was ist Gewalt?

Diese Frage wird immer wieder gestellt. Die Frau, die Gewalt erfahren hat, ist sich nicht sicher, ob das, was sie erlebt hat, auch als solche gilt. Eine häufige Antwort lautet: »Alles, was die Frau nicht will, ihr aber trotzdem getan wird« wie Kitzeln, Küssen, Schlagen, etc. Auch psychische und rassistische Gewalt zählt dazu. Dieser Brownmillersche Ansatz birgt allerdings eine große Gefahr: Um die Frage, was sie will, zu beantworten, muß jede Lesbe erst einmal wissen, was sie will oder nicht will, ob *sie* es wirklich will oder ob es ihr von der Gesellschaft, Erziehung, Lesbenbewegung, Freundin, Geliebten etc. auferlegt wird, dieses oder jenes zu wollen bzw. nicht zu wollen. So wie die Zwangsheterosexualität (siehe Rich 1980) verhindert, daß Frauen sich entscheiden können, ob sie mit Männern oder Frauen leben wollen, so verhindern viele andere Alltäglichkeiten die Entscheidung nach freiem Willen. Der Satz »Wenn du mich liebst, dann tust du ...!« findet auch in lesbischen Beziehungen Anwendung. Er bedeutet Erpressung, sprich Gewalt. Wenn wir uns an bestimmte Formen der Behandlung gewöhnt haben und mit ihnen bestimmte (zum Teil erwünschte oder erhoffte) Gefühle oder Reaktionen verbinden, können wir nicht unbedingt frei entscheiden. Beispiele hierfür bilden Eifersucht oder die Praxis der S/M-Beziehungen. Oftmals wird Eifersucht einerseits als »Liebesbeweis« gefordert, andererseits gleichzeitig als einengend, als Form von Gewalt erlebt. Die Gewalt in S/M-Beziehungen zu entlarven ist durch jahrelanges Tabuisieren nicht einfacher geworden. Gerade durch das Tabuisieren nimmt sich die Lesbenbewegung die Chance, die Gewalt in diesen Beziehungen offen zu benennen, sie zu diskutieren und zu bekämpfen. Durch die oft vorgebrachte Forderung, nicht auch noch in den eigenen Reihen zu diskriminieren, wird die lesbische S/M-Szene nahezu salonfähig – im Gegensatz zu Hetero-S/M-Beziehungen, die, wenn die Frau den M-Part übernimmt, meist eindeutig als Gewaltbeziehungen definiert werden.

Ein anderes Beispiel ist Kitzeln: Von den meisten Frauen, die kitzelig sind, wird Kitzeln als Gewalt empfunden. Die meisten anderen – vor allem nicht-kitzeligen – Frauen finden es lustig. Die wenigsten Lesben trauen sich, Kitzeln als Gewalt zu definieren. Schon als kleine Kinder werden wir daran gewöhnt, daß Gekitzeltwerden eine Form der positiven Zuwendung sein soll, obwohl die Erwachsenen – und auch andere Kinder – es als Machtdemonstration nutzen. Ähnlich ist es mit Kneifen, Auf-den-Po-Klatschen, An-den-Haaren-Ziehen usw.

Hat eine Lesbe in ihrer Kindheit körperliche Gewalt (einschließlich sexueller Gewalt) als Form der »Zuwendung« erlebt, reagiert sie auf diese oft auch als Erwachsene. Dies ist Teil der weiblichen Sozialisation. Sätze wie »Ich schlage dich, weil ich dich liebe« oder »Es tut mir viel mehr weh als dir« dienen der Unterwerfung. Sie bewirken, daß auch erwachsene Frauen in Verhaltensweisen zurückfallen, die sie in ihrer Kindheit als adäquat erworben haben.

Eine andere Form der Hinführung zur Akzeptanz körperlicher/sexueller Gewalt ist die Verneinung bzw. Nichtbeachtung der Grenzen in der Kindheit und Jugend. Hierbei kann die Fähigkeit zu spüren, zu wissen, was eine will oder nicht will, nicht ausreichend entwickelt werden. Damit gehen oftmals Botschaften einher, die jedes Körpergefühl, Nacktheit, Lust und Erregung als böse, schlecht oder krankmachend bezeichnen, als Sünde gegen Gott und die Natur. So wird häufig ein schlechtes Gewissen gezüchtet, das sich bei jeder Form des Lustgefühls (nicht nur des sexuellen) sofort einschaltet. Die Bestrafung für nicht-konformes Verhalten wird in das Leben »miteingebaut«. Sie wird als »berechtigt« oder »notwendig« empfunden. Für Lesben heißt das unter anderem auch, sie sollen sich schuldig fühlen, weil sie Frauen lieben, weil sie sich – in diesem Punkt – nicht dem Patriarchat unterwerfen. Hat eine Lesbe dieses antrainierte Empfinden erst einmal verinnerlicht, ist es sehr schwer, mit den Gewalterfahrungen an die »Öffentlichkeit« (als solche gilt jede andere Person) zu gehen oder sie auch nur vor sich selbst als Gewalt zu benennen.

Was bedeutet die Arbeit mit Lesben für die Beraterin/Therapeutin und für die Klientin?

Ein Grund, weshalb ich mich zu dem Schritt entschloß, Beratung, Krisenintervention und Gruppen für Lesben und andere Frauen anzubieten, war, Raum zu schaffen, in dem Lesben und andere Frauen ein eigenes Lebenskonzept entwickeln können. Eben auch und gerade ein Lebenskonzept als Lesbe, frauenidentifizierte Frau – egal, welchen Namen sich die einzelne letztendlich gibt.
Dazu kam, daß es viel zu wenige Therapeutinnen/Beraterinnen gibt, die offen als Lesbe auftreten oder zu erkennen sind. Auf Nachfragen bei Kolleginnen bekam ich Antworten, die fast alle von Angst vor – wie auch immer gearteter – Diskriminierung zeugten: »Dann kommen 'nur noch' Lesben« oder »Davon kannst du nicht leben«. Zum Teil sind diese Bedenken leider auch berechtigt. Ich lebe und arbeite in einem kleine Dorf. Auf dem Land leben Lesben oft noch versteckter als in der Stadt. Die soziale Kontrolle ist größer, die Angst, entdeckt zu werden, für viele auch. Wenn ich als Beraterin nicht nur in meiner Praxis auftauchen, sondern am öffentlich-politischen Leben teilhaben will, bleiben mir nahezu ausschließlich die »Frauen«-Plena in der Stadt. Hier taucht die nächste Schwierigkeit auf: Einerseits höre ich von vielen Seiten die Klage, »radikalfeministische Lesben ziehen sich immer in ihre Zirkel zurück«, aber kaum taucht eine auf und will mitmachen, bekommen viele Angst. Denn in der Frauenszene wird es nicht gern gesehen, wenn Lesben Grenzen ziehen, separatistische Linien vertreten oder einfach ausdrücklich nicht damit einverstanden sind,

zu sagen, »wir« wollen doch alle dasselbe. Hinzu kommt das Problem, eine Arbeitsbeziehung aufzubauen, wenn beide, Klientin und Therapeutin/Beraterin, sich in überschneidenden privaten bzw. gesellschaftlichen Kreisen bewegen. Häufig empfinden es Klientinnen als unangenehm, der Therapeutin als »Privatperson« zu begegnen, vielleicht gar auf einer politischen Veranstaltung kontrovers mit ihr zu diskutieren. Für ein Arbeitsverhältnis kann eine solche Situation schwierig sein; es gilt, diese Probleme zu besprechen, falls nötig, zu bearbeiten, und die Grenzen des Kontaktes außerhalb des Arbeitssettings abzustecken. Es kann für die Therapeutin/Beraterin *nicht* die Alternative sein, sich aus dem öffentlichen Lesben-Leben zurückzuziehen.

Ein anderes existentielles Problem für Klientin und Therapeutin – wenn auch auf unterschiedlicher Ebene – ist die Tatsache, daß nur bestimmte Berufsgruppen »Therapie« bzw. Heilbehandlung anbieten und mit der Krankenkasse abrechnen dürfen. Das bedeutet eine Unterwerfung unter das patriarchale Wissenschafts- und Rechtssystem. Das HeilpraktikerInnengesetz (HeilprG) besagt, daß lediglich ÄrztInnen mit therapeutischer Zusatzausbildung, Psychologinnen mit Zulassung nach den HeilprG und Heilpraktikerinnen Psychotherapie anbieten dürfen. Sollten andere Personen (zum Beispiel Sozialarbeiterinnen) Therapie anbieten, kann es ihnen passieren, daß Klientinnen vor Gericht gehen und ihr Geld zurückfordern. Nach dem HeilprG ist die Klientel im Recht, da Therapie als Heilbehandlung gilt. Es stellt sich die Frage nach dem Zweck dieses Gesetzes. Zum einen dient es selbstverständlich dem Schutz der potentiellen Klientin. Zum anderen dient es jedoch auch dem wirtschaftlichen Interesse eines Berufsverbandes. Von den zugelassenen TherapeutInnen sind in den alten Bundesländern ca. 80 Prozent Männer – demgegenüber steht die Klientel, welche zu 80 Prozent aus Frauen besteht; nicht etwa, weil Frauen mehr psychische Probleme haben, sondern weil Frauen anders mit ihnen umgehen und weil ÄrztInnen Frauen eher als krank ansehen.

Es geht also um Macht im doppelten Sinne. Macht in Form von Geld und um politische, gesellschaftliche Macht. So erhalten sich Männer durch solche Gesetze die Macht über Frauen. Die meisten von ihnen haben eine psychoanalytische Ausbildung nach Freud, die in ihrem Kern frauenfeindlich ist. So werden Frauen auf ein von Männern definiertes Frauenbild hin therapiert.

Was bedeutet das HeilpraktikerInnengesetz für Lesben?

Es gibt wenige Lesben unter den 20 Prozent zugelassenen Therapeutinnen. Eine Ausbildung in Psychoanalyse ist für eine Lesbe an den meisten Instituten noch immer unmöglich, wenn sie sich als Lesbe zu erkennen gibt. Lesbischsein gilt als Entwicklungsstörung, als Defizit. So muß eine Lesbe ihr Lesbischsein entweder verschweigen oder sie wird nicht aufgenommen. Was das für eine Ausbildung heißt, die eine Eigenanalyse über bis zu fünf Jahre beinhaltet, wenn solch wichtige, lebensbestimmende Tatsachen außen vor bleiben müssen, kann sich jede vorstellen.
Von den wenigen lesbischen Therapeutinnen sind nur einige für ihre Klientinnen als Lesben erkennbar. Für viele Lesben, die eine Therapie machen wollen, ist es jedoch wichtig, daß die Beraterin/ Therapeutin lesbisch ist, so wie es beispielsweise für andere Frauen wichtig ist, zu einer Frau zu gehen, für eine schwarze Klientin zu einer schwarzen Therapeutin zu gehen oder für eine Migrantin zu einer Therapeutin mit ähnlichem Hintergrund zu gehen.
Selbst wenn eine Lesbe eine ihr entsprechende Therapeutin gefunden hat, heißt das also noch nicht, daß jede Krankenkasse die Therapie bezahlt. So muß die Lesbe erst eine Liste der Kassen durchforsten, ob eine der darauf angegebenen TherapeutInnen einen Platz frei hat. Ist dem nicht so, dann kann sie sich eine (nach dem HeilprG anerkannte) Therapeutin nach eigener Wahl suchen, die dann eventuell auch von der Krankenkasse akzeptiert wird. Es erfordert einen riesigen Aufwand an Energie, Kraft und Zeit von der Klientin, bis sie am Ziel ihrer Wünsche ist.
Zu bemerken ist weiterhin, daß viele Kassen von der Therapeutin Entwicklungsberichte als Voraussetzung zur Weiterbewilligung der Kostenübernahme verlangen. Diese muß sich überlegen, ob sie bereit ist, diese Anforderungen zu erfüllen. Wenn nicht, müssen auch bei dieser Therapeutin Lesben selbst bezahlen.
Doch die meisten Lesben, die in der Beratung, Krisenintervention o.ä. arbeiten, sind einen anderen Berufsweg gegangen. Sie sind Sozialarbeiterinnen, Sozialpädagoginnen oder kommen aus einem anderen Bereich der Praxis. Viele haben lange Jahre in Frauenprojekten gearbeitet. Sie dürfen sich »Beraterin« nennen und Krisenintervention, Supervision und dergleichen anbieten. Die meisten

von ihnen haben Unmengen an Geld in Fort- und Weiterbildungen gesteckt, wobei feministische Fort- und Weiterbildungen in der Regel weder vom Arbeitsamt noch von anderen Stellen unterstützt werden.
Einigen Beraterinnen gelingt es, eine Ärztin zu finden, die Klientinnen an sie delegiert. Das heißt, eine potentielle Klientin muß sich von einer entsprechenden Ärztin an eine Beraterin überweisen lassen, die dann über die Ärtzin mit der Krankenkasse abrechnet. Aufgrund ihrer finanziellen Situation – sie haben immer noch erheblich weniger Geld als Männer – haben also Lesben und andere Frauen größere Schwierigkeiten, eine Therapie zu machen und weniger Möglichkeiten, sich frei für eine Beraterin/Therapeutin zu entscheiden.
Gleichzeitig macht die geringe Wertschätzung der Arbeit von Frauen auch vor Lesben nicht halt. Trotz des Angebotes vieler Beraterinnen/Therapeutinnen, »Sozialpreise« für finanziell schwache Lesben und andere Frauen anzubieten, finden viele die Preise noch zu hoch. Die Tatsache, daß nicht-angestellte Frauen und Lesben, die sich entschieden haben, Freiräume für Lesben und andere Frauen zu schaffen, auch für ihre Krankenversicherung und Altersversorgung aufkommen müssen, wird oftmals übersehen.

Therapie und Beratung

Kommt eine Lesbe nun in Beratung/Therapie, gibt sie in den seltensten Fällen Gewalterfahrung in ihrer Frauenbeziehung als einen Grund für ihr Kommen an. *Körperliche* Gewaltanwendung scheint in Frauenbeziehungen eine verhältnismäßig geringe Rolle zu spielen. Lesben sind wie alle Frauen darauf getrimmt, *keine* körperlichen Aggressionen zu zeigen. Emotionale oder psychische Gewalt anzuwenden, die subtiler angesetzt werden kann und oft schwerer zu entlarven ist, haben alle Frauen besser verinnerlicht.
Kommt es in Beziehungen zu körperlicher Gewaltanwendung, versucht die Lesbe, die Opfer wird, oft der Täterin zu »helfen«. Als Gründe werden genannt: »Sie ist doch auch eine Frau!«, »Sie hatte solch eine schlechte Jugend/Kindheit!«, »Ich kann sie doch nicht im Stich lassen!« oder auch die Angst vor dem Alleinsein (»Es gibt nicht so viele Lesben, deshalb muß ich bei ihr bleiben«) oder die

Schuldzuweisung an sich selbst (»Ich bin selbst schuld, ich habe etwas falsch gemacht«). Viele der Gründe, weshalb Lesben die Opferrolle ertragen, ähneln den Gründen der Hetero-Frauen, die ihre gewalttätigen Männer nicht verlassen. Aber zusätzlich sind da eben auch die lesbenspezifischen Gründe, deren Basis sich in der Lebensrealität von Lesben findet.

Dennoch ist das Entlarven der körperlichen Gewalt einfacher als das Entlarven der psychischen Gewalt: Die Folgen körperlicher Gewalt sind meist offensichtlich, wenn die Gewalt auch oft verständnisvoll erklärt wird. Die psychische Gewalt als solche benennen zu können dauert für das Opfer oft sehr lange. Benenne ich als Beraterin im Gespräch das von der Klientin beschriebene Verhalten als Gewalt, tritt meist Erleichterung ein, da die Lesbe sich in ihrem Fühlen und ihrer Wahrnehmung bestätigt sieht. Ähnliche Reaktionen kenne ich aus der Beratung für vergewaltigte Frauen. Auch sie haben Angst, das Geschehene als das zu bezeichnen, was es ist: Gewalt, Vergewaltigung.

Ist die Täterin die Geliebte, wird die Gewalt erst einmal beschönigt bzw. bagatellisiert, denn ist die Tatsache der Gewaltanwendung einmal ausgesprochen, ist sie nicht mehr wirklich zu negieren. Einmal »zugegeben« ist sie öffentlich; zu tun, als sei nichts geschehen, ist jetzt nicht mehr so einfach. Das Resultat ist Erleichterung: Jetzt weiß es eine andere Person, und sie glaubt mir – das kann Hilfe sein, aber auch Angst und Scham erzeugen: Ich habe meine Geliebte = die Täterin verraten; was wird jetzt passieren? Ich habe zugegeben, daß ich Opfer = schwach bin. Die meisten Klientinnen meinen, daß es ihnen als einzige so geht, daß nur sie Opfer von Gewalt sind. Das verstärkt das Schamgefühl. Was folgt, ist ein Gefühlschaos: »Ich bin schuld!« – »Sie tut es aber wirklich!« – »Es ist doch gar nicht so schlimm!« – »Ich will das nicht mehr!« Und immer wieder die Schuldfrage.

Da die meisten meiner Klientinnen nach der Schuld fragen – Schuld = Grund –, ist ein großer Teil der Arbeit der Aufarbeitung der Beziehung gewidmet. Hierbei stellt die Klientin gewöhnlich fest, daß die Schuldfrage (egal, ob es sich um physische oder psychische Gewaltanwendung handelt) nicht das Problem ist. Klar wird, daß keine das Recht hat, Gewalt anzuwenden, und daß es meist um Machtfragen geht. Deutlich wird aber auch die Form und der Ablauf der Interaktionen, das heißt des Handlungsschemas.

Eine gute Methode hierbei ist das Psychodrama, bei dem die Klientin durch Rollenwechsel die Rollen beider Beteiligten einnehmen und damit ihren Erlebnishorizont erweitern kann. Das soll *nicht* bewirken, daß sie ihr Verständnis für die Täterin verstärkt – großes Verständnis haben die meisten ohnehin schon. Die Klientin kann ihr eigenes Verhalten, ihre Gefühle überprüfen, mit ihrem Umfeld in Verbindung bringen, verstehen und gegebenenfalls verändern lernen. Sie kann für sich neue Verhaltensweisen ausprobieren, lernen, Grenzen zu setzen und im Rollenspiel erleben, ob die gewünschte Wirkung erreicht werden kann. Dies ermöglicht der Lesbe, mehr Verantwortung für sich zu übernehmen und einen Ausweg aus der Situation zu finden, der letztlich bedeuten kann, die Beziehung zu beenden. Dieser Schritt macht den meisten angst; sie wollen lieber sich selbst verändern, um die Beziehung zu erhalten. Hierzu müßten wahrscheinlich beide Partnerinnen in getrennte Beratung/Therapie gehen. Doch selbst dann können sich beide in verschiedene Richtungen entwickeln, und eine Trennung könnte unausweichlich sein. Meines Erachtens kann eine Lösung aus der Gewaltsituation nur erfolgen, wenn eine – zumindest zeitweilige – räumliche Trennung von der Mißhandlerin/gewaltausübenden Partnerin erfolgt. Das gilt auch für die Täterin: Sie kann ihre Beziehung zu sich selbst und zu anderen nur klären, wenn sie sich von ihrer Geliebten, die für sie zum Opfer geworden ist, trennt.

Literatur

Bass, Ellen und Laura Davis: *Trotz allem. Wege zur Selbstheilung für sexuell mißbrauchte Frauen und Mädchen*, Berlin 1990
Dürmeier, Waltraud u.a. (Hg.): *Wenn Frauen Frauen lieben ... und sich für die Selbsthilfe-Therapie interessieren*, München 1990
Kokula, Ilse: *Jahre des Glücks, Jahre des Leids, Gespräche mit älteren lesbischen Frauen*, Kiel 1986
dies.: »Zur Situation lesbischer Frauen in der NS-Zeit«, in: *beiträge zur feministischen theorie und praxis: Nirgendwo und überall – Lesben*, Bd. 25/26, Köln 1989.
Rich, Adrienne (1980): »Zwangsheterosexualität und lesbische Existenz«, in: *Macht und Sinnlichkeit – Ausgewählte Texte von Audre Lorde und Adrienne Rich*, hg. von Dagmar Schultz, Berlin 1991, S.138-168

Constance Ohms
Recht lesbisch

Viele mißhandelte Lesben machen während oder nach ihrer gewalttätigen Beziehung keine rechtlichen Ansprüche geltend. Dies liegt zum einen an mangelnder Information über rechtliche Möglichkeiten, zum anderen aber auch daran, daß sie im Gegensatz zu mißhandelten heterosexuellen Frauen kaum Unterstützung erfahren. Nach einer Trennung hat nicht jede Lesbe die Kraft, ihre Rechte in Anspruch zu nehmen, zumal dies neben der psychischen Belastung zusätzlich noch mit einem Coming-out verbunden sein kann. Gerade im strafrechtlichen Bereich, also zum Beispiel, wenn eine Anklage wegen Hausfriedensbruch (die Partnerin betritt gegen deinen ausdrücklichen Willen dein Zimmer), Freiheitsberaubung, Beleidigung, Körperverletzung, Sachbeschädigung oder sexueller Nötigung erfolgt, kann die Beziehung zwischen Täterin und Opfer vor Gericht thematisiert werden, wenn Rechtfertigungs- oder Entschuldigungsgründe vorgebracht werden. Dies kann viele betroffene Lesben von der Inanspruchnahme rechtlicher Möglichkeiten abhalten. Bei einer Klage im privatrechtlichen Bereich, so zum Beispiel bei Streitigkeiten in Folge der Auflösung des gemeinsamen Haushaltes, spielt die intime Beziehung zwischen den Parteien keine bedeutende Rolle. Hier ist also ein Handlungsrahmen gegeben, der nicht unbedingt mit einem öffentlichen Coming-out verbunden sein muß.
Mißhandelte Lesben sollten auf jeden Fall die bestehenden rechtlichen Möglichkeiten mit Hilfe versierter lesbischer Anwältinnen wahrnehmen, denn eine Unterlassung gereicht nur der Mißhandlerin zum Vorteil. Es leben nicht viele Anwältinnen offen lesbisch, jedoch gibt es die Möglichkeit, sich mit Hilfe lesbischer Informationszentralen über lesbische Anwältinnen zu informieren.

Ein kurzer Einblick in das Privatrecht

Wohnen beide Partnerinnen in einer gemeinsamen Wohnung, gelten sie als »nichteheliche Gemeinschaft«, sie bilden eine Wohn- und Wirtschaftsgemeinschaft, das heißt, die sexuelle Beziehung zueinander ist irrelevant, nicht jedoch die gemeinsame Haushaltskasse. Juristisch gesehen gibt es für beide Partnerinnen keine speziellen Rechtsvorschriften, so wie sie bei ehelichen oder eheähnlichen Gemeinschaften zu finden sind. Es hat sich jedoch eine »herrschende Rechtsprechung« herausgebildet, der allgemein gefolgt wird.

Wohnen zwei Lesben in einer nichtehelichen Gemeinschaft, bleiben Gegenstände, die von den einzelnen Frauen in diese Gemeinschaft eingebracht wurden, im Besitz derjenigen, der dieser Gegenstand vor Eintritt in die Beziehung gehörte. Dies kann beispielsweise ein Fernseher, eine Stereoanlage, Geschirr oder ein Videorecorder sein. Werden Gegenstände während des gemeinsamen Zusammenlebens erworben, gehören sie derjenigen, der sie von der/dem früheren RechtsinhaberIn übereignet worden sind. Es ist davon auszugehen, daß diejenige, die die Gegenstände bezahlt hat und in deren Namen gehandelt wurde, auch Eigentümerin werden soll.[1] Hierfür sind Belege, Verträge oder gemeinsam aufgestellte Listen und Verzeichnisse der Partnerinnen hilfreich. Im übrigen kommt es auch darauf an, wer den Gegenstand benutzt hat und, bei einer Ersatzbeschaffung, wem das ursprüngliche Stück gehörte.

Steht nur eine der Partnerinnen im Hauptmietvertrag und wird zwischen ihnen *kein* Untermietvertrag vereinbart, kann zwar bei Beendigung der Beziehung die Hauptmieterin von der ehemaligen Partnerin verlangen, die Wohnung innerhalb der vereinbarten oder der gesetzlichen Kündigungsfrist (§ 565 Absatz 1 und 2 BGB) zu räumen. Die Untermieterin kann aber, wenn ihre bisherige Partnerin sie auf Räumung verklagt hat, bei Gericht beantragen, ihr eine den Umständen angemessene Räumungsfrist zu gewähren. Die Räumungsfrist darf nach § 721 ZPO insgesamt nicht mehr als ein Jahr betragen. Bei besonderer »Härte, die mit den guten Sitten nicht vereinbar ist« (§ 765a ZPO), kann die Untermieterin die Untersagung oder den Aufschub der Räumung beantragen. Eine sittenwidrige Härte bei der Zwangsräumung ist beispielsweise dann gegeben, wenn die Untermieterin ernst (auch psychisch) erkrankt ist.[2] Die Hauptmieterin darf die Untermieterin keinesfalls eigenmächtig aussperren. Gegen diese unzulässige Eigenmacht kann die Ausgesperrte eine Einstweilige Verfügung bewirken. Die Inanspruchnahme dieses Rechtes muß jede mißhandelte

Lesbe von ihrer eigenen spezifischen Situation abhängig machen, denn dies kann zugleich bedeuten, zur Mißhandlerin zurückzukehren. Das Landgericht München hat allerdings in einem solchen Fall bei einer Hetero-Beziehung § 1361 BGB analog angewandt.[3] Danach kann bei Getrenntlebenden »ein Ehegatte verlangen, daß ihm/ihr der/die andere die Ehewohnung oder einen Teil zur alleinigen Benutzung überläßt, soweit dies notwendig ist, um eine schwere Härte zu vermeiden«.

Bei einer *Trennung* findet kein Hausratverteilungsverfahren statt. Jede darf die Gegenstände verlangen, die ihr gehören. Gemeinsam angeschaffte Gegenstände oder Geschenke müssen, wenn sich beide nicht einigen können, in Natur geteilt werden oder, wenn dies nicht möglich ist, veräußert und der Erlös geteilt werden.[4]

Die Interviewpartnerin C. sagte: »Ich ging mit demselben Koffer, mit dem ich damals gekommen war«. Inzwischen waren drei Jahre vergangen, in denen ein Farbfernseher, ein Videorecorder, eine Stereoanlage und diverse Möbelstücke gemeinsam angeschafft wurden. C. 'überließ' alles ihrer Partnerin, sie war psychisch überhaupt nicht in der Lage, irgendwelche Rechte in Anspruch zu nehmen. Gerade bei der Trennung von einer gewalttätigen Partnerin ist es bitter notwendig, daß betroffene Lesben durch ein soziales Netz aufgefangen werden, das sie unterstützt und Möglichkeiten aufzeigt, ihre Rechte geltend zu machen. Oft genügt es, daß eine autorisierte Anwältin sich mit der Mißhandlerin in Verbindung setzt und über die Teilung beziehungsweise Rückgabe der betreffenden Gegenstände verhandelt.

Ein kurzer Einblick in das Strafrecht

Definition von Gewalt
Der strafrechtliche Begriff der Gewalt weicht deutlich von der lesbisch-feministischen Definition ab. Grundlage bildet der § 240, Abs.1 StGB zur Nötigung: »Wer einen anderen rechtswidrig mit Gewalt oder durch Drohung mit einem empfindlichen Übel zu einer Handlung, Duldung oder Unterlassung nötigt, wird mit Freiheitsstrafe bis zu drei Jahren oder mit Geldstrafe, in besonders schweren Fällen mit Freiheitsstrafe von sechs Monaten bis zu fünf Jahren bestraft.«

Unter dem Begriff Gewalt wurde ursprünglich nur »der Einsatz physischer Kraft zur Beseitigung eines wirklichen oder vermuteten Widerstandes«[5] verstanden. Später wurde der Begriff »entmaterialisiert«, das heißt durch »Einbeziehung gewisser psychischer Wirkungen zunehmend ausgedehnt«.[6] So gilt als Gewalt nicht nur jede körperliche Gewalt, sondern auch beispielsweise Anschreien, wenn ein vermuteter oder tatsächlicher Widerstand dadurch beseitigt werden soll. Wesentlicher Punkt ist hier jedoch, daß eine Zwangswirkung, »mindestens in dem Sinn körperlich vermittelt sein muß, daß der Genötigte sie körperlich empfindet, ihr also entweder überhaupt nicht, nur mit erheblicher Gegengewalt oder in nicht zumutbarer Weise begegnen kann«.[7] Dies bedeutet, daß nicht-körperliche Gewalt von dem Opfer jedoch körperlich empfunden werden muß, zum Beispiel durch eine allergische Reaktion. Die Rückkehr zur »Körperlichkeit« ist eng mit der Problematik der Nachweisbarkeit verknüpft – Schäden an der Seele sind sehr schwer glaubhaft zu machen. Aus diesem Grund hat sich inzwischen wieder eine beachtliche Gegenbewegung gegenüber der Entmaterialisierung des Gewaltbegriffes gebildet, die eine teilweise oder volle Rückkehr zu dem klassischen Gewaltbegriff fordert.

Sexuelle Nötigung
Den meisten Lesben sind Delikte wie Hausfriedensbruch, Beleidigung, Sachbeschädigung oder Freiheitsberaubung ein Begriff, das heißt, jede kann sich wenigstens vage etwas darunter vorstellen. Dem ist jedoch nicht so bei der sexuellen Nötigung (§ 178 StGB), die im Gegensatz zu Vergewaltigung oder Pornographie auch kaum diskutiert wird.
Bei sexueller Nötigung nach § 178 StGB wird derjenige, »der mit Gewalt oder durch Drohung mit gegenwärtiger Gefahr für Leib und Leben einen anderen nötigt, außereheliche sexuelle Handlungen des Täters oder eines Dritten an sich zu dulden oder an dem Täter oder einem Dritten vorzunehmen, mit Freiheitsstrafe von ein bis zehn Jahren bestraft«. Damit wird sexuelle Nötigung gemäß § 12 Abs. 1 StGB zu einem Verbrechen, dessen bloßer Versuch nach § 23 Abs. 1 StGB schon strafbar ist. Unter den Begriff der sexuellen Nötigung kann beispielsweise Busengrapschen, ein erzwungener Zungenkuß oder das Einführen von Gegenständen in die Vagina unter Androhung oder Ausübung von Gewalt fallen.

Der Tatbestand der sexuellen Nötigung kann auf lesbische Beziehungen angewandt werden, da er nicht wie der des § 177 StGB (Vergewaltigung) den Beischlaf zwischen Mann und Frau als Voraussetzung für die Strafbarkeit erfordert. Das »Ausweichen« auf den § 178 StGB ist also darin begründet, daß Vergewaltigung in lesbischen Beziehungen juristisch nicht anerkannt ist, auch dann nicht, wenn das Opfer zum Beispiel Verletzungen im Vaginalbereich nachweisen kann. Vergewaltigung ist an den erzwungenen Beischlaf und damit an den Penis des Mannes gebunden und schließt folglich jede andere Form der Penetration aus.

An diesem Punkt sei auf die sogenannte »Aussagenkonstanz« hingewiesen: Vergewaltigte oder mißhandelte Lesben sollten sich am besten mit einer Freundin zusammensetzen und eine Aussage vorformulieren, bevor sie zur Polizei gehen und Strafantrag stellen. Jede spätere (sprachliche) Abweichung von diesem Polizeibericht unterminiert in den Augen des Strafgerichts die Glaubwürdigkeit des Opfers und kann zu einer Einstellung des Verfahrens führen. Die zeitliche Verzögerung zwischen Tat und Aussage kann jederzeit mit einer Schockeinwirkung glaubhaft begründet werden.

Meines Wissens ist in Deutschland bis jetzt noch kein Urteil über sexuelle Nötigung in lesbischen Beziehungen gefällt worden, auch wenn dieser Paragraph theoretisch sehr wohl die Möglichkeit bietet, sich unabhängig vom Geschlecht der mißhandelnden Person gegen sexuelle Übergriffe zu wehren.

Wie und wo wird eine Strafanzeige beziehungsweise ein Strafantrag gestellt?

Eine *Strafanzeige* kann von jeder, also auch von einer Unbeteiligten, bei der Staatsanwaltschaft, der Polizei oder beim Amtsgericht schriftlich oder mündlich erstattet werden. Sie dient als Anregung zur Prüfung, ob Anlaß zur Einleitung eines Ermittlungsverfahrens besteht. Sofern hinreichende Anhaltspunkte vorliegen (§ 152 Abs. 2 StPO) ist die Strafverfolgungsbehörde bei schweren Delikten von Amts wegen verpflichtet, einzuschreiten. Es hat keinen Einfluß auf den weiteren Verlauf des Strafverfahrens, ob die Anzeigenerstatterin ihre Strafanzeige wieder zurücknimmt. Dies sollte vor Erstattung einer Strafanzeige bedacht werden.

Ein eventuell mit der Anzeige verbundener *Strafantrag* kann bei den Behörden nur schriftlich von dem Opfer selbst gestellt werden (§ 77 StGB, 158 StPO). Der Strafantrag ist zum Beispiel für die Verfolgung von Straftaten wie Beleidigung, Sachbeschädigung, leichte vorsätzliche oder fahrlässige Körperverletzung, Hausfriedensbruch und geringfügigen Eigentumsdelikten erforderlich. In diesen Fällen kann die Staatsanwaltschaft nach ihrem Ermessen tätig werden, falls ein besonderes öffentliches Interesse an der Strafverfolgung besteht.

Die Privatklage
Besteht kein öffentliches Interesse, kann die Klägerin den Weg der Privatklage beschreiten. Dabei handelt es sich um ein Strafverfahren mit dem Ziel, gegen die Beschuldigte eine Strafe zu verhängen, die wie eine auf öffentliche Klage erkannte Strafe vollstreckt wird. Beim Privatklageverfahren nimmt man selbst die Rolle der Staatsanwältin ein. Gegen Jugendliche ist die Privatklage allerdings unzulässig (§ 80 I JGG). Vor Erhebung der Privatklage erfolgt jedoch erst ein Sühneversuch mit der Täterin vor einer sogenannten Vergleichsbehörde, die je nach Landesrecht eine Schiedsperson, das Amtsgericht oder die Gemeinde sein kann. Scheitert dieser Sühneversuch, ist der Weg für die Privatklage offen. Der Nachteil einer Privatklage ist, daß sie für die Klägerin sehr teuer werden kann, denn sie ist nach §§ 379a StPO, 67 GKG zur Zahlung eines Prozeßkostenvorschusses verpflichtet. Außerdem kann das Gericht das Verfahren jederzeit einstellen (nach § 383 II StPO), wenn es die Schuld der Täterin für gering hält, so daß die Klägerin die Kosten des Verfahrens (nach § 479 III Nr. 2 StPO) tragen muß. Wenn also beispielsweise die ehemalige Partnerin mit Hilfe eines Nachschlüssels gegen den Willen der Mieterin in die Wohnung eindringt, begeht sie einen Hausfriedensbruch. Nach erfolglosem Sühneversuch erhebt nun die »Verletzte« (Mieterin) Privatklage beim Amtsgericht gegen ihre ehemalige Partnerin und muß hierfür einen Prozeßkostenvorschuß bezahlen. Das Amtsgericht kann nun das Strafverfahren gegen die ehemalige Partnerin wegen geringer Schuld einstellen. Gering ist die Schuld dann, wenn sie im Vergleich zu ähnlichen Vergehen nicht unerheblich unter dem Durchschnitt liegt.[8]

Die Nebenklage
Bei Strafprozessen gewinnt die Möglichkeit der Nebenklage, die durch Vergewaltigungsprozesse relativ bekannt ist, immer mehr an Bedeutung. Die Verletzte erhält dadurch neben der Staatsanwaltschaft eine umfassende Beteiligungsbefugnis im gesamten Strafverfahren. In diesem Verfahren hat die Nebenklägerin Gelegenheit, ihre persönlichen Interessen auf Genugtuung zu verfolgen und insbesondere durch aktive Beteiligung (Abgabe von Erklärungen, Fragen, Stellen von Beweisanträgen, etc.) das Verfahrensergebnis zu beeinflussen. Der Nachteil einer Nebenklage besteht darin, daß die Nebenklägerin gegen das Urteil des Strafprozesses wegen der Strafhöhe als solche kein Rechtsmittel einlegen kann. Gegen Freisprüche und gegen Verurteilungen aufgrund einer zu milden Strafvorschrift (zum Beispiel bei einer Verurteilung wegen Nötigung statt wegen sexueller Nötigung) hingegen kann die Nebenklägerin sehr wohl Berufung und Revision einlegen. Außer bei eingelegten Rechtsmitteln braucht die Nebenklägerin keine Gebühren- und Auslagenvorschüsse zu bezahlen (§§ 67, 68 GKG). Die Nebenklägerin hat Anspruch auf Hinzuziehung einer Rechtsanwältin, so daß ein Antrag auf Prozeßkostenhilfe gegebenenfalls zu bewilligen ist (§ 397a StPO).

Die Stellung von Zeuginnen und Verletzten in einem Strafprozeß

Zeugin und Verletzte sollen im Verfahren vor Bloßstellung geschützt werden. Nach § 68a StPO sollen Fragen des Richters oder der Richterin an die Zeugin nach Tatsachen, die ihren persönlichen Lebensbereich betreffen, nur gestellt werden, wenn es unerläßlich ist. Zu dem persönlichen Lebensbereich gehören insbesondere private Eigenschaften und Neigungen, der Gesundheitszustand und die Intimsphäre. Deshalb müssen Fragen der RichterInnen über das Sexualleben von Lesben nicht gestellt, geschweige denn beantwortet werden. Die Verletzte oder die Zeugin kann sich auch dadurch schützen, daß sie einen Antrag auf Ausschluß der Öffentlichkeit stellt (§ 171b GVG). Falls das Interesse an öffentlicher Erörterung nicht überwiegt, wird diesem meist auch stattgegeben. Auch kann die *Angeklagte* aus dem Sitzungszimmer entfernt werden, wenn dies im Interesse des Gesundheitszustandes der Zeugin ist (§ 247 StPO). Hierfür jedoch bedarf es einer konkreten Gefahr für die Wahrheitsfindung, zu deren Abwendung die zeitweise Entfernung der Angeklagten notwendig und unvermeidbar scheint.

Schlußfolgerung

Gerade für Lesben ist es wichtig, über derartige Möglichkeiten, in das prozessuale Geschehen einzugreifen, informiert zu sein: Viele scheuen den Gang zum Gericht, da die berechtigte Angst vor hämischen PolizistInnen und entwürdigenden Fragen größer sein kann als der Mut und das Interesse an der Durchsetzung des Rechtsanspruchs auf Verfolgung der Täterin. Mangelnde Information und mangelnde Unterstützung verhindern oder erschweren es, daß die bestehenden Möglichkeiten ausgeschöpft werden. Lesbische Juristinnen müßten mehr Öffentlichkeitsarbeit leisten, um auf juristische Möglichkeiten für Lesben aufmerksam zu machen und ihnen so mehr Sicherheit zu bieten, sich gegen Übergriffe jeglicher Art zu wehren – als Lesben. Ebenso müßten Polizisten und Polizistinnen sowie die Staatsanwaltschaft und RichterInnen geschult werden, um ihre Vorurteile und Ängste vor Lesben abzubauen. Nur so kann der anti-lesbischen Gewalt und der häuslichen Gewalt in lesbischen Beziehungen effektiv begegnet werden.

Anmerkungen

1 OLG Hamm, siehe: *Neue Juristische Wochenschrift* 1989, S.909.
2 Thomas/Putzo: *Kommentar zur ZPO*, 1991, 17. Aufl., Anmerkung 3b zu § 765a ZPO.
3 *Monatsschrift für Deutsches Recht*, 1990, S.1014.
4 Die Schwulen Juristen (Hg.): *Schwule im Recht*, 1992, 7.22.
5 Schönke/Schröder-Eser: *Kommentar zum Strafgesetzbuch*, 1991, 23. Aufl., RdNr. 7 zur Vorbem. vor §§ 234ff. StGB.
6 Karl Lackner: *StGB – Strafgesetzbuch mit Erläuterungen*, 1987, S.972.
7 Ebd., S.974.
8 Kleinknecht/Meyer/Meyer-Goßner: *Strafprozeßordnung, Gerichtsverfassungsgesetz, Nebengesetze und ergänzende Bestimmungen – Kommentar*, 1991, Rn 13 zu § 383 StPO.

Abkürzungen

BGB = Bürgerliches Gesetzbuch
GVG = Gerichtsverfassungsgesetz
StPO = Strafprozeßordnung
GKG = Gerichtskostengesetz
StGB = Strafgesetzbuch
ZPO = Zivilprozeßordnung

Sunny Graff
Selbstverteidigung für mißhandelte Lesben

Die Erkenntnis, daß männliche Gewalt ein wesentlicher Mechanismus des Patriarchats ist, ist nicht neu. Feministinnen haben praktisch jeden Aspekt der Auswirkungen männlicher Gewalt auf das Leben von Frauen/Lesben analysiert; wir predigen öffentliches Bewußtsein, Prävention, Selbstverteidigung, männliche Verantwortlichkeit und stellen Frauen und Mädchen, deren Leben von männlicher Gewalt zerstört ist, Hilfe zur Verfügung. Wir haben unsere Rolle als »Opfer«[1] oder »Überlebende« erkannt und kämpfen aktiv für eine Veränderung dieses Status'.

Den Gedanken an Gewalt in lesbischen Beziehungen haben wir bisher immer weit von uns geschoben – doch auch diese Gewalt ist ein Problem, und es ist weiter verbreitet, als die meisten von uns in der Frauen- und Lesbengemeinschaft zugeben mögen. Wir haben die Gewalt innerhalb unserer eigenen Reihen lange ignoriert, verleugnet oder heruntergespielt und es vorgezogen, in einer Utopie von respektvoller Liebe unter Gleichen zu schwelgen. Jedoch sind immer mehr Opfer nicht länger bereit zu schweigen und fordern, gehört zu werden; das Schreckgespenst der Gewalt unter Lesben hat ein neues Gesicht bekommen und fordert nun unsere Aufmerksamkeit. Die Kenntnisse, die wir im Umgang mit männlicher Gewalt gesammelt haben, müssen wir nutzen, um das Thema Gewalt unter Lesben direkt anzugehen: es nicht länger verleugnen, es als Problem benennen, Öffentlichkeit dafür schaffen, den mißhandelten Lesben Hilfe zur Verfügung stellen, die Täterinnen für ihre Taten verantwortlich machen und Strategien entwickeln, um der Gewalt in unseren Beziehungen vorzubeugen.

So wie feministische Selbstverteidigungskurse sich als wirkungsvolle Strategie erwiesen haben, um Frauen von den Fesseln männlicher Kontrolle zu befreien, können sie Teil einer umfassenden Herangehensweise an die Problematik der Gewalt unter Lesben bilden. In feministischen Selbstverteidigungskursen lernen Frauen/Lesben und Mädchen, Respekt einzufordern und für ihre Rechte einzustehen – eine Aufgabe, die wir nur dann erfüllen können, wenn wir uns selbst respektieren und an uns glauben. Die vier Schwerpunkte der feministischen Selbstverteidigung können auch nützlich sein, um Gewalt in lesbischen Beziehungen zu bekämpfen: Information, Konfrontationstraining, körperliche Techniken und geistige Übungen.

Information

Gewalt in lesbischen Beziehungen ist Realität. Den mißhandelten Lesben wird oft nicht geglaubt; sie erhalten wenig Unterstützung und Trost von ihren FreundInnen, wenn sie erzählen, daß sie mißhandelt worden sind. Auch gibt es so gut wie keine sozialen Einrichtungen für mißhandelte Lesben. Diese Tatsachen, zusammen mit der mangelnden Bereitschaft der Frauen- und Lesbengemeinschaft, sich mit dem Thema auseinanderzusetzen, zwingen die Opfer in die Isolation und halten sie weiterhin verletzbar. Lesben müssen genauso wie heterosexuelle Frauen über Formen der Mißhandlung sowie Hilfsmöglichkeiten informiert werden, und die Frauenhäuser müssen für Lesben in Krisensituationen zugänglich gemacht werden.
Die Täterin will ihre Partnerin kontrollieren und beherrschen und versucht, ihre Herrschaft mittels psychischer und physischer Gewalt durchzusetzen und zu festigen. Die meisten Gewaltsituationen beginnen allmählich und steigern sich dann in ihrer Intensität und Schärfe. Es ist wichtig, der Gewalt schon in einem frühen Stadium zu begegnen und sie zu stoppen.
Gemäß einer bahnbrechenden Arbeit von Lenore Walker, einer US-amerikanischen Psychologin, die sich schon früh auf Fälle mißhandelter Frauen spezialisiert hat, weisen Gewaltmechanismen drei Phasen auf. Die erste ist die Phase vor der eigentlichen Mißhandlung, in der die Anspannung des Täters wächst und sich anstaut. In dieser Phase versucht das Opfer, den Täter zu besänftigen, um so die eigentliche Gewalttätigkeit zu vermeiden. Da aber die Gewalt nicht vom Verhalten des Opfers abhängig ist (sie ist dafür nicht verantwortlich), ist das Versagen des Besänftigungsversuches vorprogrammiert. In der zweiten Phase findet die eigentliche gewalttätige Handlung statt; sie kann Minuten oder gar Stunden dauern. In der dritten und letzten Phase zeigt sich der Täter von seiner besten Seite, er ist liebenswürdig, bekennt seine Liebe

und bittet um Verzeihung – eine Bitte, der das Opfer auch oft genug nachkommt. Diese Phase der Ruhe und Liebe verstärkt die Beziehung genauso wie den Kreislauf der Gewalt. Obwohl Lenore Walkers Studie sich mit heterosexuellen Frauen befaßt, die von Männern mißhandelt wurden, bin ich aufgrund meiner langjährigen Erfahrung überzeugt, daß derselbe Gewaltmechanismus von Sich-selbst-dafür-verantwortlich-Machen, Schuld, Verlust des Selbstwertgefühls, Spannung und Besänftigung, Gewalt und Reue auch in lesbischen Beziehungen funktioniert.

Viele Opfer von Gewalt beschreiben die erste Phase, in der sich die Spannung aufbaut, als das schlimmste Stadium des Kreislaufs, schlimmer noch als die eigentliche gewalttätige Handlung. Manchmal ist diese sich anstauende Spannung für das Opfer nicht länger zu ertragen, so daß sie den Ausbruch »provoziert«, nur damit es vorüber ist. Dies führt dazu, daß sich die Opfer teilweise verantwortlich fühlen, die Gewalt verursacht zu haben, ebenso wie es dem Täter bzw. der Täterin einen willkommenen Grund liefert, das Opfer verantwortlich zu machen, um so die eigene Gewalttätigkeit zu entschuldigen.

Physische und psychische Gewalt fordern vom Opfer einen großen Tribut. Die Selbstachtung der mißhandelten Lesbe/Frau wird mit jeder Episode der Gewalt Stück für Stück zerstört. Mißhandlungen wurden mit einem langsamen Tod durch kleine, sich im Laufe der Zeit anhäufende Dosen Gift verglichen. Nicht die einzelne Dosis ist tödlich, doch die Ansammlung vieler kleiner Verabreichungen saugt langsam aber sicher das Leben aus dem Opfer.

Jede Form von Gewalt raubt dem Opfer ihre Selbstachtung. Sie schämt sich, mißhandelt worden zu sein, und lenkt ihre Wut, die eigentlich der Täterin bzw. dem Täter gelten sollte, auf sich selbst, weil sie die Mißhandlungen erduldet. Sie beginnt zu glauben, daß sie zumindest teilweise für die Gewalt verantwortlich sei oder es »irgendwie« schon verdient hätte. Je mehr ihre Selbstachtung jedoch sinkt, desto mehr wird das Opfer psychisch von der Täterin bzw. dem Täter abhängig, und so wird es für sie immer schwieriger, etwas zu unternehmen, um ihre Situation zu ändern.

Der von Lenore Walker erstmals dargestellte Kreislauf der Gewalt findet sich auch in lesbischen Beziehungen wieder. Daher ist es außerordentlich wichtig, Lesben und Frauen über diesen Kreislauf zu informieren, so daß sie bestimmte Muster schon im Ansatz

erkennen können und sich ihnen entziehen, bevor sie sich darin verfangen. Die meisten Frauen/Lesben, die noch nie in einer gewalttätigen Beziehung gelebt haben, behaupten selbstgefällig, daß sie nie auch nur den geringsten Akt von Mißhandlung tolerieren würden; beim ersten Anzeichen von Gewalt machten sie sich auf und davon. Die meisten mißhandelten Lesben haben dasselbe gesagt – bevor sie mißhandelt wurden.
Die Phase der Liebe und Vergebung hat eine unglaublich verbindende Wirkung und hält das Opfer in der Beziehung gefangen. Die Täterin behauptet, »die Kontrolle verloren zu haben«, weil sie sich hilflos und von ihrer Liebe für die Partnerin überwältigt fühlt. Die Täterin ist »verletzbar«, offen und voller Liebe. Das Opfer fühlt sich der Täterin näher denn je – und kommt sich selbst schlecht vor. Mit der Zunahme der Gewalt und der fortschreitenden Aushöhlung des Selbstwertgefühls wird das Opfer immer isolierter und ängstlicher. Je länger die Geschichte der Gewalt andauert, desto schwieriger wird es für das Opfer, den Kreislauf zu durchbrechen.

Konfrontationstraining

Im Konfrontationstraining lernen Lesben/Frauen und Mädchen, Belästigungen und andere potentiell gefährliche Situationen zu erkennen und zu beenden – und zwar mit Hilfe ihres Gefühls und ihrer Intuition, ihrer Aufmerksamkeit, ihrer Körpersprache, mit Augenkontakt, verbalen Techniken und direkter Konfrontation. Wir üben, in jeder Situation, in der unser persönlicher Raum verletzt wird und uns unsere Rechte verwehrt werden, Respekt einzufordern. Wir lernen, dieses verletzende Verhalten zu benennen, fordern Einhalt und machen den/die AngreiferIn, BelästigerIn für seine/ihre Gewalt verantwortlich.
Die Sozialisation von Lesben/Frauen und Mädchen wirkt derart, daß wir von unseren Bedürfnissen und Gefühlen abgeschnitten werden. Von früher Kindheit an lernen Mädchen ihre Rolle als Fürsorgerin und Friedensstifterin – die Bedürfnisse der anderen haben Vorrang. Während Rücksichtnahme und Höflichkeit – in Maßen – bewundernswerte Eigenschaften sind, wirken sie unterdrückend, wenn dabei unsere eigenen Gefühle und Bedürfnisse

vergessen und ignoriert werden. Im Konfrontationstraining lernen wir, wieder in Berührung mit unseren Bedürfnissen zu kommen und nicht die Gefühle und Bedürfnisse der anderen automatisch in den Vordergrund zu stellen. Sich ihrer selbst bewußt zu sein und sich selbst zu lieben sind die Schlüssel für Selbstverteidigung.
Selbst in höchst gefährlichen Angriffssituationen sind Frauen/Lesben so konditioniert, daß sie dieses Ereignis aus dem Blickwinkel des Täters sehen: Eine Frau, die nachts allein von der U-Bahn nach Hause geht und von einem Mann verfolgt wird, der sie nervös macht, fragt sich eher: »Ist es nicht ein Zufall, daß er denselben Weg genommen hat? Vielleicht lebt er ja in meiner Nachbarschaft. Was will er? Warum verfolgt er mich? Tja, es ist eine öffentliche Straße, er hat dasselbe Recht, hierzusein, wie ich. Will er mich überfallen?« Auf diese Fragen wird sie erst eine Antwort bekommen, wenn er sie angreift und damit seine Absichten deutlich zu verstehen gibt. So bedrohlich die Situation auch sein mag, die Lesbe/Frau wird immer eine Vielzahl von harmlosen Erklärungen für sein Verhalten finden und es entschuldigen. Natürlich kann sie niemals *wissen,* was in seinem Kopf vorgeht. Indem eine Frau die Situation aus seiner Perspektive betrachtet und alle Zweifel zu seinen Gunsten auslegt, hindert sie sich selbst daran, in ihrem Interesse zu handeln.
Diese Sichtweise und diese Fragestellungen sind völlig falsch. Die Frage, die eine Frau sich selbst stellen muß, lautet: »*Was will ich?*« Hört sie in dieser Situation auf ihre Gefühle, wird ihre Frage eindeutig beantwortet: »Ich möchte nicht, daß dieser Mann mich weiterhin verfolgt!« Völlig unabhängig davon, warum er da ist und was er tatsächlich vorhat, stellt seine Handlung eine Situation her, die der Frau angst macht. Sie muß handeln, um diese Bedrohung zu beenden, zum Beispiel, indem sie ihn direkt konfrontiert und fordert, daß er sie nicht länger verfolgt. Andere Handlungsstrategien sind ebenso akzeptabel, beispielsweise wegzulaufen, in ein Geschäft zu gehen oder sich an andere zu wenden. Wichtig ist, daß Frauen und Mädchen anfangen, ihr Leben aus ihrer eigenen Perspektive heraus zu definieren und ihren eigenen Bedürfnissen entsprechend zu handeln.
Wird dieses Grundprinzip auf gewalttätige lesbische Beziehungen angewendet, folgt daraus, daß es für die mißhandelte Lesbe nicht wichtig ist, warum die Täterin schlägt oder was in ihrem Kopf

vorgeht. Auch sollte sie sich keine Entschuldigungen für das Verhalten ihrer Partnerin zurechtbasteln. Sie sollte weder die Ursachen für das gewalttätige Verhalten der Partnerin in ihrem eigenen Verhalten suchen, noch sich bemühen, das Verhalten der Täterin in den Griff zu bekommen, indem sie selbst sich ändert. Eine Lesbe/ Frau, die mißhandelt wird, muß die Situation aufgrund ihrer eigenen Gefühle und Bedürfnisse definieren. »Was will *ich*?« – »Ich will, daß diese Frau/dieser Mann aufhört, mich zu mißhandeln oder zu mißbrauchen.« In dem Moment, in dem sie sich über ihre eigenen Bedürfnisse klar ist und diese in den Vordergrund stellt, kann sie handeln, ihre Partnerin konfrontieren und fordern, daß sie aufhört. Es ist die gewalttätige Lesbe, die für ihre Gewalt verantwortlich ist, und sie ist diejenige, die sich ändern muß, um die Mißhandlung zu stoppen.

Nachdem wir gelernt haben, unsere eigenen Bedürfnisse zu formulieren und unsere Grenzen zu setzen, müssen wir lernen, unsere Forderungen in einer eindeutigen Art und Weise darzustellen. Anhand von Atemtechniken, zielgerichteter Meditation und Selbstgesprächen lernen wir, uns zu beruhigen und die Kontrolle zu behalten. Wir lernen tief zu atmen, Energie zu sammeln und in uns zu zentrieren. In der Meditation beruhigen wir unseren Körper und unsere Gedanken. Wir treten mit unserer Mitte und unserer Stärke in Verbindung. In gefährlichen oder bedrohlichen Situationen können wir dieses Gefühl von Ruhe und Zentriertheit durch tiefes Atmen reproduzieren. Unsere Wahrnehmung von Situationen ist sehr durch unsere Gedanken beeinflußt. Wenn wir uns selbst nur als Verliererin sehen (»Sie wird mich verprügeln oder töten, ich habe keine Chance!«), werden wir in Passivität und Hilflosigkeit gefangen. Wir müssen uns stets positive Botschaften, die unsere Stärken und Fähigkeiten unterstreichen, vermitteln. Sich selbst Anweisungen zu geben, zum Beispiel indem wir uns sagen: »Ich bin ruhig. Ich bin unter Kontrolle. Ich bin stark. Ich werde es schaffen, ich komme hier raus!«, hält uns aktiv, kreativ und in Kontrolle der Situation. Durch Übungen mit Körpersprache lernen wir, unsere Botschaft konsequent durch Stimme und Körper zu vermitteln. Frauen und Mädchen lernen, direkt, klar und stark zu sein und bei Belästigungen oder in anderen gefährlichen Situationen angemessen zu reagieren. Unsere Augen, unser Körper und unsere Stimmen übertragen unsere Entschlossenheit und die Forderung nach Respekt.

Unsere Selbstachtung wächst, ebenso die Erwartung an andere, uns zu respektieren. Es wird selbstverständlich, daß wir unsere Rechte in Situationen einfordern, in denen andere uns mit einem Mangel an Respekt behandeln. Wir fördern den Respekt gegenüber uns selbst und lernen, Respekt von unseren Partnerinnen und FreundInnen zu erwarten und einzufordern. Werden unsere Erwartungen nicht erfüllt, müssen wir handeln und die Situation ändern. In einer gewalttätigen Beziehung bedeutet dies oft, den Mut zu finden, die gewalttätige Partnerin zu verlassen, um so den Kreis der Gewalt zu durchbrechen.

Ein wichtiger Aspekt der Selbstverteidigung ist zu lernen, sich ebenso auf andere Frauen zu verlassen wie auf sich selbst und so unsere Stärke als Verbündete und Gruppe zu erkennen. Wir müssen die Gewalt ernst nehmen und lernen, in gewalttätige Situationen einzugreifen. Als ich eines Nachts vor einer Lesbendisco mit meiner Freundin im Auto saß, sahen wir, wie eine Frau ihre Freundin mehrmals ins Gesicht schlug. Obwohl wir uns sehr darüber aufregten und nicht sofort wegfuhren, sondern warteten, um sicherzustellen, daß die Situation nicht eskalierte, haben wir nicht eingegriffen und die Angreiferin konfrontiert oder für ihr Verhalten verantwortlich gemacht. Rückblickend weiß ich jetzt, daß unser Nicht-Eingreifen ein Fehler war. Wäre die Angreiferin ein Mann gewesen, hätten wir der Frau sofort und ohne zu zögern beigestanden. So jedoch haben wir die Gewalt passiv toleriert und stillschweigend darüber hinweggesehen, denn die Mißhandlerin war eine Lesbe.

Wir müssen lernen, uns zu unterstützen, nicht nur in gefährlichen Situationen, sondern in jedem Bereich unseres Lebens. Der Schlüssel, die Gewalt gegen uns zu beenden, liegt darin, das Schweigen zu brechen, die Isolation des Opfers zu beenden und die Fesseln der Scham und des Sich-selbst-verantwortlich-Machens zu lösen. Lesben stehen schon lange in der ersten Reihe jenes Teils der Frauenbewegung, der sich mit Gewalt auseinandersetzt. Es wird Zeit, daß wir unsere eigenen Opfer der Gewalt in lesbischen Beziehungen zur Kenntnis nehmen und anhören. Wir müssen lernen, in einer nicht homophoben Atmosphäre offen über Gewalt in lesbischen Beziehungen zu reden. Wir müssen – ebenso wie für heterosexuelle Frauen – Raum für mißhandelte und mißbrauchte Lesben schaffen. Lesben müssen die Mißhandlerinnen unter uns öffentlich für ihre Gewalt verantwortlich machen. Wir dürfen Gewalt, besonders in unserer eigenen Gemeinschaft, auf keinen Fall länger tolerieren.

Körperliche Techniken

Die dritte Komponente des Selbstverteidigungstrainings bilden körperliche Techniken. Feministische Selbstverteidigung beruht im wesentlichen darauf, die Situation schon vor dem eigentlichen Angriff zu beenden, indem sie durch Körpersprache, verbale Techniken und/oder direkte Konfrontation des/der AngreiferIn aufgelöst wird. Ist die drohende Gefahr schon so weit eskaliert, daß es zu einer körperlichen Auseinandersetzung kommt, ist es sehr wichtig, daß sich das Opfer sofort und direkt mit einfachen, aber effektiven Mitteln wehrt. Selbst aktiv zu werden ist besser, als auf Gewalt zu reagieren. Sich zu verteidigen bedeutet nicht nur, sich zu schützen und den Schlägen und Tritten des/der AngreiferIn auszuweichen und sie abzublocken. Das Ziel der Selbstverteidigung besteht darin, den/ die AngreiferIn lange genug kampfunfähig zu machen, um aus der Situation entkommen zu können. Das Opfer kann und soll ihre Stärke und Kraft nutzen, soweit dies notwendig ist, um sich vor der Aggression des/der AngreiferIn zu schützen. Die verletzlichsten Körperteile sind Augen, Hals und Knie (bei Männern der Unterleib). Schläge und Tritte auf diese Körperteile stoppen auch den/ die aggressivste/n AngreiferIn.
Auch wenn der Notwehrparagraph (§ 32 StGB) eine unbegrenzte Gewaltanwendung erlaubt, um einen direkten Angriff abzuwehren, haben die Gerichte in der Praxis das Maß der Gegenwehr, das eine Ehefrau gegen ihren gewalttätigen Ehemann einsetzen darf, eingeschränkt. Die Gerichte begründen dies mit dem Intimitätsgrad der Beziehung, in der das Opfer die Pflicht habe, die Verhältnismäßigkeit der Gewaltanwendung zu prüfen. Bei einer Gegenwehr mit Todesfolge muß sie glaubhaft machen können, daß sie ihre Mittel zuerst auf nicht-tödliche Ziele gerichtet hat: auf die Gliedmaßen ihres Ehemannes. Die Einschränkung auf eine Verhältnismäßigkeit des Mitteleinsatzes wurde auf weitere enge Beziehungen ausgedehnt und würde höchstwahrscheinlich auch auf lesbische Beziehungen übertragen werden.

In heterosexuellen Beziehungen ist jede Einschränkung des Rechtes auf Selbstverteidigung für Frauen nicht akzeptabel, denn es herrscht ein extremes Machtungleichgewicht zwischen den Geschlechtern aufgrund unterschiedlicher körperlicher Größe, Stärke, Training und sozialem Status. In lesbischen Beziehungen kann die Mißhandlerin die »Überlegene« sein, sie muß es aber nicht. Ist die Lesbe, die sich verteidigen muß, größer oder körperlich besser trainiert als die Mißhandlerin, ist die Erwartung vernünftig, daß ihre Selbstverteidigung nur das Maß an Gegenwehr beinhaltet, das notwendig ist, um den Angriff abzuwehren – der Griff zu tödlichen Mitteln sollte immer nur die allerletzte Möglichkeit sein. Auf keinen Fall jedoch sollte diejenige, die sich verteidigen muß, unnötige Vorsicht oder unnötiges Abwägen für die Mißhandlerin walten lassen, besonders dann nicht, wenn es auf Kosten ihrer eigenen Sicherheit geht. Ihre erste und wichtigste Pflicht ist es, sich selbst zu verteidigen.

Um uns selbst erfolgreich zu verteidigen, ist es notwendig, die Bereitschaft zu besitzen, der Angreiferin weh zu tun oder sie gar zu verletzen. Es liegt in der *Absicht* der Angreiferin, ihre Partnerin zu verletzen. Die Frau, die sich verteidigt, muß sowohl geistig als auch körperlich vorbereitet sein, das zu tun, was notwendig ist, um die Situation so unbeschadet wie möglich zu beenden. Unsere Sozialisation verhindert oft, daß wir andere ernsthaft verletzen, sogar in Situationen, in denen wir uns selbst verteidigen. Es ist besonders schwierig, jemanden zu verletzen, die wir lieben. Doch wenn wir uns selbst genügend lieben, werden wir uns verteidigen, um zu vermeiden, daß die andere uns mißhandelt oder/und mißbraucht. Wird die Angreiferin verletzt, so ist es nicht die Schuld der sich verteidigenden Lesbe. Die Gewalt geht von der Aggressorin aus, und sie ist verantwortlich für die Konsequenzen ihrer Handlungen, einschließlich der Verletzungen, die sie durch ihre sich verteidigende Partnerin davonträgt.

Die Frage, wann der Einsatz körperlicher Mittel zur Selbstverteidigung juristisch gerechtfertigt ist, ist für gewalttätige Beziehungen schwer zu beantworten. Entsprechend dem Notwehrparagraphen ist der Einsatz von Gegenwehr dann gerechtfertigt, wenn der Angriff »gegenwärtig« ist. Aber durch den beschriebenen Kreislauf der Gewalt ist es sehr wohl möglich, daß das Opfer schon in der Phase, in der sich die Spannung aufbaut, die Gewalt voraussieht, weil sie gelernt hat, das Verhalten ihrer Partnerin zu deuten. Eine zitternde Hand, unkontrolliertes Atmen oder andere Anzeichen können darauf hinweisen, daß die Gewalt gleich explodieren wird. Für erfolgreiche Selbstverteidigung ist es jedoch entscheidend, nicht zu warten, denn es ist bedeutend schwieriger, auf Gewalt zu reagieren, als selbst die Initiative zu ergreifen und das Überraschungsmoment für sich zu nutzen. Doch wenn sich das Opfer schon in dieser Phase des Gewaltzyklus wehrt und die Mißhandlerin verletzt, gilt dies als Angriff und kann strafrechtlich verfolgt werden, zum Beispiel als Körperverletzung oder versuchter Totschlag.

Ist das Erfordernis eines »imminenten Angriffs« (das heißt eines bevorstehenden Angriffs) notwendig, um verteidigende Handlungen zu rechtfertigen? Hat das »Opfer« womöglich zu früh agiert? Dieses Thema wird in Deutschland noch nicht diskutiert. In den Vereinigten Staaten gibt es unterschiedliche Gerichtsurteile, die sich jedoch ausschließlich auf heterosexuelle Paare beziehen. Nach jahrelanger Öffentlichkeitsarbeit der Frauenbewegung zeigt sich eine Tendenz, bei Prozessen die Meinung von ExpertInnen im Hinblick auf das »Syndrom mißhandelter Frauen« (Battered Women's Syndrome) zur Klärung der Angemessenheit der Wahrnehmung und Handlungen des Opfers heranzuziehen.

Geistige Übungen

Von Kindesbeinen an werden Frauen dazu erzogen, Opfer zu sein. Wir erwerben fast keine Fähigkeiten, die unser Selbstbewußtsein stärken und erhalten erst recht kein körperliches Training. Wir haben wenige Rollenmodelle von starken, kompetenten und selbstbewußten Frauen/Lesben, die fähig sind, für sich einzutreten und für ihre Rechte zu kämpfen. Im Kino, in Videofilmen, im Fernsehen, in den Zeitungen und Zeitschriften werden täglich Bilder von Frauen und Mädchen gezeigt, die geschlagen, gefesselt, vergewaltigt, gefoltert, entführt oder ermordet werden. Nur sehr selten hören wir von Frauen und Mädchen, die sich gewehrt, zurückgeschlagen und einem Angriff erfolgreich Widerstand geleistet haben. Wir lernen, Angst vor dem/der AggressorIn zu haben und verlieren das Gefühl für unsere eigene Wut über die Gewalt, die an uns verübt wird.

Lesben sind darüber hinaus von einer heterosexuellen Kultur umgeben, die ihre Beziehungen abwertet und nicht ernst nimmt. Wir werden mit homophoben Botschaften und Bildern bombardiert, von denen wir einige zwangsläufig verinnerlichen. Inmitten solchen Hasses und solcher Angst ist es für Lesben besonders schwierig, Selbstwertgefühl und Selbstachtung zu entwickeln. Wir müssen diese verinnerlichte Homophobie durch positive Selbstbilder ersetzen. Wir müssen die »Opfer«-Haltung ablegen und die lähmende Angst in Wut verwandeln. Wir müssen eigene Rollenmodelle entwickeln und an unsere Stärken glauben. In geistigen Übungen begegnen wir unseren Ängsten und setzen uns mit ihnen auseinander. Wir stellen uns Situationen vor, in denen Gewalt ausgeübt wurde, und ersetzen die Bilder von unserer Hilflosigkeit durch Bilder, in denen wir uns als aufrechte, starke, phantasievolle und wehrhafte Lesben wiedererkennen. Wir sehen unsere Stärken, unsere Entschlossenheit und unseren Erfolg, indem wir alle Formen von Gewalt gegen uns stoppen.

Geistiges Training bildet ein wertvolles Werkzeug für Frauen und Lesben, die sich verteidigen müssen. Wir müssen unseren Ängsten begegnen, um uns dann bildlich vorzustellen, wie wir uns unserer Partnerin erfolgreich entgegenstellen und die Gewalt in unserer Beziehung beenden. Mißhandelte Lesben müssen den kontinuierlichen Mechanismus der Gewalt, der uns unserer Würde und Selbstachtung beraubt, durchbrechen. Indem wir uns ein positives Selbstbild von Unabhängigkeit, Stärke und Selbstvertrauen schaffen, fällt es uns leichter zu erkennen, daß wir die gewalttätige Beziehung verlassen müssen.

Schlußfolgerung

In Selbstverteidigungskursen[2] für lesbische und heterosexuelle Frauen und Mädchen sollte das Problem von Gewalt in lesbischen Beziehungen offen und in einer nicht homophoben Weise angesprochen und Informationen sowie Strategien für mißhandelte/ mißbrauchte Lesben vermittelt werden. Das Problem von homophober Gewalt gegen Lesben kann am besten in getrennten Gruppen angesprochen werden. Rein lesbische Selbstverteidigungskurse sind allerdings am besten geeignet, um auf Gewalt in lesbischen

Beziehungen einzugehen und sowohl ein Forum für Lösungsstrategien zu bieten als auch Unterstützung für mißhandelte Lesben zu geben. Feministische Selbstverteidigungskurse sind nützlich, um der Gewalt unter Lesben vorzubeugen und Frauen/Lesben, die mißhandelt wurden, zu unterstützen. Echte Lösungen aber bedürfen des Engagements und der Betroffenheit der ganzen Lesben- und Frauengemeinschaft.

Aus dem amerikanischen Englisch von Constance Ohms

Anmerkungen

1 Das Wort »Opfer« beschreibt m.E. eine sehr passive Rolle; ich verwende es jedoch in Ermangelung einer besseren Alternative.
2 Siehe hierzu auch Sunny Graff: »Tips für die Auswahl eines Selbstverteidigungskurses«, in: Denise Caignon und Gail Groves (Hg.): *Schlagfertige Frauen. Wider die alltägliche Gewalt*, Berlin 1990, S.249-256.

Weiterführende Literatur

Barz, Monika/Herta Leistner und Ute Wild: *Hättest du gedacht, daß wir so viele sind? Lesbische Frauen in der Kirche.* Stuttgart, Kreuz Verlag, 1987

Bass, Ellen und Laura Davis: *Trotz allem – Wege zur Selbstheilung für sexuell mißbrauchte Frauen.* Berlin, Orlanda Frauenverlag, 1990

Benard, Cheryl und Edit Schlaffer: *Die ganz gewöhnliche Gewalt in der Ehe.* Hamburg, Rowohlt, 1990 (1978)

Boston Lesbian Psychologies Collective (The): *Lesbian Psychologies.* Urbana und Chicago, University of Illinois Press, 1987

Broek, Lida van den: *Am Ende der Weißheit. Vorurteile überwinden.* Berlin, Orlanda Frauenverlag, 1988

Brownmiller, Susan: *Gegen unseren Willen. Vergewaltigung und Männerherrschaft.* Frankfurt/M., Fischer, 1980 (1975)

Burgard, Roswitha: *Mut zur Wut. Befreiung aus Gewaltbeziehungen.* Berlin, Orlanda Frauenverlag, 1991

Caignon, Denise und Gail Groves (Hg.): *Schlagfertige Frauen. Erfolgreich wider die alltägliche Gewalt.* Berlin, Orlanda Frauenverlag, 1990

Card, Claudia: »Review Essay: Sadomasochism and Sexual Preference«. In: *Journal of Social Philosophy 2,* Vol. XV, 1984

dies.: »Lesbian Battering«. In: *American Philosophical Association, Newsletters on Feminism and Philosophy/Philosophy and Law/Philosophy and Medicine/Teaching Philosophy,* Issue No. 88:1, November 1988, S.3-7

dies.: »Defusing the Bomb: Lesbian Ethics and Horizontal Violence«. In: *Lesbian Ethics 3,* Vol.3, 1989, S.91-100

Davis, Angela: *Rassismus und Sexismus. Schwarze Frauen und Klassenkampf in den USA.* Berlin, Elefanten Press, 1982 (1981)

Degener, Theresia und Swantje Köbsell:»*Hauptsache, es ist gesund?« Weibliche Selbstbestimmung unter humangenetischer Kontrolle.* Hamburg, Konkret Literatur Verlag, 1992

Dürmeier, Waltraud u.a. (Hg.): *Wenn Frauen Frauen lieben ... und sich für Selbsthilfe-Therapie interessieren,* München, Frauenoffensive, 1990

Ehrenreich, Barbara und Deirdre English: *Hexen, Hebammen und Krankenschwestern.* München, Frauenoffensive, 1992

Feder Kittay, Eva: »Pornographie und die Erotik der Herrschaft«. In: List, Elisabeth und Herlinde Studer: *Denkverhältnisse – Feminismus und Kritik.* Frankfurt/M., Suhrkamp, 1989

Frye, Marilyn: *The Politics of Reality: Essays in Feminist Theory.* Freedom, CA, The Crossing Press, 1983

Gelles, Richard J.: *Family Violence.* Newbury Park, CA, Sage Publications, 1987

Gerhart, Ulrike, Anita Heiliger und Annette Stehr (Hg.): *Tatort Arbeitsplatz. Sexuelle Belästigung von Frauen.* München, Frauenoffensive, 1992

Gissrau, Barbara: »Wurzelsuche: Psychoanalytische Überlegungen zur lesbischen und heterosexuellen Identitätsbildung. Ein Vergleich«. In: *beiträge zur feministischen theorie und praxis 25/26. Nirgendwo und überall – Lesben,* Köln, 1989, S.133-146

Hänsch, Ulrike: »Von der Strafe zum Schweigen: Aspekte lesbischer Geschichte«. In: *beiträge zur feministischen theorie und praxis 25/26. Nirgendwo und überall – Lesben,* Köln, 1989, S.11-17

Hammond, N. »Lesbian victims of relationship violence«. In: *Women and Therapy 1/2,* Vol.8, S.89-105, 1988

Hoagland, Sarah Lucia: *Die Revolution der Moral. Neue lesbisch-feministische Perspektiven*. Berlin, Orlanda Frauenverlag, 1991

Island, David, Patrick Letellier, Beth Zemsky und Luan Gilbert: »Myths about Lesbian and Gay Domestic Violence« National Lesbian and Gay Health Foundation Conference, July 1990

Jo, Bev, Linda Strega und Ruston: *Dykes Loving Dykes. Dyke Separatist Politics For Lesbians Only*. Oakland, CA, 1990

Klose, Christiana und Christa Seidel: »Mädchenhäuser als Zufluchtsstätten für sexuell mißbrauchte Mädchen – ein geeigneter Ansatz?«. In: *Sexueller Mißbrauch von Mädchen*. Eine Dokumentation der Bevollmächtigten der Hessischen Landesregierung für Frauenangelegenheiten, Wiesbaden, 1988

Kokula, Ilse: *Jahre des Glücks, Jahre des Leids. Gespräche mit älteren lesbischen Frauen. Dokumente*. Kiel, Verlag Frühlings Erwachen, 1990

Lackner, Karl: *StGB – Strafgesetzbuch mit Erläuterungen*. München, C.H. Beck'sche Verlagsbuchhandlung, 1987

Leeder, E.:»Enmeshed in Pain: Counselling the Lesbian Battering Couple«. In: *Women and Therapy 1*, Vol.78, S.81-98, 1988

Lichtenstein, Naomi: »Lesbian and Gay Domestic Violence: A Closeted Issue in Our Community Comes Out«. In: Gay and Lesbian Anti-Violence Project (Hg.): *Stop The Violence*, Issue Two, Summer 1990, S.1

Linnhoff, Ursula: *Weibliche Homosexualität. Zwischen Anpassung und Emanzipation*. Köln, Kiepenheuer & Witsch, 1976

Lobel, Kerry: *Naming the Violence. Speaking Out About Lesbian Battering*. Seattle, Seal Press, 1986

Lorde, Audre: »Vom Nutzen der Erotik: Erotik als Macht«. In: Schultz, Dagmar (Hg.): *Macht und Sinnlichkeit. Ausgewählte Texte von Audre Lorde und Adrienne Rich*. Berlin, Orlanda Frauenverlag, 1986, S.187-194

dies.: *Lichtflut*. Berlin, Orlanda Frauenverlag, 1988

Loulan, JoAnn, Margaret Nichols und Monika Streit (Hg.): *Lesben Liebe Leidenschaft. Texte zur feministischen Psychologie*. Berlin, Orlanda Frauenverlag, 1992

McBeath, Carla: »Battering Dyke Like Abusive Husband, L.A. Judge Decides«. In: *LN The Lesbian News* 6, Vol.16, 1/91, S.1, 41

Mebes, Marion und Gabi Jeuck: *Schriftenreihe Sexueller Mißbrauch, Band 2, Sucht*, Berlin, Donna Vita Verlag, 1989

Mies, Maria: *Patriarchat und Kapital – Frauen in der internationalen Arbeitsteilung*. Zürich, Rotpunkt Verlag, 1988

Millett, Kate: *Im Basement*. München, dtv, 1990

Minnesota Coalition for Battered Women/Lesbian Battering Intervention Project (Hg.): Informationsbroschüre, St. Paul, 1989

Murphy, Marilyn: *Are You Girls Travelling Alone? Adventures in Lesbian Logic*. Los Angeles, Clothespin Fever Press, 1991

Nicoloff, Lee K. und Eloise A. Stiglitz: »Alkoholismus bei Lesben«. In: Loulan, JoAnn u.a. (Hg.): *Lesben Liebe Leidenschaft. Texte zur feministischen Psychologie*. Berlin, Orlanda Frauenverlag, 1992, S.244-257

Oort, Diana van: »(Sexuelle) Gewalt gegen Lesben und bisexuelle Frauen aller Altersgruppen«. In: Senatsverwaltung für Jugend und Familie (Hg.): *Dokumente lesbischschwuler Emanzipation, Band 6, Gewalt gegen Schwule – Gewalt gegen Lesben. Ursachenforschung und Handlungsperspektiven im internationalen Vergleich*. Berlin, 1992, S.31-51

Pagenstecher, Lising: »Der blinde Fleck im Feminismus: Die Ignorierung der frauenwissenschaftlichen und frauenpolitischen Relevanz der lesbischen Existenzweise«. In: *beiträge zur feministischen theorie und praxis 28, Femina Moralia*, Köln, 1990, S.127-134
Paul, Chris: »Das Eigene Wollen. Die Potenz lesbischen Begehrens«. In: *beiträge zur feministischen theorie und praxis 28, Femina Moralia*, Köln, 1990, S.101-105
Pusch, Luise F.: *Das Deutsche als Männersprache*. Frankfurt/M., Suhrkamp, 1984
Ray, Vera: »An Investigation of Violence in Lesbian Dyadic Relationships«. In: *Journal of Australian Lesbian Feminist Studies 1,* Vol.1, Juni 1991
Renzetti, Claire M.: *Violent Betrayal. Partner Abuse in Lesbian Relationships*. Newbury Park, CA, Sage Publications, 1992
Reti, Irene: *Unleashing Feminism. A Critique of Lesbian Sadomasochism in the Gay Nineties,* Santa Cruz, CA, 1992
Rich, Adrienne: »Zwangsheterosexualität und lesbische Existenz«. In: Schultz, Dagmar (Hg.): *Macht und Sinnlichkeit. Ausgewählte Texte von Audre Lorde und Adrienne Rich*. Berlin, Orlanda Frauenverlag, 1986, S.138-168
Sacher-Masoch, Leopold von: *Venus im Pelz*. Frankfurt, Insel Verlag, 1980 (1869)
Saller, Helga: »Das Erkennen von sexuellem Mißbrauch – Therapeutisch orientierte Interventionen«. In: *Sexueller Mißbrauch von Mädchen*. Eine Dokumentation der Bevollmächtigten der Hessischen Landesregierung für Frauenangelegenheiten, Wiesbaden, 1988
Schönke & Schröder, Kommentar zum Strafgesetzbuch, 23. Aufl. 1991
Streit, Monika: »Auf der Suche nach dem Mysterium. Symbiotische Beziehungen zwischen Frauen«. In: Loulan, JoAnn u.a. (Hg.): *Lesben Liebe Leidenschaft*. Berlin, Orlanda Frauenverlag, 1992
SchwIPs (Die Schwulen Juristen): *Schwule im Recht, Rechtsratgeber für homosexuelle Menschen*. Bamberg, Palette Verlag, 1992
Sozialwissenschaftliche Forschung & Praxis für Frauen e.V.: *beiträge zur feministischen theorie und praxis: Nirgendwo und überall – Lesben*, Heft 25/26, Köln, 1989
Sozialwissenschaftliche Forschung & Praxis für Frauen e.V.: *beiträge zur feministischen theorie und praxis: Geteilter Feminismus – Rassismus, Antisemitismus, Fremdenhaß*. Heft 27, Köln, 1990
Steinhage, Rosemarie: »Sexueller Mißbrauch an Kindern in der Familie und seine Auswirkungen – gesellschaftliche Aspekte«. In: *Sexueller Mißbrauch von Mädchen*. Eine Dokumentation der Bevollmächtigten der Hessischen Landesregierung für Frauenangelegenheiten, Wiesbaden, 1988
Steinhage, Rosemarie: *Sexueller Mißbrauch an Mädchen. Ein Handbuch für Beratung und Therapie,* Reinbek, Rowohlt, 1989
Studienschwerpunkt »Frauenforschung« am Institut für Sozialpädagogik der TU Berlin (Hg.): *Mittäterschaft und Entdeckungslust. Berichte und Ergebnisse der gleichnamigen Tagung vom 6.-10. April 1988 in Berlin*. Berlin, Orlanda Frauenverlag, 1990
Thürmer-Rohr, Christina: *Vagabundinnen. Feministische Essays*. Berlin, Orlanda Frauenverlag, 1987
Walker, Lenore: *The Battered Women*. New York, Harper & Row, 1979
Warshaw, Robin: *I Never Called It Rape – The Ms. Report On Recognizing, Fighting and Surviving Date and Acquaintance Rape*. New York, London, Harper & Row, 1988
Zemsky, Beth und Luan Gilbert: *Accountability Matrix*. Lesbian and Gay Counseling Programm, Family & Children's Service, Minneapolis, MN, 1989

Die Autorinnen

Constance Ohms

Ich wurde 1961 in München geboren. Seit meinem achtzehnten Lebensjahr lebe ich mit Frauen zusammen, wobei meine erste längere Beziehung gleich gewalttätig war. Nach drei Jahren fing ich an, mich offen zu wehren, und meine »Partnerin« beendete daraufhin unsere Beziehung. Ich bin heute noch wütend – wütend darauf, daß ich mir das alles habe gefallen lassen, und wütend darauf, daß es Lesben gibt, die andere demütigen und mißhandeln, aus welchen Gründen auch immer. Es hat fast zehn Jahre gedauert, bis ich diese Beziehung verarbeitet hatte; ich habe gelernt, mich und meine Grenzen besser einzuschätzen und zu artikulieren; Achtung und Respekt einzufordern, Werte, die in einer Mißhandlungsbeziehung völlig verlorengehen. Und ich weiß eines: Es gibt einen Weg aus Mißhandlungsbeziehungen!
Ich bin feministische Lesbe und trainiere seit nunmehr fast acht Jahren im Verein »Frauen in Bewegung« in Frankfurt Taekwon Do und Selbstverteidigung. Im Sommer 1993 werde ich hoffentlich meinen Schwarzgürtel in den Vereinigten Staaten machen können. Innerhalb meines Vereinslebens werde ich neben neun weiteren Frauen von Margarethe Schmidt zur Basis-Gymnastik-Lehrerin ausgebildet. Außerdem befinde ich mich zur Zeit bei Sunny Graff in einer Ausbildung zur Selbstverteidigungslehrerin, die ich Ende 1993 abgeschlossen haben werde. Für *Virginia – Zeitung für Frauenbuchkritik* rezensiere ich ab und an Bücher, und den Rest der mir verbleibenden Zeit verbringe ich an der Universität. Ich hoffe, mein Studium der Neueren Philologien, Soziologie und Betriebswirtschaft Ende 1993 endlich abzuschließen. Es scheint, als ob 1993 für mich ein entscheidendes Jahr wird! »Nebenbei« verdiene ich mir meinen Lebensunterhalt durch eine Halbtagsstelle im öffentlichen Dienst. Viel Zeit für weitere Freuden bleibt mir selten, falls ich jedoch einige Stunden herausschlagen kann, spiele ich gerne Badminton, wandere, gehe manchmal in die Sauna, lese Krimis und andere gute Bücher oder kläre andere über die Gefahren des Rauchens auf.

Terrie A. Couch

Ich wurde 1956 im Zeichen der Wasserfrau in Minnesota, USA, geboren. Ich bin eine Überlebende und »recovering« Lesbe. Das ist für mich ein Wunder. Wann immer ich darüber nachdenke, wo ich herkomme und was ich erleben mußte, weiß ich, daß die Göttin Persephone (die Göttin der Unterwelt) mich gesegnet hat.
Ich habe Sozialarbeit und Psychologie an der Universität von Minnesota studiert und ein zweites Studium als Diplom-Pädagogin an der Universität in Frankfurt/Main beendet. Meine berufliche Karriere begann in den siebziger Jahren bei den »Gay and Lesbian Communitiy Services« als Beraterin. Während dieser Zeit habe ich auch in einem Frauenhaus für mißhandelte Frauen mitgearbeitet. 1983 kam ich nach Deutschland und habe seitdem intensiv mit heranwachsenden Mädchen gearbeitet. Ich biete ihnen Selbsterfahrung in aktuellen Themenbereichen an, einschließlich Drogen, Sexualität und Gewalt. Ebenso biete ich Frauen, die mit Mädchen arbeiten, Training und Supervision an. Zur Zeit halte ich an der Johann-Wolfgang-Goethe-Universität in Frankfurt Selbsterfahrungs- und Supervisionsseminare für Diplom-PädagogInnen. Ich habe auch eine private Praxis mit dem Arbeitsschwerpunkt »Das Kind in dir heilen«.

Sunny Graff

Sie ist 1951 in den Vereinigten Staaten geboren und lebt seit 1984 in Deutschland. Sie ist Rechtsanwältin und Psychologin; 1985 gründete sie den Verein »Frauen in Bewegung« in Frankfurt, bei dem sie heute noch Trainerin ist. Sie hat den vierten Dan in Taekwon Do und den zweiten Dan in Hapkido. 1979 war sie Weltmeisterin, ebenso mehrmals Nationalmeisterin in den USA sowie 1979 und 1981 Sportlerin des Jahres. Seit mehr als zwanzig Jahren lehrt sie feministische Selbstverteidigung und bildet SV-Lehrerinnen aus. In den Vereinigten Staaten hat sie an staatlich geförderten Forschungsprojekten mitgearbeitet und war Mitbegründerin von »Women Against Rape« in Columbus, Ohio. Sie ist unter anderem Mitverfasserin von *Freeing Our Lives: A Feminist Analysis of Rape Prevention* und *Fighting back: A Self-Defense Handbook*. Sie ist Autorin von *Battered Women, Dead Husbands: A Comparative Analysis of Justification and Excuse in American and West German Law* (1988) und hat zahlreiche Beiträge veröffentlicht, unter anderem »Der nächste Schritt: Tips für die Auswahl eines Selbstverteidigungskurses« in *Schlagfertige Frauen* von Denise Caigon und Gail Groves (1990) und »Selbstverteidigung für Frauen mit körperlichen Behinderungen« (1992) im *Frauenstadtbuch*

Frankfurt. Sunny Graff hat aber auch ein »Privatleben«; sie lebt seit nunmehr sechs Jahren mit ihrer Freundin und deren Hund in einem kleinen Haus in der Nähe von Darmstadt.

Barbara Hart

Sie ist Aktivistin und Anwältin, die schon seit 1971 in der Bewegung »Gegen Gewalt gegen Frauen« arbeitet. Sie ist Beraterin für die »Coalition Against Domestic Violence« in Pennsylvania und Mitfrau des »Leadership Institute for Women«. Sie liebt es, Probleme zu lösen und sich aktiv für soziale Veränderungen einzusetzen. Erst vor kurzer Zeit hat sie ein Handbuch für die Arbeit mit männlichen Mißhandlern herausgegeben, das sich mit der Überprüfung und Einschätzung von Beratungs- und Erziehungsprogrammen befaßt. Außerdem ist sie die Mutter eines süßen und aufmüpfigen Kindes, Travis.

Bev Jo, Linda Strega, Ruston

Bev wurde 1950 geboren und ist in Cincinnati, Ohio, aufgewachsen. So lange sie sich erinnern kann, hat sie sich immer in Frauen verliebt, lebte ihre erste Frauenbeziehung im Alter von siebzehn Jahren. Sie ist lesbische Separatistin, und einige ihrer Texte wurden in der Anthologie *For Lesbians Only* veröffentlicht. Sie ist seit 1981 durch eine chronische Krankheit behindert. Sie hat zehn Jahre lang Selbstverteidigung für Frauen gelehrt und lesbische Selbstverteidigungsgruppen geleitet. Sie war an der Planung und Organisation der »Lesbian Feminist Conference« in San Francisco 1972, dem »San Francisco Dyke Separatist Gathering« 1983 und dem »Lesbian Forum on Separatism« in Oakland 1984 beteiligt.

Linda wurde 1941 in New England geboren. Seit 1981 ist sie chronisch krank. Sie erlebte ihr Coming-out 1973 und ist lesbische Separatistin. Einige ihrer Artikel über Separatismus wurden in den Zeitschriften *Lesbian Ethics*, *Furie Lesbienne*, und *Gossip* veröffentlicht. In einer idealen Welt würde sie am liebsten mit ihren Freundinnen am Strand leben und den Tag mit Töpfern, Musik hören, lesen und essen verbringen und ihre lesbischen Freundinnen besuchen und mit ihnen spielen. Einiges davon tut sie heute schon, aber sie hofft, ihren Lieblingsbeschäftigungen in Zukunft häufiger nachgehen zu können.

Ruston stammt aus Aotearoa (Neuseeland) und wurde 1952 geboren. Sie wuchs in Tamaki-Makaurau (Auckland) auf und ist seit 1975 frauenbewegt, weil sie sich seit Jahren in Frauen verliebte und endlich eine Lesbe werden wollte. Sie ist Ärztin, hat aber nie in diesem Beruf gearbeitet. 1976 wurde sie Separatistin. 1977 war sie Mit-Organisatorin einer Lesben-Konferenz in Tamaki-Makaurau, und 1978 gründete sie gemeinsam mit anderen Lesben eine lesbische Theatergruppe. 1979 zog sie nach Whanganui-a-Tara (Wellington), wo sie in der Lesbenbewegung aktiv wurde. Ihre Artikel sind im *Wellington Lesbian Newsletter*, in *Lesbian Lip* und *Lesbians in Print* veröffentlicht. Neben Lesben und Separatismus gilt ihre größte Liebe der Natur, vor allem ihrer Heimat, Aotearoa. Sie verbringt ihre Zeit gerne auf Lesbenfesten, hört Musik, lernt Homöopathie, malt, liest Krimis und ist am liebsten draußen an wunderschönen Plätzen, fern von allem, außer von Lesben.

Bev, Linda und Ruston lernten sich 1983 kennen, und seit 1984 veröffentlichen sie gemeinsam in *Lesbian Ethics*, *Hag Rag*, *Voices for Lesbian Survival*, *Amazones d'Hier* und *Lesbian Fury*.

Vera Schwenk

Sie ist 1960 geboren und »von Geburt an Feministin«; sie hat über Umwege ihr Lesbisch-Leben durchgesetzt. Sie war sechs Jahre in einer gemischten Suchthilfe-Einrichtung tätig und hat dort versucht, Frauenarbeit durchzusetzen. Außerdem war sie vier Jahre lang Mitarbeiterin im Notruf für vergewaltigte Frauen in Frankfurt und bietet seit drei Jahren Beratung, Krisenintervention und Gruppen für Lesben und andere Frauen an. Gemeinsam mit ihrer Freundin lebt sie in einem Haus auf dem Lande.

LUST AUF VERÄNDERUNG

JoAnn Loulan, Margaret Nichols
Monica Streit u.a. (Hg.)
Lesben Liebe Leidenschaft
Texte zur feministischen Psychologie

LESBEN LIEBE LEIDENNSCHAFT wirft neues Licht auf eine Vielzahl von Themen, die im Leben lesbischer Frauen von Bedeutung sind.

Lesbische Liebesbeziehungen
— weibliche Sozialisation, Symbiose, Konflikte um Macht, Abhängigkeit und Fürsorge.
Das Feuer schüren
— lesbische Sexualität und Leidenschaft, «politisch korrekter» Sex und Sex-Therapie.
Der Blick nach innen
— verinnerlichte Homophobie, lesbische Selbstachtung und Identität.
Wege zur Heilung
— sexueller Mißbrauch, Alkoholabhängigkeit, Probleme um Gewicht und Essen.
Unterschiede begreifen und leben
— schwarzes Coming-out, chronisch kranke Lesben und Autonomie.

Die Beiträge von JoAnn Loulan, Monica Streit, Magaret Nichols, Ahima Beerlage, Ika Hügel u.a. kritisieren herkömmliche homophobe Begriffe und therapeutische Ansätze und zeigen alternative Sichtweisen oder Herangehensarten auf - damit der lesbischen Leidenschaft Flügel wachsen.

Orlanda Frauenverlag
Großgörschenstraße 40 · 1000 Berlin 62